泉州文庫

選堂題

（宋）吕大圭　著
趙宗乙　點校

春秋或問

泉州文庫整理出版委員會
商務印書館

前　言

泉州建制一千三百多年，爲中國歷史文化名城和古代海外交通的重要港口。“比屋弦誦，人文爲閩最”，素稱海濱鄒魯、文獻之邦。代有經邦緯國、出類拔萃之才，歐陽詹、曾公亮、蘇頌、蔡清、王慎中、俞大猷、李贄、鄭成功、李光地等一大批傑出人物留下了大量具有歷史、文學藝術、哲學、軍事、經濟價值的文化遺産。據不完全統計，見載於史籍的著作家有一千四百二十六人，著作多達三千七百三十九種，其中唐五代二十九人三十二種，宋代二百人三百九十一種，元代二十一人四十種，明代五百三十六人一千五百八十五種，清代六百四十人一千六百九十一種；收入《四庫全書》一百一十五家一百六十四種，《四庫全書存目叢書》五十六家七十四種，《續修四庫全書》十四家十七種。二〇〇八年國務院頒布第一批國家珍貴古籍名録，屬泉人著述、出版者十三種。

遺憾的是，雖然泉州典籍贍富，每一時代都有一批重要著作相繼問世，但歷經歲月淘汰、劫難摧殘，加上庋藏環境不良，遺存至今十無二三，多成珍籍孤本。這些文化遺産，是歷史的見證，是泉州人民同時也是中華民族的寶貴文化財富，亟待搶救保護，古爲今用。

對泉州地方文獻的搜集與整理，最早有南宋嘉定年間的《清源文集》十卷，明萬曆二十五年《清源文獻》十八卷繼出，入清則有《清源文獻纂續合編》三十六卷問世。這些文獻彙編，或已佚失，或存本極少。二十世紀四十年代，泉州成立“晋江文獻整理委員會”，準備整理出版歷代泉人著作，因經費短缺未果。八十年代，地方文史界發起研究“泉州學”，再次計劃編輯地方文獻叢書，可惜後來也因爲各種條件的限制，其事遂寢。但是這兩次努力，爲地方文獻叢書的整理出版做了準備，留下了珍貴的文獻資料和書目彙編。

二〇〇五年三月，中共泉州市委、泉州市政府決定將地方文獻叢書出版工作列爲國民經濟和社會發展第十一個五年規劃的一項文化工程。翌年,正式成立"泉州地方典籍《泉州文庫》整理出版委員會",着手對分散庋藏於全國各大圖書館及民間的古籍進行調查搜集,整理出《泉州文庫備考書目》二百六十七家六百一十四種,以後又陸續檢索出遺漏書目近百家一百八十餘種。經過省内外專家學者多次論證,最後篩選出一百五十部二百五十餘種著作,組成一套有一定規模、自成體系、比較完整,可以概括泉人著作風貌、反映泉州千餘年文化發展脉絡的地方文獻叢書,取名《泉州文庫》,二〇一一年起陸續出版發行。

整理出版《泉州文庫》的宗旨是:遵循國家的文化方針政策,保護和利用珍貴文獻典籍,以期繼承發揚中華民族優秀文化傳統,增進民族團結,維護國家統一,提高民族自信心和凝聚力,加强社會主義核心價值體系建設,增强文化軟實力,爲泉州的物質文明和精神文明建設服務。

《泉州文庫》始唐迄清,原著點校,收録標準着眼於學術性、科學性、文學性、地域性、原創性、權威性,具有全國重要影響和著名歷史人物的代表作優先。所録著作涵蓋泉州各縣(市、區),包括金門縣及歷史上泉州府屬同安縣,曾在泉州任職、寄寓、活動過的非泉籍人氏的作品,則取其内容與泉州密切相關的專門著作。文庫採用繁體字横排印刷,内容涉及政治、經濟、歷史、地理、哲學、宗教、軍事、語言文字、文化教育、文學藝術、科學技術等領域,其中不乏孤稀珍罕舊槧秘笈,堪稱温陵文獻之幟志。

值此《泉州文庫》出版之際,謹向各支持單位、個人和參加點校的專家學者表示誠摯的感謝! 由於涉及的學科和内容至爲廣泛,工作底本每有蛀蝕脱漏,加之書成衆手,雖經反復校勘,但限於水平,不足或錯誤之處還是難免,敬請讀者批評指教。

泉州地方典籍《泉州文庫》整理出版委員會

二〇一一年三月

整理凡例

一、《泉州文庫》（以下簡稱“文庫”）收録對象爲有關泉州的專門著作和泉州籍人士（包括長期寓居泉州的著名人物）著作，地域範圍爲泉州一府七縣，即晋江（包括現在的晋江市、石獅市、鯉城區、豐澤區、洛江區）、南安、惠安（包括泉港區）、同安（包括金門縣）、安溪、永春、德化。成書下限爲一九四九年九月以前（個别選題酌情下延）。選題内容以文學藝術、歷史、地理、哲學、政治、軍事、科技、語言教育等文化典籍爲主，以發掘珍本、孤本爲重點，有全國性影響、學術價值高、富有原創性著作優先，兼及零散資料匯總。

二、每種著作盡量收集不同版本進行比較，選擇其中年代較早、内容完整、校刻最精的版本爲工作底本，并與有關史籍、筆記、文集、叢書參校，文字擇善而從。

三、尊重原著，作者原有注釋與説明文字概予保留。後來增加者，則視其價值取捨。

四、凡底本訛誤衍漏，增字以［ ］表示，正字以（ ）表示，難辨或無法補正的缺脱文字以□表示，明顯錯字徑直改正，均不作校記。

五、凡底本與其他版本文字差異，各有所長，取捨兩難，或原文脱訛嚴重致點讀困難，或史實明顯錯誤者，正文仍從底本，而於篇末校勘記中説明。

六、凡人名、地名、官名脱誤者，均予改正，訛誤而又查不到出處之人名、地名、官名及少數民族部落名同異譯者，依原文不予改動。

七、少數民族名稱凡帶有侮辱性的字樣，除舊史中習見的泛稱以外，均加引號以示區别，并於校記中説明。

八、標點符號執行一九九六年實施的國家《標點符號用法》。文庫點校循新版二十四史及《清史稿》例，一般不使用破折號和省略號。

九、原文不分段者,按文意自然分段。

十、凡異體字、俗體字、通假字,如非人名、地名,改動又無關文旨者,一般改爲通用字;異體字已經約定俗成、容易辨認者不改。個别著作爲保持原本文字語言風貌,其通假字則不校改。

十一、避諱字、缺筆字盡量改正。早期因避諱所産生的詞彙成爲習慣者不改正。

十二、古籍行文中涉及國家、朝廷、皇帝、上司、宗族等所用抬頭格式均予取消。

十三、文庫一般一册收録一種著作,篇幅小的著作由兩種或若干種組成一册,篇幅大的著作則分成兩册或若干册。

十四、文庫採用横排、繁體字印刷出版。每册前置前言、凡例。每種著作仿《四庫全書》提要之例,由編者撰寫《校點後記》,簡略介紹作者生平、著作内容及評價、版本情况,説明其他需要説明的問題。

泉州地方典籍《泉州文庫》整理出版委員會辦公室

二〇〇七年二月五日

目　録

春秋或問卷第一

春秋褒貶論

或問:《春秋》以一字爲褒貶,信乎?

曰:《春秋》因魯史而成文者也,史之所有,聖人因之,其所無者,不能以意度也。史之所述,聖人定之,其所闕者,不敢以强補也。聖人作經,以示萬世,固未嘗有一毫私意參於其間,而顧欲竊褒貶之權以自尊乎?且魯,一國也。夫子,匹夫也。夫子因一國之史,而欲以律天下之君、大夫,則是私魯也;以匹夫之微,而欲以竊天子之刑賞,則是私己也,聖人宜不爲是也。故夫《春秋》者,紀實之書也。

曰:然則夫子之於《春秋》也,固一切因魯史之舊文乎?

曰:史之所有,聖人因之,其情理失實者,聖人固不盡因也。史之所述,聖人定之,其猥冗不綱者,聖人固不盡從也。是故有史官之筆,有夫子之筆。史官之筆,謂其事也;夫子之筆,謂其義也。因其事以著其義,而事實矣;明其義以録其事,而義著矣。故曰"其事則齊桓、晋文,其文則史,其義則丘竊取之矣",又曰:"知我者其惟《春秋》乎,罪我者其惟《春秋》乎?"知聖人者,謂其去煩剔蕪,得事之實,而是非邪正爲不誣也;罪聖人者,謂其不純用魯史之文,而或出于夫子之筆削,則太嚴矣。史之所書如彼,夫子之所書如此。史之所書,文或掩其實;夫子之所書,則實著於文矣。後世因其所録之實,而得其可以褒、可以貶之義可也,謂其借褒貶以代賞罰,某爲善,吾字之;某爲惡,吾名之;某有功,吾爵之;某有過,吾奪之,則聖人决不如是也。聖人之筆如化工,洪纖高下,要亦使之各得其所而已,豈曰容私意於其間哉?《春秋》非聖人所自作,亦非聖人不能作。學者誠知《春秋》非聖人所自作也,則夫名稱爵號,予奪紛紛,譬若法家用法,刻覈瑣細者,其説不可用也。誠知《春秋》非聖人不能作也,則夫歸之赴告、策書,諉之魯史舊文,而聖人精微之意或未之講者,其説不可盡從也。

曰:先儒以褒貶爲例,而或謂《春秋》無褒詞,皆貶爾。其説何若?

曰:吾方不敢以褒貶論《春秋》矣,況敢盡以爲貶乎?孟子曰:"春秋無義戰。彼善於此,則有之矣。"此自後之觀《春秋》者言之也,非自孔子之作《春秋》者言之也。聖人之述史也,始自《堯典》,終於獲麟。《書》則記言之史,而其時則唐虞三代也,其人則堯、舜、禹、湯、文、武、成、康、皋、夔、稷、契、伊、傅、周、召也,觀其所記,孰非治世之事乎?《春秋》則記事之史,而其時則春秋也,其人則齊桓、晋文、宋襄、楚莊、秦穆之流,管仲、咎犯、先軫之儔也,觀其所記,孰非亂世之事乎?述治世之事,孰非可褒乎?述亂世之事,孰非可貶乎?然則《春秋》之書,以事言之,則皆可貶爾,豈必自孔子作《春秋》之時而例貶之哉!

曰:然則《公》、《穀》之以日月爲例也,奈何曰"記事者以事係日,以日係月"?

曰:此自作史之法耳。拘日月之例,以爲褒貶,則尤不通之甚也。若事之是非,固有因日月以見之者矣,而所書之意,不爲日月設也。

曰:子不以褒貶論《春秋》可也,獨不曰"天子之事"乎?

曰:以《春秋》爲"天子之事",此自孟子言之爾,非謂聖人之作《春秋》,本竊天子之權以行賞罰也。且夫叙彝倫、立人極、位天地、育萬物,此天子之事也,而豈徒曰賞罰之哉!周道衰微,乾綱解紐,亂臣賊子接迹於世,彝倫幾於不叙,人極幾於不立,天地幾於不位,萬物幾於不育矣。夫子雖賢聖,不得位,而斯文所在,自不可誣,退而因魯史修《春秋》,使夫是非邪正之理曉然於天下,而惻然於人心,則人欲尚可以遏,天理尚可以扶,彝倫尚可以叙,人極尚可以立,天地可位而萬物可育也。此其功,蓋與禹之抑洪水、周公之膺夷狄[①]者等,易亂而治,此其機也,是不曰"天子之事"乎?而説者特以賞罰言之,是不惟不知《春秋》,抑亦不知天子之事矣。愚故曰:《春秋》者,紀實之書也,非賞罰之書也。

曰:然則聖人之筆法也,何若?

曰:舊史之文不可得而見也。今案左氏,衛甯殖將死,語其子曰:"吾得罪於君，名在諸侯之策，曰‘孫林父、甯殖出其君’。”然則書之於諸侯之策，固有“孫林父、甯殖出其君”之文矣，而今《春秋》之文則曰“衛侯出奔齊”，蓋書曰“孫林父、甯殖出其君”者，舊史之文也；書曰“衛侯出奔齊”者，夫子修《春秋》之文也。又案杜預載汲冢《竹書紀年》，其著書文意大似《春秋》經文，稱“魯隱公及邾莊公盟于姑蔑”，即《春秋》“公及邾儀父盟于蔑”是也；又稱“晋獻公會虞師伐虢，滅下陽”，即《春秋》“虞師、晋師滅下陽”是也；又稱“周襄王會諸侯于河陽”，即《春秋》所書“天王狩于河陽”是也。推此類言之，則聖人筆削之意固可見矣。

曰：然則孔子何以作《春秋》？

曰：其文則修，其義則作。孔子病天下之是非邪正貿亂而不明也。天下之是非邪正貿亂而不明，則是人心之惻隱羞惡者無復存也。人心之惻隱羞惡者無復存，則是天下不復有人道也。天下不復有人道，則是造化生生之理，遂息滅而不復運也。孔子天理之所在，而詎敢以自安乎？《春秋》雖欲不作，惡得而不作？

春　　秋

或問：《春秋》，魯史也，諸侯亦有史乎？

曰：案《周禮》“小史掌邦國之志”，説者曰：如《春秋》傳所謂《周志》、《國語》，所謂《鄭書》之屬是也。“外史掌四方之志”，説者曰：昔魯之《春秋》、晋之《乘》、楚之《檮杌》是也。此亦不過借後世之事，以明先王之典耳。竊意邦國之志，小史掌之；四方之志，外史掌之，此不過如太師採詩以觀民風，則遂從而掌之爾，非謂列國各自爲史也。如左氏所謂《鄭志》，所謂諸侯之籍者，大抵皆東遷以來事也。陳傅良曰：“晋《乘》、楚《檮杌》、魯《春秋》，皆東遷之史也。古者，諸侯無私史，有邦國之志，則小史掌之而藏周室。魯人所謂周人御書。晋人所謂辛有之二子董之，晋於是有董史者也。是故《費誓》係於《周書》。漢、汝、江、沱至於譚大夫，下國之詩，皆入於《南》、《雅》。自三史作而國自爲史矣。”

曰：然則夫子之修史也，何以主魯？

曰：夫子，魯人也；《春秋》，魯史也。以魯人而修魯史，固其宜也，而何疑之有？且夫子嘗曰："我欲觀夏道，是故之杞，而不足徵也"，"我欲觀商道，是故之宋，而不足徵也"，"吾觀周道，幽、厲傷之。吾舍魯何適矣"，此夫子修《春秋》之意也。

隱　　公

或問：《春秋》何爲始於隱公？

曰：隱公之元年，平王之四十九年也。周之東遷，非平王之爲乎？此一時也，固世道升降之一會也。自是而上，進進而升，則其極也，爲成、康，爲文、武。由是而下，駸駸而降，則其極也，爲戰國，爲暴秦。世道升降之會决於此時矣，是以聖人望焉，望之而不足以副吾望也，則深悲之。思昔蒼籙肇基，文、武、成、康艱難積累以立其國，惻怛忠厚以字其民，德澤浹洽，法度詳明。蓋至於王道浸衰之時，而所以淪浹斯民之心，維持社稷之脉者，猶有所恃也。厲雖板蕩，而宣輒中興，幽雖暴虐，而朝廷不替，朝事不幸，而犬戎作難，國家陵遲，至於東遷，極矣。然使其時有興衰撥亂之君，勵復古中興之志，則澗洛之周尚可以退而爲豐鎬之周也。今平王即位已久，至於四十九年而不克自立，則亦無可望矣。此聖人之所深悲，而修《春秋》之所從始歟？故嘗謂《書》之末，《春秋》之始也。聖人定《書》至於《文侯之命》而止，聖人蓋傷之矣。何也？父讎不報，天理滅矣。幽王爲犬戎所殺，平王東遷之初，正當克志厲行以求報之可也，今其策命之辭則曰"其歸視爾師，寧爾邦"，事已畢矣；"用賚爾圭瓚秬鬯一卣"，功已報矣；"簡恤爾都，用成爾顯德"，四方無復事矣。幸一時之苟安，而忘百世之大禍，此豈復有人道邪？聖人録之於定《書》之末，非善其猶能策命諸侯也，正傷其不能興復王業也，是故《書》至於是而止焉。《書》止於《文侯之命》，是平王之初年也；《春秋》始於隱公之元年，是平王之末年也。然則平王之一身，固《書》、《春秋》之所爲終始歟！

曰：魯侯爵何以稱公？

曰：臣子之辭也。

元　　年

或問：《春秋》書"元"有義乎？

曰：人君即位之一年，則謂之元年，自古然矣。緣終始之義，不可一年而二君；緣臣民之心，不可曠年而無君。故君薨，嗣子踰年而後即位改元，自古然矣。然則書"元年"者，魯史之文也，而夫子因之爾。

或曰：元者，氣之始也。人君即位，必法氣之始，信乎？

曰：元，始也。自乾坤言之，則曰乾元、坤元；自人君即位之一年言之，則曰元年。《舜典》紀"元日"，《商訓》稱"元祀"，所從來久矣，非夫子特以是示訓也。

春王正月

或問："王正月"之説，建子之月乎，建寅之月乎？

曰：此千百年未決之論也。以愚觀之，以《春秋》考《春秋》足矣。大抵從建子之説，則與《詩》、《書》不合；從建寅之説，則與《周禮》、《春秋》、《孟子》不合。世儒欲主建子之説，則必拗《詩》、《書》所載，以强附於建子；欲主建寅之説，則必牽《周禮》、《春秋》、《孟子》所載，以强列於建寅，要皆不通之論。何則？《詩》言"四月維夏，六月徂暑"，謂建巳、建未月也。《書》云"惟元祀十有二月乙丑"，謂建丑月也。而鄭康成、孔安國諸儒皆主周正之説，亦恐其未當。《周禮》有"正月"、"正歲"之異，《春秋》載"春無冰"之文，《孟子》述"九月"、"十月"之説，要皆用周正也。而近世儒家乃欲强爲之説，而歸之於夏正，則愚亦未敢以爲然，請得而論之。

《周禮》所謂"正月"者，謂建子之月也；所謂"正歲"者，謂建寅月也。而近世儒者乃謂"正月"爲建寅之月，"正歲"爲建子之月，則誤矣。案《周禮》太宰之職，以正月布治於邦國都鄙。小宰之職，以正歲帥治官之屬，而觀治象之法。大司徒之職，以正月布教於邦國都鄙，正歲令於教官曰“各供爾職”。小司徒之職，正歲帥其屬而觀教象之法。鄉大夫之職，正月之吉受教法於司徒，歲終則六鄉之吏會政教事[②]，正歲令群吏考法于司徒。州長之職，正月之吉各屬其州之民而讀法，歲終則會其州之政令，正歲讀教法如初。合而觀之，則太宰、司徒以建子之月而布政教，小宰、小司徒則以建寅之月而令百官。太宰、司徒，主治教者也，故體天道之始而布之；小宰、小司徒，奉行者也，故體人事之始而布之，亦理之當然。若謂小宰先帥其屬以觀治象之法，而後太宰始布其法，亦恐於理顛倒。又況大司徒之職，先書正月布教，次書正歲令教官；鄉大夫之職，先書正月受教，次書正歲令群吏；州長之職，先書正月屬民讀法，次書正歲讀教法如初，則先子後寅，亦自然之序。故《周禮》言“歲終”者，建丑月也；“正歲”者，建寅月也；“正月”者，建子月也。有大政令，則先以建子之月；若其他事，則率用建寅之月耳。至如淩人之職，鄭司農釋云“掌冰”，正言掌冰之政令也。下文云“歲十二月，令斬冰”，此與《孟子》“歲十二月，輿梁成”之文義相似，而或者讀以爲正歲十二月，則誤矣。彼謂正歲爲十一月矣，而又以正歲爲十二月，可乎？此不通之論耳。《孟子》言“十一月，徒杠成；十二月，輿梁成”，朱文公舉《國語》“夏令曰：九月成杠，十月成梁”，則是《孟子》之所謂十一月者即今之九月也，十二月者即今之十月也。況九月而徒杠成，十月而輿梁成，然後民不病涉。若待十一月、十二月而後成，則民之病於溺者多矣，安得以爲民未病涉乎？《孟子》又言：“七、八月之間旱，則苗槁矣。”所謂七、八月，正今之五、六月也。若謂夏之七、八月，則禾且實矣，安得謂之苗哉？故以《周禮》考之，則知其用周正也；以《孟子》考之，亦知其用周正也，而況於以《春秋》考《春秋》而益信乎！

案：僖三十三年經書：“冬十有二月，隕霜不殺草，李梅實。”所謂十二月即今之十月也，十月隕霜，乃其常也，隕霜之必殺草也，惟隕霜而不殺草，乃其所以爲異也，豈必建丑之月而後爲異乎？定元年：“冬十月，隕霜殺菽。”所謂十月即今之八月也，隕霜而殺菽，其爲建酉之月無疑，若謂建亥之月，則不應尚有菽也。

劉向亦以爲八月殺菽,是劉向以十月爲八月矣。《春秋》書"無冰"者三,桓十四年春正月,無冰;成元年春二月,無冰;襄二十八年春,無冰。所謂春正月、二月者,皆謂建子、建丑月也。以建子、建丑之月而無冰,則無以爲凌室之藏,聖人是以記之。或謂仲春開冰而無冰,然後書"無冰",則桓十四年正月書"無冰",豈有建寅之月而遽開冰乎?《春秋》所書如"蝝"、"螽"、"李梅實"、"隕霜無冰"之類,要皆據目前之灾異而書爾,豈必待開冰而無冰,然後書"無冰"乎?或者欲援"大無麥禾"之類以證,謂歲終會計而後書"大無麥禾",猶開冰而後書"無冰"也。不知"大無麥禾"之書,與書"大有年"爲一類,蓋總一歲之事,而記之於歲終也。開冰之事,亦可與會於歲終者比乎?然則"無冰"之爲建子、建丑之月又明矣。

桓八年經書:"冬十月,雨雪。"謂建酉之月而不應雨雪也。若以爲建亥之月,則又何以爲異乎?隱九年經書:"春三月癸酉,大雨,震電。庚辰,大雨雪。"正謂建寅之月不應大震電,而又大雨雪也。或謂建辰之月不應大雨雪,不知大震電而又大雨雪,乃其所以爲異。蓋大雨震電者,陽氣之大發散也;大雨雪者,陰氣之大凝結也。雨與雪非二物,以陽氣散之則爲雨矣,以陰氣凝之則爲雪矣。聖人所書,正謂陰陽之錯行爾,何必泥於建辰之月而大雨雪,乃爲異乎?僖十年:"冬,大雨雪。"其所以書者,亦謂以八九月而不應大雨雪耳。若以爲建亥、建子、建丑之月,則又豈以爲異乎?

或謂桓四年經書:"春正月,公狩于郎。"狩,冬事也,不宜書而書之,則知春狩之爲非禮矣。不知狩雖得時,而狩之非其地,烏得而不書?亦猶"西狩獲麟",以"獲麟"書,非以其不時而書之也。

或謂桓八年:"春正月己卯,烝。"烝,冬事也,不宜書書之,則知春烝之爲非禮矣。不思書"春正月己卯,烝",蓋爲下文"夏五月丁丑,烝"起也。一歲而再烝,烏得不以爲非禮?以《春秋》一書考之,則知《春秋》所書"正月"者,蓋周之正月也;所謂"春"者,即周正月之春也明矣,又何疑乎?

或者又案左氏之文以證其用夏正之説。如莊十六年傳載:"公父定叔出奔衛，三年而復”，“使以十月入，曰：‘良月也，就盈數焉。’”以十月爲盈數，則知其爲夏十月也。隱三年傳載：夏四月“祭足帥師取温之麥。秋，又取成周之禾”。麥熟於夏，禾熟於秋，與今時無異，則知其爲夏之四月也。其他引證甚詳，要皆明左氏所載，即與今時之月數無異，初未嘗用周正耳。

然愚案：左氏所載，與經書不合者甚多，未易盡數。僖八年經書“天王崩”，而左氏載於七年，曰“閏月，天王崩”[③]。襄王惡太叔之難，不發喪，至八年十二月，襄王定位而後發喪，豈有天王之喪而可以匿喪踰年乎？蓋經書於八年之十二月，而傳誤以爲七年之十二月也。由此觀之，則傳之與經，其不合既有如此，又何止於月日之間乎？然嘗觀左氏所載，若僖五年正月朔“日南至”，與襄二十七年“十一月乙亥朔，日有食之，辰在申，司歷過也”之類，固是用周正紀事。然至於僖五年經書“春，晋侯殺其世子申生”，傳云去年十二月，太子“縊于新城”；僖二十四年經書：“冬，天王出居于鄭。”傳云：“秋，王適鄭，處于氾。”經書“春”，而傳以爲去年之冬；經書“冬”，而傳以爲秋。以此見左氏所據之史，是用夏正紀時者，是以當書於春者誤之於冬，當書於冬者誤之於秋耳。

夫子所定之《春秋》，自一史也；左氏所據以爲傳者，又自一史也。夫子以周正紀時，而左氏所據之史，以夏正紀時亦明矣。若其間用周正者，則亦參錯雜亂而不純，以此見左氏所據之史，蓋雜以諸國之史，而非一史也。有如僖五年載卜偃之言，以爲“九月、十月之交”者，正指夏正之九月、十月也。莊六年載“十月之入”者，即指夏正之十月也。夏四月取麥、秋取禾，正指夏正之四月也。蓋左氏所據國史不一，有用周正者，有用夏正者，其雜亂不純亦可見矣。杜預載汲冢書，記“晋曲沃莊伯之十一年十一月，魯隱之元年正月也”。其《紀年》篇皆用夏正建寅之月爲歲首，豈左氏所傳亦此等書邪？其爲非魯史亦明矣，而或者必欲援左氏以爲證，則誤之甚也。况如左氏所載昭十七年“冬，有星孛于大辰”，梓慎曰：“今兹火出而章，火入而伏，其居火也久矣。火出，於夏爲三月，於商爲四月，於周爲五月。夏數得天。若火作，其四國當之。”如此等處，分明載夏、商、周正朔之異，與《家語》合。《家語》載：“季康子問於孔子曰：‘今周之十二月，夏之十月，而猶有螽，何也？’孔子對曰：‘丘聞之，火伏而後，蟄者畢，今火猶西流，司歷過也。於夏十月，火既没矣，今火見，再失閏矣。”借曰《家語》之書不足信，《孟子》之書亦不足信乎？由此言之，則謂“王正月”爲建子之月，亦信而有證矣。

曰：然則所謂“春”者，何也？

曰：先儒之論是也多矣，而未有定論也。爲胡氏之説，則曰：“周人以建子爲歲首，則冬十一月是也，建子非春亦明矣，乃以夏時冠周月，何哉？聖人語顔子則曰‘行夏之時’，作《春秋》以經世則曰‘春王正月’，此見諸行事之驗也。以夏時冠周月，垂法後世；以周正紀事，示不敢自專也。”爲吕本中之説，則曰：“‘春’者，天時也。‘王正月’者，時王之正月也。人君當上謹天時，下奉王正，所以爲君之道備。‘春王正月’者，周以建子之月爲正，則春者，始建子之月云爾。或曰‘王正月’則周之正月也，而‘春’則夏之‘春’也，故以‘春’冠‘王正月’上，孔子曰‘行夏之時’是也。諒乎？曰：聖人以王制正諸侯之失，明其僭叛之罪，而先自改王制，易時月，何以正其罪哉？且彼將有辭矣。夫所謂‘行夏之時’者，固謂顔子得志行道，改革天命，當如是爾。如使顔子得志行道，未能改革天命，則亦將從時王之制，不得擅用夏時，况《春秋》尊用王制，其尊聖人也過矣。”二説異焉，未知其孰從？故曰：此千百年未决之論也，姑闕之以俟知者。

王　正　月

或問：書“王正月”何謂也？

曰：先儒論之詳矣。“元年春，王正月”者，蓋舊文也。仲尼修經之際，於春三月始有事者，特書“王”欲明天下之事必係於王，以繩當時之亂，而示後世之法也。故事起正月則書“王正月”，二月雖有事，不復書“王”矣，如文元年書“王正月，公即位。二月癸亥，日有食之”之類是也。事起二月則書“王二月”，三月雖有事，亦不復書“王”矣，如莊四年“王二月，夫人享齊侯于祝丘。三月，紀伯姬卒”之類是也。若正月、二月已有事，而例但書時，則三月雖有事，亦不復書

"王"矣,如隱九年"春,王使南季來聘。三月癸酉,大雨、震電"之類是也。惟孟、仲未有事,至三月而始有事,則書"王三月",如隱七年"春,王三月,叔姬歸于紀"之類是也。若人君之始年,則正月不以有事無事而皆書"王",惟定公則否。

公即位

或問:春秋十二公,隱、莊、閔、僖不書"即位",其餘皆書"即位",惟定公則春不書"即位",六月書"即位"者,何?

曰:先儒之論是也多矣,然而往往自相反也。有謂書"即位"爲繼正者矣。以言文、成、襄、昭、哀五君可也,桓、宣、定亦可以爲繼正乎?有謂不書"即位",爲繼弑者矣。以言莊、閔、僖三君可也,隱亦可以言繼弑乎?至於不通,則曰隱不書"即位",桓書"即位",如其志也。隱有孫桓之志,桓有簒弑之心,故皆如其志而書之。夫以書之爲正,則不書者皆不正矣;以不書爲正,則書之者皆不正矣,安得自相牴牾邪?胡氏之説則曰:"人君即位,此重事也。爲子受之父,爲諸侯受之王,此大本也。咸無焉,則不書'即位',隱、莊、閔、僖四公是也。在春秋時,諸侯皆不請王命矣,然承國于先君,則得書'即位',以别於内復無所承者,文、成、襄、昭、哀五公是也。至於桓公與聞乎,故而書'即位',則以爲著其弑立之罪。宣公爲弑君者所立,受之而不討賊,則亦以爲如其意而書之。定公則亦以爲季氏所立。"此其義又精矣。然以隱、莊、閔、僖爲上無所承、内無所受,可也,桓、宣、定亦上有所承、内有所受乎?以文、成、襄、昭、哀五公爲别于内復無所承者,可也,又何以自别于桓、宣、定乎?

或者爲之説曰:《春秋》常事不書,書"即位",非正也。何以爲不正?曰:不稟命於天子也。何以知其不稟命于天子?曰:桓書"即位"者也,莊元年"王使榮叔來錫桓公命",則是桓未嘗請命也;文書"即位"者也,文元年"夏,天王使毛伯來錫公命",則是文未嘗請命也,故書"即位"以貶之。以桓、文之事考之,則可以知其他書"即位"者,皆不稟命於天子者也。愚竊以爲不然。即位者,人君之始事也,《春秋》之所當紀者也。何以知其爲《春秋》之所當紀也?曰:以定公之事考之,則可知矣。定元年春不書“即位”,而於夏之六月書之,蓋於是時始得以正其朝廟、臨群臣之禮爾。莊、閔、僖皆繼弑者也,隱不自正者也,故皆不書。

曰:然則桓、宣何以書“即位”?

曰:桓、宣之得國者不以道,然意其得國之初,必有以正其朝廟、臨群臣之禮,故書之,書其即位而不没其得國之正與否也。《春秋》,紀實之書爾,後世因其實而考之,則褒貶見矣,又豈以書“即位”爲褒,不書“即位”爲貶;不書“即位”爲褒,書“即位”爲貶哉?善乎,王氏之言曰:“不書即位,禮之不舉也。新君踰年即位,由阼階三揖而後升,謂之踐阼。禮之不舉,故不得而書也。”

曰:然則隱公非攝歟?

曰:生稱公,死稱薨,何攝之有?

曰:然則隱公之有孫桓之志也,善乎?

曰:三代傳嗣之道,立適以長不以賢,立子以貴不以長。無適則庶立,均庶則長立。隱公,聲子之子也;桓公,仲子之子也。隱公雖庶子,桓公亦庶子。何以知桓公之爲庶子也?古者諸侯無再娶,再娶亦妾也。何以知再娶之爲妾也?晋少姜卒,公如晋,及河,晋侯使士文伯來辭,曰:“非伉儷也,請君無辱。”是以知再娶之爲妾也。惠公爲隱公娶于宋,宋女美,公自取之而生桓公,則始娶仲子者,非娶之爲夫人也。仲子不得爲夫人,則桓公不得爲適子矣。均爲庶子,而隱公乃探父之邪志,而有辭孫之心焉,故曰“若隱者,可謂輕千乘之國,蹈道則未也”。公羊氏不曉其義,而有“母以子貴”之説,何休至以爲妾母得稱夫人,其説謬矣。

【校記】

① 膺夷狄:四庫本作“驅猛獸”。

② 會政教事:《周禮·地官·司徒》作“會政致事”。

③ 天王崩:《左傳·隱公七年》作“惠王崩”。

春秋或問卷第二

隱　　公

公及邾儀父盟于蔑　元年

或問：盟何以或日或不日？

曰：盟必有日月，其不日者，史失之也。蘇氏曰："《春秋》以事係日，以日係月，以月係時，以時係年。事成于日者，日成於月者，月成於時者，時不然，則皆史失之也。故崩、薨、卒、弑、葬、郊廟之祭、盟、戰、敗、入、滅、獲、日食、星變、山崩、地震、火灾，凡如此者，皆以日成者也。朝覲、蒐狩、城築作毁，凡如此者，皆以時成者也。會、遇、平、如、來至、侵伐、圍取、救次、遷戍、追襲、奔叛、執放、水旱、雨雹、冰雪、彗孛、螽螟，凡如此者，或以月成，或以時成者也。惟公即位不書日，有常日也。外殺大夫，不書月與日，卑不以告也。"此言得之矣。如定六月即位，亦書日。必如《穀梁》之説，則曰：蔑之盟"不日，其盟渝也"，謂七年伐邾之役也。信如此，則《春秋》所書日，盟者皆不渝乎？且《春秋》因魯史而成文也，盟必以日月，此書法也。假使史而無之，聖人安得强而加之乎？其不可以是爲説明矣。

曰：然則儀父何以稱字？

曰：邾，附庸之國也。附庸之君，未得列于諸侯，故書字以别之。桓十七年"公會邾儀父，盟于趡"，莊二十三年"蕭叔朝公"，此其例也。必如傳者之説，以爲貴之、褒之，則儀父固未見其有可貴、可褒之實也，而况盟非《春秋》之所貴哉？

難者曰：子謂盟非《春秋》所貴，固也。《周禮》司盟之職"掌盟載之法，凡邦國有疑會同，則掌其盟載”，是周之時已有盟矣，而《春秋》何以不貴之？

曰：盟生於信之不足也，失信而後盟，而况於《春秋》之諸侯，會盟之牲血未乾，而邊境之干戈已逞，尚足貴乎？善乎，劉氏之言曰：“司盟‘掌盟載之法，凡邦國有疑會同，則掌其盟約之載’。初，有疑於《周官》。夫成周全盛之時，聖王在上，方國諸侯同心協力，以藩屏王室，朝覲會同，各以時至，九伐之法雖設而不施，安得有疑會同哉？盟者亂世之事，盖出於衰周之際，王德不競，信義不足以懷遠，威刑不足以制强，諸侯携貳，不能協一，是用假展牲歃血之事，以要一時之信，而背信産亂實起於此。《詩》曰：‘君子屢盟，亂是用長。’此言不出於成、康，而刺於變《雅》。夫使周公輔佐成王，建卜世之基，而虞人之不信，區區恃盟詛，以時繩約之，盖亦危矣。然則司盟之職，載在禮典，果可疑也？烏乎！東遷之後，列國交盟，紛然四起，或會諸侯而同盟，或合一國而交盟，其甚出於大夫，又其甚出於夷狄[①]，去古浸遠，盟約浸繁，頹波横潰，不可禁制，雖或質之以鬼神，鉗之以禍福，實之以載書，然口血未乾，兵刃已接，則回視前日之盟，適資狙詐之計耳。然則案《春秋》所書，以想觀先王之盛，則司盟之職載於典禮，又可疑也。聖人傷信義之不復見，而諸侯變古易常以滋亂後世，故自隱迄哀，凡盟詛之事皆書於《春秋》，所以疾當時而律萬世也。”

曰：然則盟一也，何以或曰“會”，或曰“及”，或曰“暨”也？

曰：三者皆與也。與者，彼此同也。曰“會”、曰“及”、曰“暨”，而不曰“與”者，所以别内外而分彼我也。故曰：會者主彼言也，及者主我言也，暨之爲言不得已也。此蔑之盟，案《左氏》則曰“公欲求好於邾，故爲蔑之盟”，則我欲之矣，故以“及”書之。

鄭伯克段于鄢

或問：克猶殺也，何以或言“克”，或言“殺”？

曰：殺者殺其一人耳，克則勝其徒衆也。案《春秋》諸侯殺大夫稱人、稱國，殺世子、母弟稱君。稱人則“陳人殺其公子御寇”之類是也，稱國則“鄭殺其大夫申侯”之類是也，稱君則“晋侯殺其世子申生”之類是也。段亦母弟也，而不稱殺其弟，則徒衆盛矣。何以不言“伐”？非敵國也。書曰“克”，若敵國然云耳。

曰：段以弟篡兄，以臣伐君，必誅之罪也。莊公特不勝其母焉耳，宜若無罪焉可也，何以稱“鄭伯”？

曰：段之不弟，不足言矣，莊之不兄，其罪顧不多於段耶？公子吕言之者再，而公不聽者再。始曰“姜氏欲之，焉辟害”，則固已有忿之之心矣。至曰“子姑待之”，此何意耶？及段將襲國，始曰“可矣”，得非存心積慮養成其惡，而至於殺乎？以後世之事比之，則建成、元吉之謀爲變與段之謀襲鄭，其愚一也；太宗之謀殺其兄與鄭伯之謀殺其弟，其譎一也，莊公之罪顧不大於段耶？

曰：然則段無罪歟？

曰：段不得與於弟子之稱，則段有罪矣。

曰：《大叔于田》之詩，當時之人乃有美段之辭，何也？

曰：《詩》，緣人情者也；《春秋》，明大義者也。人情之所喜，固有大義之所棄者；大義之所許，固有人情之所不樂者矣，何可一邪？

天王使宰咺來歸惠公仲子之賵

或問：先儒皆謂“宰”爲冢宰，“咺”爲名，名冢宰，譏其賵妾母也，而子不從之，何也？

曰：愚亦以《春秋》考之爾。案《春秋》周大夫不名，爵從其爵，單伯、劉子之類是也；未爵稱字，家父、榮叔之類是也；必微者而後名之，宰咺之類是也；卒名之，王子虎、劉卷之類是也，舍是無名道矣。是故經書“宰”有三，是年“宰咺”書名而不氏者，士也；桓四年“宰渠伯糾”書氏及字者，命大夫也；僖公九年“宰周公”書官而不名氏者，三公也。始使士，繼使大夫，終使三公，天子日微，諸侯日强矣，此其旨不亦甚明白哉！夫以天王之尊，下賵諸侯之妾母，則其事固不待貶絶而自見矣，何必名其使而後爲貶哉？

曰：子何以知仲子之爲孝公妾，而不爲惠公妾也？

曰：以僖公、成風之例而知之也。妾母不得稱夫人，其稱夫人者非禮也。惠公、仲子與僖公、成風一例爾，此妾母係子之義也。且必以爲惠之妾、桓之母，則左氏固有“子氏未薨”之言矣，使左氏之言而可信，則是天王之生賵人母也，其亦不近人情矣。

及宋人盟于宿

或問：“及”之義，曰：及者，主我言也。然則及之者誰乎？

曰：《春秋》書盟而書“及”者多矣。是年“及宋人盟于宿”，莊二十二年“及齊高傒盟于防”，文二年“及晋處父盟”，十年“及蘇子盟于女栗”，成三年“丙午，及荀庚盟”，“丁未，及孫良夫盟”，十一年“及郤犫盟”，襄七年“及孫林父盟”，凡此者皆不出主名，而但書“及”者也。夫既曰“及”，則必有與及者矣。書“及”猶書“會”也。有書“公會”者，有但書“會”者；有書“公及”者，有但書“及”者，内不出主名，則皆公也。《春秋》之法，爲尊者諱，爲親者諱，禮也。是故“及宋人盟宿”、“及齊高傒盟”、“及晋處父盟”、“會楚人盟于齊”、“會齊侯盟于幽”、“會王人盟于翟泉”，皆不言公，皆諱之也。蓋亦有書“公”者矣，此則《春秋》之變文也。

或者爲之説曰：卑者之盟，不日。“及宋人盟宿”、“及蘇子盟女栗”是也。其日者，公也，“丙申，及齊高傒盟防”、“乙巳，及晋處父盟”、“丙午，及荀庚盟”、“丁未，及孫良夫盟”、“己丑，及郤犫盟”、“壬戌，及孫林父盟”是也。此其説亦巧矣，雖然，吾已論之於前矣。

祭伯來

或問：祭伯何以爲天子之上大夫？

曰：石氏曰：“天子之畿方千里，公卿大夫皆邑於其中。其受地，則皆視公、侯、伯、子、男，至於禄而不世，則不可與外諸侯班焉。故曰：‘天子之縣内諸侯，禄也;外諸侯,嗣也。'今祭伯,天子之大夫,而國於畿内,其來於魯不以王命,故書之。《穀梁》曰:'寰内諸侯非有天子之命,不得出會諸侯。不正其外交也。聘弓鍭矢不出竟場,束脩之肉不行竟中,有至尊者不貳之也。'此爲知所譏也。《禮》載縣子之言曰:'古之大夫,束脩之問不出竟','今之大夫,交政於中國'。然則此年'祭伯來',莊二十七年'公子友如陳葬原仲','莒慶來逆叔姬',其爲臣也可知矣。"

二　年　春

或問:《春秋》或書"王正月",或書"王二月",何也?

曰:《春秋》之法,有事無事皆書"王正月",餘年,事在正月者,則書"王正月",桓公二年[②]"春王正月戊申,宋督弑其君與夷",十年"王正月[③]庚申,曹伯終生卒"之類是也。事在二月,則書"王二月",隱三年"春王二月己巳,日有食之",四年"春王二月,莒人伐杞,取牟婁"之類是也。事在三月,則書"王三月",七年"春王三月,叔姬歸于紀",莊十三年[④]"春王三月,紀叔姬歸于酅"之類是也。一時無事,則書首月,莊五年"春王正月",十一年"春王正月"之類是也。若事在月末,則月而不書"王",如隱八年"春,宋衛遇于垂","三月,鄭伯使宛歸祊"是也。若事係於時而不係於月,則獨書"春",而不書"月",此年[⑤]"春,公會戎于潜",五年"春,公矢魚于棠",莊九年"春,齊人殺無知",十七年"春,齊人執鄭詹"之類是也。而《穀梁》乃謂隱十年"無正,隱不自正也。元年有正,所以正隱",其説誤矣。

公會戎于潜

或問:會之禮。

曰:《周禮》大宗伯之職曰"時見曰會",大行人之職曰"時會以發四方之禁"。此言天子有事,則合諸侯而命事,曰"會"也。《曲禮》言諸侯"相見于隙地曰會",此言諸侯將朝天子,則必先會于間隙之地,以習禮儀也。曹劌曰:"會以訓上下之則，制財用之節，朝以正班爵之義，帥長幼之序"，"諸侯有王，王有巡守，以大習之"。由是觀之，諸侯無私會，必有天子之事而後會焉。凡書"會"，皆非正也。以諸侯而會諸侯然且不可，況會外乎？會而不已，必且盟；盟而不信，必且肆其暴。有潜之會，然後有唐之盟；有唐之盟，然後有伐凡伯之事，是以《春秋》惡之。

胡氏曰："戎狄[⑥]舉號，外之也。天無所不覆，地無所不載，天子與天地參者也。《春秋》，天子之事，何獨外戎狄乎？曰：中國之有戎狄，猶君子之有小人，内君子、外小人爲泰；内小人、外君子爲否。《春秋》傾否之書，内中國而外四夷，[⑦]使之各安其所也。無不覆載者，王德之體；内中國而外四夷[⑧]者，王道之用。是故以諸夏而親戎狄[⑨]，致金繒之奉，首顧居下[⑩]，其策不可施也。以戎狄而朝諸夏，位侯王之上，亂常失序，其禮不可行也。以羌胡[⑪]而居塞内，無出入之防，非我族類，其心必異，萌猾夏之階[⑫]，其禍不可長也。爲此説者其知内外之旨，而明於馭戎[⑬]之道乎！"

莒人入向

或問：左氏言"莒子娶于向，向姜不安莒而歸"，"莒人入向，以姜氏還"，而子不從之，何也？

曰：吾以經考經也。案經桓十六年"冬，城向"，宣四年"伐莒，取向"，則向爲我邑明矣，況《穀梁》有是言乎？故愚嘗謂讀《春秋》之法，經之所有則從經，經之所無則從傳。

曰："入"之義，杜預曰"弗地也"，《公羊》曰"得而不居也"，《穀梁》曰"入者，内弗受也"，三説異焉，何也？

曰：所謂"入"者，直謂入其國都而已，其義不在"弗地"與"得而不居"也。且攻人之國而能勝之入焉，斯入之矣，非必以"内弗受"爲辭也。然所謂"入"者，亦以見吾無所畏難，而彼莫之禦我也。經書"入國"、"入邑"、"入郛"者，凡二十有六，而此其始焉。非有其地，故不曰"侵"；非伐其人，故不曰"伐"；非環以守其城，故不曰"圍"；非密以出其不意，故不曰"襲"；非以勢力而得之，故不曰"取"。聖人所書，隨其事而已。

曰：然則其稱"人"，何也？

曰：稱"人"，其常也，稱君、稱將皆特辭也。小國稱"人"，正也。"人"之爲言，未定其爲君大夫，微者之辭也。春秋之初，列國之大夫皆稱"人"。内大夫則不書"人"，"無駭帥師"是也；外大夫必有故也而後書大夫，來逆女則書大夫，盟則書大夫，至於侵伐則皆書"人"。伐書大夫主名者，自晋陽處父始；入書大夫主名，自郤缺始；侵書大夫主名，自趙穿始。是故《春秋》自文公以後，而大夫之名字始班班見之於經矣。

無駭帥師入極

或問：無駭何以不氏？

曰：石氏曰："未以氏見也。"春秋之初，大夫皆不以氏見，紀之裂繻，鄭之宛詹，魯之翬、柔、溺，皆不以氏見也。

曰：其書"帥師"者，何？

曰：將尊師衆，則稱曰"某帥師"。以將之尊、師之衆，此皆大夫之專兵權者也。翬帥師伐鄭，而終也有寪氏之變；慶父帥師伐於餘丘，而終也有子般之禍，此秉兵權之驗也。然自僖以前書"帥師"者九，自文公而後書"帥師"者百有八焉，世之相去略同，而帥師之多寡不侔若是。蓋其始也，大夫之專權猶寡，其終也，則視以爲常矣。然則無駭其始歟？東周以降，王政不行，外則莒人入向，内則無駭入極。非王命而入人之國邑，逞其私智，以見諸侯之不臣也；擅興師而征討不加焉，以見天王之不君也，據事直書而其義見矣。

公及戎盟于唐

或問：戎之族類不一，而此獨書"戎"，何也？

曰：春秋以來，戎之雜處中國[14]者多矣。今其見於經者，有曰"山戎"、曰

“北戎”、曰“姜戎”、曰“雒戎”、曰“茅戎”、曰“陸渾之戎”，而“戎蠻子赤”，則又諸戎之别種[15]也。皆戎也，而惟山戎爲最强，故齊桓伐之以尊中國[16]。齊桓之功，於是爲大矣。此所謂“戎”，則徐州之戎也。案《書·費誓》：“淮夷、徐戎並興，東郊不開。”則此盖徐戎久居中國，在魯之東郊者也。周公膺戎狄，伯禽征徐戎，[17]此魯人家法也。而隱即位之二年春會之，秋盟之，隱公於是乎無魯家法矣。胡氏曰：“與戎狄[18]歃血以約盟，非義矣，盟于唐，書日，謹之也。後世乃有結戎狄[19]以許婚，而配偶非其類[20]，如西漢之於匈奴；約戎狄[21]以求援，而華夏被其毒[22]，如肅宗之於回紇；信戎狄[23]以與盟，而臣主蒙其耻，如德宗之於尚結贊，雖悔於終，亦將奚及？”

紀裂繻來逆女

或問：内女未有言“來逆”者，此何以書？

曰：《春秋》之紀事，有故則書，以重書，以變書。内女未有書“納幣”者，而宋公使公孫壽來納幣則書之，以事之重而書也。内女未有言“來逆”者，而紀裂繻來逆女則書之，以禮之變而書之也。男女夫婦，人道之大也，是以聖人謹焉。是故内女之見於經者不一矣，然皆有故而後書。齊子叔姬、郯伯姬、杞叔姬，不書“歸”而“來歸”則書，志吾女遭人倫之變也。内女之爲夫人者，八見於經，非是者不書，而莒慶來逆叔姬、齊高固來逆子叔姬則書，志大夫之越竟逆女，而公爲之主也，至於紀伯姬、叔姬，宋共姬尤詳焉。此可以見書法矣。其書紀伯姬也，若曰“是吾女之喪，未殯而紀侯去國”者也；其書紀叔姬也，若曰“是吾女之爲娣於紀，而卒歸于酅”者也；其書宋共姬也，若曰“是吾女之遇灾，而能謹於禮”者也，故其歸、其卒、其葬皆詳之。此吾所謂“以變書，以重書”者也。

曰：伯姬卒、子叔姬卒，皆未適人者也，而卒之，何也？

曰：此亦以重書之也。鄫季姬卒，則以魯君之於季姬聽其外遇而卒之也。宋伯姬卒，則以其遇灾而卒之也。紀伯姬卒、紀叔姬卒，則以其外灾而卒之也。杞叔姬卒，則以杞伯來逆叔姬之喪而卒之也。然則伯姬、子叔姬，意以其情之重而卒之乎？或者必欲爲之辭，則求之過矣。

伯姬歸于紀

或問：諸侯必親迎乎？

曰：親迎，禮也。男子非親迎不有室，女子非親迎不有家，不親迎，非禮也。

曰：諸侯有社稷，有人民，苟必迎於他邦，而所娶之國，或道里之遠，則將綿歷日月，曠廢國家之治，恐於理不然矣。且文王之迎太姒，惟曰"于渭"，不曰"于莘"，造舟之地，蓋未遠于周邦。且文王當是時，未知已爲諸侯否也。至於《詩》云："韓侯迎止，于蹶之里。"則蹶爲王卿士，若韓侯因朝覲至周，而迎不亦宜乎？然則迎夫人使卿，未爲不重。此先儒之説云爾。

曰：胡氏曰："以封壤則有小大，以爵次則有尊卑，以道途則有遠邇，或迎之於其國，或迎之於境上，或迎之於所館，禮之節也。"紀侯於魯，以小大言，則親之者也，而使履緰來；魯侯於齊，以遠邇言，則親之者也，而使公子翬往，是不重大昏之禮也。

紀子帛、莒子盟于密

或問：紀、莒之盟，何以知其爲魯故也？

曰：以前年"莒人入向"，四年"莒人伐杞，取牟婁"，八年"公及莒人盟于浮來"，則莒之强可知也。紀方與魯爲婚，則其與莒盟者，疑其爲魯故也。

曰：然則"紀子伯"者，何也？

曰：《春秋》闕文，固有據本史因之而不能益者，有先儒傳受承誤而不敢增者。闕疑而慎言其餘則可矣，必曲爲之説則鑿矣。

夫人子氏薨

或問：夫人子氏，杜氏曰"桓母也"，《公羊》曰"隱母也"，《穀梁》曰"隱妻也"，宜孰從？

曰：隱、桓之母，俱不得爲夫人也，則其爲隱之妻者近是。彼爲《公羊》之學者，蓋惑于"母以子貴"之説，而不知妾母不得稱爲夫人也。隱、桓之母俱不得以夫人稱，隱之妻不得不以夫人稱。隱、桓之母俱不得爲夫人，則嫡庶之義明矣；隱之妻得爲夫人，則君臣之分定矣。

曰：《春秋》蓋有以妾母稱夫人者矣。

曰：此禮之未失也，作俑者其僖公乎？《春秋》天王歸賵則曰"惠公、仲子"，書秦人歸襚則曰"僖公、成風"，此言妾母係子之義也。然惠公雖尊其母，未聞以夫人稱也。仲子之宫别爲立廟，特以致厚焉爾，然不祔于姑，猶有辨焉，是春秋之初，尚以爲疑而禮未甚變也。至於僖公，致厚於妾母，而薨稱夫人，則適庶亂矣；葬稱小君，於是有二夫人祔廟，則亂倫易理，無復辨矣。自是而後，習以爲常。宣八年經書"夫人嬴氏薨，冬十月葬我小君敬嬴"，而敬嬴則文公之妾，而宣公之母也。襄四年經書"夫人姒氏薨，八月葬我小君定姒"，而定姒則成公之妾，而襄公之母也。昭十一年經書"夫人歸氏薨，九月葬我小君齊歸"，而齊歸則襄公之妾，而昭公之母也。故成風、敬嬴、齊歸皆稱夫人，蓋實録也。惟定十五年秋七月"姒氏卒"，不書夫人，不稱薨；九月"葬定姒"，不稱小君，則其禮猶有所降殺耳。當是時，子雖立而未踰年，故不以夫人之薨禮治喪，不以小君之禮葬也。然則妾母稱夫人，其僖公作俑之罪乎？

或曰：適夫人薨，則成其爲夫人。哀姜薨而成風正，出姜薨而敬嬴正，齊姜薨而定姒正。蓋君在則公子爲其母練冠縓緣，既葬除之，既薨則母固正矣。然適薨而後可得申其尊也。爲此説者，不亦可乎？

曰：否。"'邦君之妻，邦人稱之曰君夫人，稱之異邦曰寡小君'，蓋敵體之稱也。若夫妾媵，則非敵矣。其生亦以夫人之名稱號之，其没亦以夫人之禮卒葬之，非所以正其分也。以妾媵爲夫人，徒欲尊寵其所愛，而不虞卑其身；以妾母爲夫人，徒欲尊貴其所生，而不虞賤其父。卑其身則失位，賤其父則忘本。越禮至是，不亦悖乎？禮，庶子爲君，爲其母無服，不敢二尊也"，聞諸胡氏者如此。

鄭人伐衛

或問:《春秋》書"侵"、"伐"、"圍"、"入"、"滅"、"取"之異,亦有意乎?

曰:聖人各據其實而書之,而輕重自見矣。泰山孫先生曰:"天下有道,則禮樂征伐自天子出;天下無道,則禮樂征伐自諸侯出。自諸侯出,蓋十世希不失矣。自大夫出,五世希不失矣。夫禮樂征伐者,天下國家之大經也,天子尸之,非諸侯可得專也。諸侯專之猶曰不可,况大夫乎?隱、桓之際,諸侯無小大,皆專而行之;宣、成而下,大夫無内外,皆專而行之,其無王也甚矣。故孔子從而録之,凡'侵'、'伐'、'圍'、'入'、'取'、'滅'皆書,正以王法也。"愚謂入春秋之初,書殺弟自鄭莊始,書伐國亦自鄭莊始。莊之於段也,養之以成其惡而殺之矣,其子奔於他邦以餬其口,而又加兵於衛以責之,莊之所爲,不已甚邪!當是時也,王政不行,伯圖未起,而鄭莊實以姦詐詭譎之雄,肆行其間。此一役也,專伐國,則有以見無王之罪焉;討公孫滑,則有以見殺弟不怠之怒焉,一書而二罪具矣。

三年二月己巳,日有食之

或問:《春秋》書日食,或言日,或不言日;或言朔,或不言朔,何也?

曰:《春秋》日食三十六。隱食者一,桓、文、成食者各二,僖、宣、定之食者各三,莊之食者四,襄之食九,昭之食七[24],而書"既"者三,桓三年"七月壬辰"、宣八年"七月甲子"、襄二十四年"七月甲子朔"是也。然有言日、言朔者,日、朔俱得也;有言日而不言朔者,失其朔也;有言朔而不言日者,失其日也;不言日與朔者,日、朔俱失也。桓三年秋"七月壬辰朔,日有食之"、莊二十五年"六月辛未朔,日有食之"之類,日、朔俱備也。此年及僖十二年"三月庚午",失其朔也。桓十七年冬"十月朔",失其日也。莊十八年"三月"、僖十五年夏"五月",日、朔俱失也。[25]皆以曆家錯亂,攝提無紀[26],太史職廢,曆象乖錯[27]而無以正之故也。然則夫子何以弗革乎?曰:"《春秋》之作。"

【校記】

① 夷狄：四庫本作“蠻荒”。

② 桓公二年：四庫本前有“如”字。

③ 王正月：《春秋·桓公十年》作“春王正月”。

④ 莊十三年：四庫本作“莊十二年”。《春秋·莊公十二年》作“十有二年春王三月”。

⑤ 此年：四庫本作“二年”。《春秋·隱公二年》作“二年春，公會戎于潛”。

⑥ 戎狄：四庫本作“四裔”，下“戎狄”同。

⑦ “君子之有小人”至“内中國而外四夷”：四庫本作“晝之有夜，陰之有陽”云云。

⑧ 四夷：四庫本作“四裔”。

⑨ 戎狄：四庫本作“四裔”。

⑩ 首顧居下：四庫本作“歲以餌敵”。

⑪ 羌胡：四庫本作“降人”。

⑫ 猾夏之階：四庫本作“窺伺之漸”。

⑬ 馭戎：四庫本作“馭外”。

⑭ 中國：四庫本作“四方”。

⑮ 别種：四庫本作“族類”。

⑯ 尊中國：四庫本作“安列國”。

⑰ 周公膺戎狄，伯禽征徐戎：四庫本作“伯禽開國之初，即征徐戎”。

⑱ 戎狄：四庫本作“徐戎”。

⑲ 戎狄：四庫本作“和親”。

⑳ 配偶非其類：四庫本作“骨肉棄于遠”。

㉑ 約戎狄：四庫本作“乞外兵”。

㉒ 華夏被其毒：四庫本作“畿輔遭其逼”。

㉓ 戎狄：四庫本作“甘言”。

㉔ “隱食者一”至“昭之食七”：四庫本作“隱一，桓、文、成各二，僖、宣、定各三。莊四，襄九，昭七”。

㉕ “桓三年”至“俱失也”：四庫本無。

㉖ 攝提無紀：四庫本無此四字。

㉗ 曆象乖錯：四庫本無此四字。

春秋或問卷第三

隱　公

宋公和卒

或問：諸侯卒，或名或不名，何也？

曰：諸侯不生名，附庸則稱字，邾儀父、蕭叔是也。夷狄[①]之附庸則名，郳黎來、介葛盧是也。未成君則名之，鄭忽、曹羈是也。失國則名，鄭伯突、衛侯朔是也。嘗失國矣，雖復入，亦名之，衛侯鄭、曹伯襄是也。舍是皆無書名道矣。惟卒則名之，此《春秋》[②]書法也。左氏曰："凡諸侯同盟，於是稱名，故薨則赴以名，告終稱嗣也，以繼好息民，謂之禮經。"杜氏以爲"盟以名告神，故薨亦以名告同盟"，又言"仲尼修《春秋》，皆承策爲經。丘明之傳博采衆記，故始開凡例"者[③]，非也。若薨則赴以名，則是臣子可以名君父者矣，非禮也。蓋諸侯之事，會盟則名於載書，聘問則名於簡牘，故及其卒也，史臣謹録而名之。若必拘於同盟則名之例，則"公及宋人盟于宿"，是宿亦與盟也，何以卒而不名邪？《發微》曰："小國之君卒，或名或不名，以其微弱，禮不足略之。"案：諸侯卒不名者，此不過滕、杞、薛、宿小國而已，若秦則僻遠晚興者也。疑《發微》之説爲近。

曰：然則襄六年杞伯姑容之卒，名之；昭三年滕子原卒，名之，何也？

曰：諸侯之交於吾國也，禮備則書名，禮不備則不書名。此史册之常，而夫子因之爾。

曰：然則諸侯之卒必書也，奈何？

曰：諸侯卒，有鄰國者，有同盟者，有朝會者，有聘告者，有婚姻者，有同侵伐者。凡相往來也，名於策書，紀於簡牘，其卒也，必使人赴之，且告易代也。赴者之辭曰“寡君不禄，敢告於執事”，是以謹而録之也。

齊侯、鄭伯盟于石門

或問：石門之盟，子以爲伯圖之肇，何也？

曰：當是時，天下未有伯也，而世道之將趨於伯者，已不可遏矣。故嘗謂讀隱、桓之《春秋》，則知伯圖未興，而諸侯之莫相統一也；讀莊、閔、僖、文、宣、成之《春秋》，則知伯圖迭興，而諸侯尚猶有所總攝也；讀襄、昭、定、哀之《春秋》，則知伯圖寖衰，而中國諸侯莫適爲主也。雖然，隱、桓之際，伯圖未興，而齊侯、鄭伯特雄長於其間，謂之東周之小伯。自石門之盟而齊、鄭始合，相爲黨與以求伯諸侯，於是齊、鄭爲一黨，魯、宋、衛、陳、蔡爲一黨，二黨分而天下始多故矣。是故魯、邾之盟不足道也，莒、紀之盟亦不足道也，彼其所以爲盟者，特欲通好以求安耳，未有雄長諸侯之心也。石門之盟，齊侯、鄭伯之心豈復魯、邾、莒、紀之心哉？蓋北杏、鄄、幽之兆自是始矣。雖然，齊、鄭智謀勇力未能相下也，則伯之權不能專；魯、宋、衛、陳、蔡亦未肯下之也，則伯之權不能執，齊桓出而後專執之矣，故曰此伯圖之肇也。陳氏曰：“書齊、鄭盟于石門，以志諸侯之合；書齊、鄭盟于鹹，以志諸侯之散，是《春秋》之始終也。”

葬宋穆公

或問：外諸侯之卒，何以或書葬、或不書葬？

曰：諸侯之卒，書葬者九十三，不書葬者四十一。凡書葬者，據我而言，録恩也。故有書卒而又書葬者，彼赴而我往會之也；有書卒而不書葬者，彼赴而我不往會之也。有其事則其文備，無其事則其文缺，是史册之常也，此聖人所以因而弗革也。若吴、楚之君，書卒者十，而皆不書葬者，《公羊》曰：“避其號也。”《禮》曰：“諸侯[4]不稱楚越之王喪，恐民之惑也。”此則聖人削之也。

曰：然則其稱葬某公者，何？

曰：列國惟宋得稱公，餘皆侯、伯、子、男，至於葬而類稱公者，蓋意其不由天子之謚而私自謚也。“禮，天子崩，稱天命以謚之；諸侯薨，請謚於天子；大夫卒，受謚於其君”，所以懲惡而勸善也。春秋以來，其禮遂廢，諸侯之葬也，不請謚于天子，皆自謚之，而又僭稱公焉，非禮甚矣。聖人據事直書，而其義自見。

曰：然則諸侯之葬諸侯也，親往歟？使大夫歟？

曰：使大夫也。何以知之？以滕子來會葬而知之也。諸侯未有言來會葬者，言“滕子來會葬”，則以異而書之也。葬小國未有使卿者，其言“叔弓如滕葬滕成公”，則報施之禮也。經書卿會諸侯之葬者六，會天王之葬者二。其書葬而不書卿會者，我往會而非卿也；其書卿會葬者，我往而使卿也。其使卿者，皆異禮也。會晋者四，會齊、滕者一，凡皆重其事焉爾。雖然，比事而觀，則葬諸侯，公不親往；葬天子，公亦不親往，有以見魯之不王矣。葬諸侯使卿，葬天王亦使卿，有以見魯之夷王於諸侯矣。

四年，莒人伐杞，取牟婁

或問：莒人伐杞，取牟婁，何以言伐又言取？

曰：有言伐而不言取者，伐之而不取也，如鄭人伐衛之類是也。有言取而不言伐者，取之非以其伐之也，取濟西田、汶陽田是也。有先書伐、書圍而後書取者，伐之、圍之而後取之也，宋人伐鄭圍長葛，而後書“宋人取長葛”是也。然春秋之初，外之取邑，如取牟婁、取長葛，則書之，自隱以後，則外取邑不書矣。蓋春秋之初，猶以取邑爲重，於後則不勝書矣。子産曰：“天子之地一圻⑤，列國一同，今大國已數圻矣，若非侵小，何以至焉？”由此言之，則春秋之際，其取人邑者多矣，聖人安能盡書之邪？蓋亦有書之者矣，非有故不書。

衛州吁弑其君完

或問：弑君之例，亦有異乎？

曰：聖人所書之例，或書人，或書國，或書世子，或書名氏，或書盜，或書閽。閽，刑人也；盜，疏遠者也；名氏，則大夫弑君之辭；世子，録其尊親盡也；稱人以弑，衆人弑之也；稱國以弑，大臣弑之也。書閽於吴子見之，書盗于蔡侯見之，書名氏於宋督、衛州吁、晋趙盾見之，書世子於楚商臣、許止見之，稱人於齊商人、宋杵臼見之，稱國於莒庶其、薛比、吴僚見之，其義各有所主也。

曰：然則均大夫也，何以或名或氏？

曰：春秋之初，凡賊皆名之。衛州吁、宋督、齊無知、宋萬皆不以氏見，自晋里克，而大夫以氏見矣。凡賊皆名之，正也；書氏，時之變也。故嘗謂春秋之初，内大夫皆書名，惟卒則稱公子，於後則皆稱公子者矣；外大夫亦書名，於後則外大夫皆書公子及氏矣；弑君之賊皆書名，於後則皆以氏見矣，是春秋之變也。且獨不見《春秋》之書吴、楚乎？始書荆，繼書楚，於後則書楚子；始書吴，於後則書吴子。非時之變乎？若非時之變，則是《春秋》自爲異同而已矣。

公及宋公遇于清

或問："遇"之義？

曰："遇"有二義。《周官·宗伯》："諸侯冬見于天子曰遇。"《禮》曰："諸侯未及期相見曰遇。"蓋協同異之慮，而其禮若偶然而不期者，此冬見天子之遇也。諸侯因朝覲或從王命，則未有期而卒然相遇者，此未及期之遇也。若《春秋》之書"遇"者，固非因朝覲從王命而遇也，特以諸侯各欲逞其所欲，簡易其事，若道路相遇而無國君聚會之禮爾。經書公與諸侯遇則書曰"及"，是年"遇于清"，莊二十三年"公及齊侯遇于穀"，三十年"公及齊侯遇于魯濟"，以内及外、以我及彼之辭也。外諸侯相遇則以爵次，隱八年"宋公、衛侯遇于垂"，莊四年"齊侯、陳侯、鄭伯遇于垂"，三十二年"宋公、齊侯遇于梁丘"，尊卑之序也。

宋公、陳侯、蔡人、衛人伐鄭　秋，翬帥師會宋公、陳侯、蔡人、衛人伐鄭

或問：伐鄭之師，何以首宋？

曰：《春秋》之法，用兵則先主兵，盟會則序爵。用兵則先主兵，如"宋、齊、

郲人伐郳”之類是也。盟會則序爵，如宋、齊、衛瓦屋之盟，宋、陳、蔡叔“盟于折”是也，惟伯主則會盟先序伯主，此《春秋》之通例也。

曰：請兵者，衛州吁也，何以先宋？

曰：州吁，弑君之賊也，未能定其位，而求媚於諸侯。使宋公有夫子沐浴之意，則率諸侯以討罪人可也；如其不能，則姑不徇其一時之邪説，以聽天下之有能治之者亦可也。今也，徇逆賊之謀，修一己之怨，而合四國以伐鄭，肆人欲，滅天理，非人之所爲矣。四國之兵方合，而翬又帥師會之，亂臣賊子之勢益張矣。《春秋》之法，惡黨惡，故書“翬帥師”而再序四國，書之復書之，聖人之筆嚴矣。

曰：何以知其爲專兵也？

曰：以單伯會伐宋而知之也。單伯之會也，不書帥師，則單伯非專兵也；不再序諸國，則無大美惡也。以彼質此，則可知矣。

衛人殺州吁于濮　衛人立晋

或問：殺賊稱人，立君亦稱人，何也？

曰：殺賊稱人，可也；立君稱人，不可也。弑君，天下之所同惡也，人人得而討之。蔡人殺陳佗，則異邦得以討之也；楚人殺夏徵舒，雖夷狄[⑥]得以討之也。討賊稱人者，討罪之辭也。至於立君，則必内有所承，上有所受，非人人得而立之也。晋之立也，非先君之命，則内無所承也；不請命於天子，則上無所受也，特出於衆人之所欲立而遂立爾。故以情言，則衛無君者三月，國人逆晋而立之，情之所予也；以義言，則不請命于天子，不承命於先君，義之所失也。《春秋》之法，不以情勝義。

曰：國有故，社稷未有主，徇衆人之欲而立之，不亦可乎？

曰：是有義、有權。權者，所以合乎義也。嗣子有常位，有嫡則立嫡，無嫡則立長，長均則立賢，此大義也。義之所可立則立之，豈得以衆人之所欲立而立之乎？當是時，上有天子，爲衛臣者，當以義之所當立者，而請命於天王可也，今也不然，於義失矣。

曰：尹氏立王子朝，則書“尹氏”，此立晋者，石碏也，而不書碏，何也？

曰：立王子朝者，尹氏一人之私意也；立公子晋者，衛國衆人之同欲也，其亦異也。書曰“衛人立晋”，以别于石碏之私意也。

葬衛桓公

或問：君弑而賊討則書葬，君弑而賊不討則不書葬，信乎？

曰：否。經之文曰“葬某國某公”，不曰“某國葬某君”，然則葬之者，主我會而言也，非主彼國之葬不葬言之也。夫被弑之君不書葬，魯自不往會爾；其書葬者，魯自往會爾，何與於賊討與不討邪？傳者既爲此説，其有不通者如蔡景公、陳靈公、蔡昭公、許悼公，則又强爲之辭。蔡景則以爲不忍使失民於其子，陳靈則以爲外之討賊，蔡昭則以爲盗名不見於經，許悼則以爲不使止爲弑父。夫陳靈書葬猶可曰賊已討矣，蔡昭書葬猶可曰盗亦殺矣，至於蔡景、許悼，則其説不通矣，或者又强爲之辭，則曰：罪蔡景也，止自討也。且春秋弑君之賊，豈必皆其君之無罪哉？何獨於蔡景而赦其賊？班而可赦，則班不得爲弑君；班爲弑君，則班亦不可得而赦。既誅之，又赦之，聖人用法不如是之相牴牾也。至於許止，直以不嘗藥爲止不弑父，則又誤矣。夫弑君，罪之大也，不可贖者也，豈但以不嘗藥之故，而直加以弑名哉？許悼公瘧，飲世子之藥而卒，則爲弑明矣，何必爲之諱而且以止爲不弑父哉？然則蔡景、許悼之葬，要皆其子欲没其弑逆之迹，而具禮以葬其父，是以我往會之爾。其他被弑之君，或不書葬者，或其國多故，不能備禮以葬之；或雖葬之，而我不往會之爾。然自春秋之初，君弑而賊不討，則我皆不往會，是魯猶有羞惡之心也。春秋之後，君弑而賊不討，則魯亦有往會者矣，是獨不可於世變而三嘆邪！

衛師入郕

或問：書“戰”、“圍”、“侵”、“伐”、“入”、“滅”，或稱人，或稱師，或稱某帥師，或稱君，何也？

曰：稱人，略辭也；稱師、稱將、稱某帥師、稱君，詳辭也。故其稱師者，以衆言也，“衛師入郕”、“齊師救邢”之類是也。稱將者，以其將言而不以師言也，如“晋趙盾侵陳”、“衛孫良夫伐廧咎如”之類是也。其稱某帥師者，以其將之尊而用衆之大也，如“公子翬帥師會伐鄭”、“無駭帥師入極”之類是也。故《公羊》爲之説曰：“將卑師衆，稱師；將尊師少，稱將；將尊師衆，稱某帥師；君將不言帥師，書其重也。”此説當矣。惟是書人之例，《公羊》以“將卑師少”稱之，則亦不足以盡《春秋》之義。蓋《春秋》之法，小國稱人，“莒人”、“邾人”、“介人”是也。通《春秋》“邾”、“莒”例稱人，有故而後書大夫，“莒慶來逆子叔姬”、“邾庶其以漆、閭丘來奔”是也。故小國書人，正也。

春秋之初，雖大國之大夫亦書人，不特小國爲然也。惟内大夫則不書人而書名，外大夫非有玉帛之事則不書名，未有書氏者。内大夫卒則書氏。有好事於諸侯而書氏者，自公子翬始。有干戈之事而書氏者，自公子慶父始。外大夫以征伐之事而書氏者，自晋陽處父始。蓋春秋之初，猶未有專權之大夫也，故征伐稱大夫者皆專也。其書將者，是專權之大夫也；其書某帥師者，是專權之大夫，而又用大衆也，凡此皆特書也。故大國之大夫稱人，亦正也。夷狄[7]之國，有好事於諸侯，則亦書人，“荆人”是也。至楚子使椒來聘、吴子使札來聘，然後吴、楚之大夫著於經。故夷狄[8]之大夫稱人，亦正也。

若夫列序數國而或書爵、或書人，則爵者其君也，人者其大夫也。列序數國之大夫而或書大夫名氏、或書人，則書名氏者大夫，書人者微者也。以專權之大夫與未專權之大夫對言，則書專權之大夫爲詳辭，而書人爲略辭。以小國之大夫有故而後書其名，則其書名爲詳辭，而書人爲略辭。以夷狄[9]之大夫浸交於中國而後書大夫，則書大夫爲詳辭，而書人爲略。以諸侯有大征伐而後詳其大夫之名氏，則有故而詳之爲詳辭，而書人爲略。故有以小國而略之，有以夷狄[10]而略之，以君對大夫則略大夫，以大夫對微者則略微者，以關於盛衰者詳之，則不足爲輕重者略之，凡此皆書人之義。若夫書師之義，則亦有不同者焉。用衆之義則一，而隨文立義自有不同，如曰“師入某國”、“某師滅某”，則有以見其暴也；如曰“齊師、宋師、曹師城邢”，則有以見其盛也；如曰“師次于某”、“救某”，則有以見其雖衆，而有所畏也；如“師次于郎，以俟陳人、蔡人”，則有以見其無名而不義也，隨事而其義異矣。“衛師入郕”，暴也。

考仲子之宫

或問：考仲子之宫，禮乎？

曰：非禮也。

曰：何以知其非禮？

曰：以聖人所書而知其非禮。凡宫廟，非志灾、失禮則不書。若成六年“立武宫”、定元年“立煬宫”、此年“考仲子之宫”，則皆以失禮而書之也。若“新宫灾”、“僖宫灾”，則以灾而書之也。“丹桓宫楹”、“刻桓宫桷”，則亦以失禮而書之也。若曰仲子，妾母也，不祔於廟而立别廟以祠之，爲得禮之變，則聖人不書之矣，書之則知其非禮也。庶子在父母之室，爲其母不禫，所以厭於尊也，慈母與妾母不世祭，所以降於嫡也，是禮之節也，而可以立廟以祀之乎？或曰：古者妾祔於妾祖姑，無妾祖姑則易姓而祔於女君，别廟非禮也。

初獻六羽

或問：初獻六羽，或譏其僭，或善其復，何也？

曰：案左氏“考仲子之宫，將《萬》焉，公問羽數於衆仲，對曰：‘天子用八，諸侯用六，大夫四，士二。’公從之，於是初獻六羽。”觀左氏之説，則魯當用六矣，此善其復也。《公羊》曰：“天子八佾，諸公六，諸侯四”，“僭諸公，猶可言也；僭天子，不可言也”。考仲子之宫，則魯宜用四矣，此譏其僭也。然以季氏舞八佾之事觀之，則是魯之用八佾於群公之廟，舊矣。自魯之僭用天子之禮樂也，沿襲既久，而後季氏得以僭用之。若謂魯始僭諸公之六佾，而後僭天子之八佾，或恐沿襲未久，未至於季氏之甚，則知其僭舊矣。然則“初獻六羽”，左氏爲可從也。然隱公雖用衆仲之言，始用六佾於仲子之宫矣，而群公之廟則未之有改也，此其所以卒有季氏之僭歟？书“初税亩”，則向也不税亩，而今始税也。书“初献六羽”，則向乎謂之非，君子不可也。爲請儒之説者，不曰“攝”，則曰“遜”。夫己本有而推以予人謂之遜，非己所有而假於人謂之攝。使公而誠遜也，則國固隱之國也。隱之國，則固有不爵命其大夫者也。使公而誠攝也，則其生也稱公，其没也稱薨，鲁之臣子皆以君待之，非攝也，其有不爵命大夫者乎？彼傳者之説求其故，而不可得从而爲之辭爾。⑪

【校記】

① 夷狄：四庫本作“外國”。

②《春秋》：四庫本下有“之”字。

③ “告終稱嗣也”至“故始開凡例者”數句：據四庫本補。

④ 諸侯：《禮記·坊記》作“《春秋》不稱楚、越之王喪。禮，君不稱天，大夫不稱君，恐民之惑也”。字作“《春秋》”義長。

⑤ 一圻：“一”字原脱，據四庫本補。

⑥ 夷狄：四庫本作“蠻荆”。

⑦ 夷狄：四庫本作“蠻荒”。

⑧ 夷狄：四庫本作“荆蠻”。

⑨ 夷狄：四庫本作“蠻荆”。

⑩ 夷狄：四庫本作“蠻荆”。

⑪ “書‘初税畝’”以下至“爲之辭爾”：四庫本無。“則向”以下文字與上文意不相屬，疑有錯訛。據原書目録，此篇下有《邾鄭伐宋》、《螟》、《公子彄卒》三篇，而此本與四庫本皆無正文。

春秋或問卷第四

隱　　公

宋人伐鄭圍長葛　取長葛　五年

或問:"伐國不言圍邑",《公羊》之説然爾。此其言"伐"、言"圍",何?

曰:《春秋》所書,有獨言"伐"者,公子慶父"伐於餘丘"是也。有直言"圍"者,"叔孫僑如圍棘"是也。言"伐"、言"圍"而又繼之以"取",此年"伐鄭,圍長葛",明年"取長葛"是也。"伐"者,聲罪致討也;"圍"者,環其城邑也;"取"者,取其土地也,此其義自不相妨。如"莒人伐杞,取牟婁",則取之也易,故不言"圍";"宋人伐鄭,圍長葛",則取之也難,故先言"圍"而後言"取"。書"圍"者,又以見鄭之有城守也;書"圍"而後言"取"者,又以見宋之志於必得也。

鄭人來輸平

或問:《春秋》書"平"者六,而獨此年書"來輸",何也?

曰:"平"者,解仇釋怨之辭也。"平"之義則一而情異矣,"宋人及楚人平",則宋欲之也;"及齊平",則兩相下也;"宋及楚平",蓋出於不得已也;魯"及齊平",則齊知敬魯,而魯亦不欲加於齊也。若夫"來輸平",則直出於鄭伯之意爾。言"來輸",則有自屈損之意。鄭豈誠敬魯哉?亦豈誠畏魯哉?亦豈誠欲與魯釋其舊憾而爲玉帛之好哉?特以宋、魯方合,而幸其有可離之隙,於是乎自屈損以求成耳。觀後年"鄭伯使宛來歸祊",而魯入其地,會鄭人伐宋,得郜及防,而魯又取其二邑,是知"輸平"者,蓋以利而相結也,《春秋》惡之。

公會齊侯盟于艾

或問:《春秋》書盟,有言"會",有言"及",有曰"來",有曰"莅",有曰"同",有曰"會盟"者,何其辭之異也?

曰:"及"者,主我言也。"會"者,主彼言也。"莅盟"者,我欲之而往彼也。"來盟"者,彼欲之而來於我也。"同盟"者,其欲同也。"會盟"者,召而後至也。召盟而後至稱"會盟","鄫子會盟于邾"是也。召伐而後至稱"會伐","單伯會伐宋"之類是也。然則稱"會"者,主彼言而我會之也。

叔姬歸于紀

或問:叔姬,媵也,何以書?

曰:石氏曰:"媵之爲言送也。郯伯姬之歸,不言歸,以其媵也。此叔姬亦伯姬之媵爾,其書爲'歸于酅'起也。"甚矣!《春秋》録紀事之詳也,聖人豈無微意哉?隱二年書"紀裂繻來逆女",又書"伯姬歸于紀",七年又書"叔姬歸于紀",桓五年書"齊侯、鄭伯如紀",六年書"公會紀侯於成",冬又書"紀侯來朝",八年書"祭公來,遂逆王后于紀",九年書"紀季姜歸于京師",十七年"公會紀侯于黄",莊元年"齊師遷紀三邑",三年"紀季以酅入于齊",四年三月"紀伯姬卒,夏①,紀侯大去其國",六月②"齊侯葬紀伯姬",十二年"紀叔姬歸于酅",莊二十九年"紀叔姬卒,八月葬紀叔姬"。聖人録紀事之詳也,豈無微意哉?紀,微國也,介於齊、鄭之間,二國謀之久矣。其始也,齊侯、鄭伯如紀,以謀襲之,故書"齊、鄭如紀",惡之也。鄭不能襲,而齊志於滅之。前年會于黄,次年遷其三邑,故莊元年書"齊師遷紀、郱、鄑、郚",甚之也。紀終不能以自固也,其弟先以酅入于齊,四年而書"紀侯大去其國",閔之也。然魯之於紀,婚姻之國也,伯姬、叔姬皆魯女也;天王之於紀,后戚之國也,桓后季姜,紀出也。齊侯恃其强暴,以謀并紀,非一日也;紀侯度其微弱,以求援助,非一朝也。六年書"公會紀侯于成",冬又書"紀侯來朝",庶乎魯之能救也;八年書"逆王后于紀”，九年書“季姜歸于京師”，庶乎天王之足依也已。而魯不能救，天王不足依，齊襄所以得伸其志，而無忌憚也。聖人録紀事之詳者，意或在此，而言《春秋》者未嘗及之，故次而論焉。

城中丘

或問：城一邑、新一廄、作一門、築一囿，時與不時皆詳録之，何也？

曰：《春秋》於土功之事必謹而書之，所以重民力也。然其所書之義有二：有志其不時者，有志其非制者。周制：五等諸侯，國家宫室皆有命數之差，城之高下大小皆有限制，如左氏所言“大都三國之一，中五之一，小九之一”，所以謹王度也。凡土功，龍見而戒事，火見而致用，水昏正而栽，日至而畢，所以謹時也。《春秋》之所書，有越禮而踰制者矣，亦有不踰制而違時者矣，是以聖人皆謹而書之。若夫書城者二十有九，而主乎内者二十有二焉。蓋内之土功，無小大必書；而外之事，非有故則不書。

齊侯使其弟年來聘

或問：諸侯之交聘也，禮乎？

曰：諸侯之於天子也，比年小聘，三年大聘，所以致其恭；其於邦交也，歲相問也，殷相聘也，所以致其愛。諸侯之交相聘，禮也。雖然，春秋之時，朝聘不入京師，相與結驩繼好者，數大國而已，無復有慕賢、考禮、一法度、尊天王之實也。故雖玉帛交聘，修於邦交之常禮，而其實則諸侯横恣，連衡自固，以相比周爾。故大國聘而不朝，小國朝而不聘。聘而不朝者，以其强而足以役弱也；朝而不聘者，以其弱而有以事强也。故或以卿大夫、或以弟，聖人皆著其實而書之。此年齊之來聘者，則將以結魯也，是私也；使其弟來，亦私也。然《春秋》書“兄弟”之例有二，書盟、書帥師而稱“兄弟”者，有以見其厚寵愛之私；書出奔、書歸而稱“兄弟”者，有以見其薄友愛之義。故此年“使其弟年來聘”，桓三年“使其弟年來聘”、“鄭伯使其弟語來盟”與夫“黑背帥師”之類，皆私也；盜殺衛縶，秦鍼、宋辰出奔，皆薄也。仁人之於兄弟也，絶偏係之私，篤友恭之義，人倫正而天理存矣。

公伐邾

或問：伐邾之役，何以爲悦宋？

曰：隱元年嘗與邾盟矣，今未聞其有罪而伐之，何故？蓋魯爲宋討也。五年"邾、鄭伐宋"，是宋與邾有讎矣。四年"公遇宋公于清"、"翬帥師會宋伐鄭"，是魯與宋有好矣。去年"鄭人來輸平"，則是魯又與鄭爲親矣。魯方與鄭爲親，而宋方與邾、鄭爲讎，魯方得鄭邑，又憂宋之不我悦也，故託爲辭以伐邾，將以求宋焉耳，公之執義不固可知矣。元年盟之，今年伐之，盟果《春秋》之所貴耶？

凡伯來聘

或問：天王之聘諸侯也，禮乎？

曰：上之所以待下者，有以致其愛也；下之所以事上者，有以致其敬也。方周之盛，諸侯軌道，四時述職，朝宗覲遇，未始少懈。非朝之歲，三年大夫聘，五年而卿聘，凡以致其敬爾。王者於是時聘以結諸侯之好，間問以諭諸侯之志，歸脤焉以交其福，慶賀焉以贊其喜，致禬焉以補其災，凡以致其愛爾。春秋之際，諸侯之所以事天子者益懈，而天子之所以聘於諸侯者，何其不憚煩哉！十二公之中，魯之臣如京師者纔六，而王臣來聘者八，周王之爲天子可知矣。隱公即位已七年，其臣未有一如京師，而天子遣使聘之，何哉？雖然，《春秋》自宣十年定王使王季子來聘之後，魯歷五公，周更四王，皆無來聘之文，何也？蓋文、宣以前，周固微弱，然王命猶足以爲重。文、宣以後，周室之衰尤甚於前，蓋亦不足以爲輕重矣。是以《春秋》之書"來聘"者八，則止於宣公；書"來求"者三，則止於文公；書"來錫命"者三，則止於成公。"來聘"則止於宣者，自宣以後，雖有禮文，不足以結諸侯也。"來求"則止於文者，自文以後，天王雖求之諸侯，亦不與也。“來錫命”則止於成公者，自成公以後，雖有爵命，不足以寵諸侯也。烏乎！是可不爲世道慨嘆哉！

戎伐凡伯于楚丘以歸

或問：凡伯一人爾，何以言伐？

曰：凡伯，周之卿大夫，銜命出境，必有副、介、徒衛，戎將害之，固必用兵，用兵而不曰伐，謂之何哉？曰“于楚丘”，則有以見衛之不救王臣之患也；曰“以歸”，則有以見凡伯之不能死於位也。

胡氏曰：“周之秩官，敵國賓至，關尹以告，候人爲導，司徒具徒，司寇詰奸，佃人積薪，火師監燎。其貴國之賓至，則以班加一等，益虔。至於王吏，則皆官正莅事。今凡伯承王命，以爲過賓於衛，而戎得伐之以歸，是蔑先王之官而無君父也。故《旄丘》録於《國風》，見衛不能修方伯之職也；‘戎伐凡伯于楚丘以歸’，見衛不救王臣之患也，爲狄所滅則有由矣”。

宋公、衛侯遇于垂

或問：不期而會曰“遇”。“公及宋公遇于清”，則將以會伐鄭也；“宋公、衛侯遇于垂”，則將以爲瓦屋之盟也，豈不期而會乎？

曰：是特假遇禮以行其私爾，是以《春秋》詳之。

歸祊入祊

或問：左史言鄭“以祊易許田”，而《春秋》特書“來歸”，何也？

曰：以經考之，則見其有“來歸祊”之文矣，未見其有“易許田”之事也。桓公即位而後，鄭伯以璧假許田，則假田蓋在桓之世，而不在隱之世矣。左氏以其二事比而言之，而謂之“易”，非經意也。蓋許田者，魯之邑而近於鄭；祊者，鄭之邑而近於魯。周制：六年五服一朝，故於天子之郊有朝宿之地。成王以周公有大勳勞，故特賜之許田，以爲朝宿之地。周制：又六年王乃時狩，諸侯各朝於方岳，故於泰山之旁有湯沐之邑。宣王以鄭伯母弟封鄭，特賜之祊田，以爲湯沐之邑。周衰，天子不復行岳狩之禮，諸侯不復講朝覲之儀，故鄭之視祊，魯之視許田，亦幾於無用矣。然是時也，鄭將以結魯，而非魯將以結鄭也，故前年“來輸平”則約之以言，今年“來歸祊”則啖之以利。彼豈真以祊爲遠於鄭而無用，故歸於魯，以爲好哉？致惠以結魯之好，將以爲糾合諸侯之地爾。雖然，方其歸祊也，彼其心固已有覬覦許田之念矣，特以吾方求結於魯，故姑緩之，以爲糾合諸侯之地。若其威勢漸張，則許田之地，一言而魯亦歸之於鄭矣。既而桓公篡君自立，鄭伯於是要其許田之地，設爲之辭而曰“璧假”，鄭於是始有以取償於魯矣。後之人見祊近於魯而入於魯，許田近鄭而入於鄭，遂以爲兩下相易，則失之矣。

或曰：非其所有而得之曰“取”，本其所有而還之曰“歸”。今曰“歸祊”，則不毋乃魯之舊邑乎？

曰：“歸”字有二義，有以還其所有謂之歸者，有以易而言歸者。如“齊人來歸鄆、讙、龜陰之田”，齊以歸於魯，而非魯取之於齊也。“鄭人來歸祊”，是鄭以歸於魯，而非魯取之於鄭也。石氏曰：“言來歸祊，若魯之所自有也。”此説得之。

曰：其言“入”，何也？

曰：鄭歸之，我入之。入則有其地，而遣吏治其人矣。與入者，弗受之辭，其旨異矣。雖然，來歸鄆、讙、龜陰之田不言“入”，何也？蓋鄆、讙、龜陰，我故物也，故不言“入”；此言“入”，則非我故物也。

盟于瓦屋

或問：據左氏，齊侯平宋、衛之怨于鄭，則瓦屋之盟，蓋齊志也，何以首宋公？

曰：《春秋》之法，會盟先主會，征伐先主兵。自隱元年至莊十四年，諸侯之會中國之政無伯者主之，凡見於經者十有六國，惟主會者先焉。自莊十五年至僖十七年，諸侯之會中國之政皆齊桓主之，凡會者十有四國，而會首於齊桓。自僖十八年至二十七年，諸侯之會中國之政皆宋、楚爭之，凡會者二十一國，而會先於宋。自僖二十九年至哀十三年，諸侯之會中國之政皆晋、楚爭之，凡會者二十國，或先楚，或先晋。此會盟所以先主會也。若夫瓦屋之盟，則未有以主之也。欲平宋、衛於鄭者，雖齊侯之志，而齊實未能主之。莫之爲主，則亦序王爵而已，此所以首宋也。雖然，有參盟則必有主盟矣。入春秋至是八年，内之爲盟如蔑、宿，外之爲盟如石門、密，非所謂善也，兩義不安，而彼我之情不能無嫌，是以有衆情共疑而參盟之事，至此瓦屋之盟，則共相疑而爲此盟也。方其未盟，則宋、衛遇于垂以謀之，固已有不信齊侯之意矣。其既盟也，而齊人、鄭人伐宋，信安在哉？齊能挽三國以求釋恨於鄭，而不能無明年齊、鄭伐宋之師，齊之罪亦可知矣。夫瓦屋，周地也，三國會於此，既不入覲於王，而刑牲歃血，私相要結，其蔑視王室之罪，可勝誅哉？雖然，是盟也，其關於世道升降之機尤不細也。石門之盟，聖人爲之隱憂，况瓦屋乎？諸侯參盟蓋自此始，由是而降，不爲北杏，不爲幽，不止也。

盟于浮來

或問：與大夫盟没公，及莒人盟浮來，何以不没公？

曰：與大夫盟没公，正也；其不没公者，《春秋》之變文也。《春秋》書内盟不曰“會”，則曰“及”。“會”未有無主名者，“及”亦未有無主名者，其不出主名者皆公也。“及宋人盟宿”、“及荀庚盟”、“及孫良夫盟”、“及郤犨盟”、“及孫林父盟”皆不言公，不使大夫敵公也。“及蘇子盟于女栗”亦不言公，外諸侯不宜與内諸侯盟也。惟“公及莒人盟于浮來”、“公及齊大夫盟于蔇”，則公之所欲，而《春秋》亦不之諱也。會諸侯“同盟于幽”不言公，聖人以是爲《春秋》之變文也，諱之。“會盟于齊”不言公，楚始與諸夏盟也，諱之。“會盟于翟泉”不言公，晋初以大夫盟王子也，諱之。惟“公會盟于蜀”言公，甚楚之强以憑陵中國，故亦不之諱也。故曰：“與大夫盟没公，正也；其不没公者，《春秋》之變文也。”

曰：然則《春秋》之作，何爲若是之異乎？

曰：魯之所諱，聖人諱之；魯之所不諱者，聖人亦不之諱也。《春秋》，魯史也，聖人何加損哉？

無駭卒

或問：無駭何以不氏，或曰"未命"也，或曰"未賜族"也，宜孰從？

曰：所謂"未命"者，謂其未命于天子也。春秋之際，大夫皆命於其君矣，固未聞有天子之命卿也，何獨無駭、挾爲然哉？所謂"未賜族"者，蓋出於左氏"羽父請族"之説，然以宋萬、宋督之不氏，左氏固以爲華督、南宫萬矣，則是未嘗無族也。然則大夫不氏，正也；其氏者，《春秋》之變文也。春秋之初，大夫皆書名，内之無駭、翬、挾、柔、溺皆名，外之鄭宛、詹、紀裂繻皆名，未聞以氏稱也。自僖公以後，而内之大夫未有不書氏者，若臧孫、叔孫、季孫、仲孫之類是也，其甚則有生而以字書者，季友、仲遂之類是也；外之大夫無有不氏者，盟書齊高傒、晋趙盾、衛甯速、宋華孫，比比而是矣，征伐書晋陽處父、宋華元、衛孫良夫，往往而見矣。此時之變也，非聖人之私也。春秋之初，惟内大夫卒而書公子者二，公子益師、公子彄是也，蓋以貴書，以重書也。是二公子者，隱之叔父也，故以貴重書之。非公子之貴也，則亦名之而已矣，故無駭、挾皆不氏也，然無駭、挾之不氏，則又異於翬、柔、溺之不卒矣。盖無駭、挾，世禄也；翬、柔、溺，非世禄也。非世禄，則亦不卒之矣。

公會齊侯于防

或問：公會齊侯，禮乎？

曰：程子曰："古之治時，諸侯服天子之命，以守疆土，以治人民。其朝聘有時，其出入有度，無非禮者也。世之亂也，王綱不振，諸侯無法以自守，强陵弱，衆暴寡，大者則糾合其黨，以逞其私，小者則附從不暇，以救其亡，故列國之會紛然於天下矣。聖人一以王法正之，凡書'會'，皆非正也。若夫彼善於此，惡有重輕，則各存乎其事。《春秋》之法，公與諸侯爲會，則書曰'公會某侯于某'，防與中丘之類是也；内臣會諸侯，則書曰'某會某侯于某'，鄆與戚之類是也；外諸侯相會，則書曰'某侯、某伯會于某'，'蔡侯、鄭伯會于鄧'、'齊侯、宋公會于洮'之類是也，唯以國之大小、强弱，爵之高卑爲次。凡皆非王事而相會聚耳。"胡氏曰："左氏稱'宋公不王，鄭伯以王命討之'，使來告命，會于防，'謀伐宋'也，于中丘，'爲師期'也，亦謂之非王事，可乎？曰：以王命討宋，而聽征討之禁於王都，雖召陵之舉不是及矣。始則私相會爲謀于防，中則私相盟爲師期于鄧，終則乘敗人而深爲利，以取二邑歸諸已。奉王命討不庭者，果如是乎？"

公會齊侯、鄭伯于中丘
翬會伐宋，敗宋師，取郜，取防

或問：將以伐宋者，鄭伯也，而中丘之會序齊爲首，何也？

曰：齊僖、鄭莊之圖爲伯也，久矣。蓋自石門之盟始，自是而後，齊、鄭爲一黨，魯、宋、衛、陳、蔡爲一黨，而宋、衛則其首也。自鄭人來輸平以離魯、宋之黨，而又納祊以結之，齊亦爲艾之盟，又使其弟年聘魯，於是背宋而從齊、鄭。齊、鄭既得魯矣，又欲平宋、衛以伯諸侯，於是爲瓦屋之盟，則未知宋、衛之能俯首於齊、鄭也。宋、衛之未能俯首以從齊、鄭也，則又會于防，會于中丘，以謀伐宋。然則伐宋之師，是齊、鄭之相爲謀也，非獨鄭伯之罪也。以國之大小言之，則齊爲先矣。

曰：帥師者翬，而敗宋師稱"公"，何也？

曰：翬帥師會伐，正兵也，公之敗宋師是奇道之兵也。臣會伐而君率輕師以敗之，詐也；未浹旬而取其二邑，貪也。隱公德薄而多大功，慮淺而數得志，此其所以有鍾巫之禍歟？且公豈真能敗宋者哉？有齊之力，有鄭之謀，齊、鄭方求與宋戰，宋方備齊、鄭之不暇，是以公幸而成功爾。

宋、衛入鄭　宋、衛、蔡伐戴
鄭伯伐取之　齊、鄭入郕

或問：齊、鄭方伐宋，而宋人、衛人乃入鄭，是奇兵也，是擣虚之役也；宋、衛既已入鄭，而又移兵以伐戴，三國雖衆，其師老矣，是困獸之猶鬥也；四國既斗，鄭伯乘其弊而伐取之，此卞莊子之術也，此所以能取三師歟？

曰：或疑三師非鄭之所能取，謂鄭取戴，非也。《春秋》書“取”者有三，凡邑田曰取，若“莒人取牟婁”是也；師曰取，鄭罕達“取宋師于巖”是也；内大惡諱，凡滅國不曰“滅”而曰“取”，若“取鄟”、“取邿”、“取鄫”之類是也。惟滅項則言“滅”，公不在國故也，是以不諱，未有外伐國而言“取”也。且三國方伐戴，而鄭伯取戴，亦無此理。鄭之患三國，無以異戴，以患則均所讎，以惡則均所疾，鄭莊雖未近古，詎肯棄所疾而利所危乎？其入郕也，往年衛師入郕，蓋自是郕從衛矣。齊、鄭入郕，其所以孤衛之黨歟？

滕侯、薛侯來朝

或問：諸侯朝於諸侯，禮乎？

曰：吾聞之陸象山之言曰：“古者諸侯之於天子，比年一小聘，三年一大聘，五年一朝。天子五年一巡狩。周制：六年五服一朝，又六年王乃時狩[③]，考制度于四岳，諸侯各朝于方岳。朝，所以考制度，尊天子也，故曰：‘天子無故與諸侯相見曰朝。考禮、正刑、一德，以尊天子。’穀梁子以爲‘天子無事，諸侯相朝’，誤矣。禮所謂‘兩君相見’者，不能無是事爾，非定制也。比年小聘，三年大聘，諸侯交相聘問則有定制矣，故曰：‘朝覲之禮，所以明君臣之義也；聘問之禮，所以使諸侯相尊敬也。’是故一不朝則貶其爵，再不朝則削其地，三不朝則六師移之，先王之通制也。義之所在，非由外鑠，根諸人心，達諸天下，先王爲之節文，著爲典制，苟不狂惑，其誰能渝之？”周衰，典禮大壞，諸侯不事天子，朝聘不入京師，或比年以相朝，或五歲以相聘，自以强弱相制，大小相凌，豈復有考禮修德以尊天子之意哉？魯之所如者，舉皆齊也、晋也，其甚則朝夷狄[④]之君，而齊、晋、楚未嘗一朝魯也。魯之所受朝者，滕也、邾也、薛也、杞也、曹也，否則夷狄[⑤]之附庸，而滕、薛、邾、杞、曹未嘗一受魯之朝也。蓋齊、晋，伯也，而楚則所畏也，邾、滕、薛、杞、曹則土地狹隘，兵寡衆弱，而不能與魯抗也。僖公立三十有二年，朝王所者再，而如齊者三。成公立十有八年，如京師者一，而如晋者四。下是則雖如齊、如晋、如楚之不常，而終無有朝王所，如京師者矣。《春秋》據事直書，而善惡自見。

隱　公　薨

或問：隱、閔不葬，左氏曰“不成喪也”，二傳曰“君弑，賊不討則不書葬也”，宜孰從？

曰：二傳之言信有理，抑吾考之《春秋》而不合也。外之諸侯曰“君弑，賊不討則不書葬”，而蔡景、許悼不合也；内之君亦曰“君弑，賊不討，則不書葬”，而桓公不合也。

或曰：隱、閔不葬，謂其賊在内，而魯之臣子可得而討也，是以不葬也。桓公書葬，謂其賊在外，而魯之臣子不得而討也，是以葬之也，不亦可乎？

曰：賊未討則不書葬者，謂讎不復則不葬也，不葬則服不除，寢苫枕戈，所以明爲臣子也。葬者，臣子之終事也，其義未終，故不敢以急葬也。此“賊不討則不書葬”之説也。若桓之被弑，賊雖在外，然爲魯之臣子，有不共戴天之讎，何可以一日忘之乎？不共戴天之讎未復，則臣子之職終未盡也，臣子之職未盡，而可以急葬乎，而可以除其服乎？若隱、閔，則以爲臣子之事未終，而不敢以急葬；若桓，則臣子之義，詎可以爲忠乎？此皆未免有互相牴牾者。吾故曰：隱弑桓立，國内多故，不能具禮以葬，則亦不書爾。《春秋》之法，據事直書而善惡自見，惟於魯之事則特有隱諱焉。此則臣子之義也，故公薨不書弑，爲尊親諱也，不書地則亦不没其實矣。

隱 十 年 無 正

或問：隱十年無正，何也？

曰：“隱將孫乎桓，故不有其正月”，此《公羊》之説也；曰“隱十年無正，隱不自正也。元年有正，所以正隱也”，此《穀梁》之説也，此則求《春秋》太過之失爾。夫事在正月則書正月，事在二月則書二月，事在三月則書三月，事有不係於月而特係於時者則書春，此自《春秋》之書法爾。隱之《春秋》亦有事在正月而不書者乎？蓋未之有也。未之有，則其不書也宜矣，何用爲是支離哉？

【校記】

① 夏：此下原有“五月”二字，據莊公四年《春秋》經、《左傳》及四庫本删。

② 六月：四庫本此下有“乙丑”二字。

③ 時狩：《象山集》卷一作“時巡”，四庫本同。《尚書・周官》作“又六年王乃時巡”。

④ 夷狄：四庫本作“蠻荆”。

⑤ 夷狄：四庫本作“外國”。

春秋或問卷第五

桓　　公

公會鄭伯于垂，鄭伯以璧假許田　盟于越　元年

或問：左氏以爲"易祊田"，經以爲"璧假"，何也？

曰：言假則非易，言易則非假。向也"來歸祊"，則鄭以此結魯也；今也"以璧假許田"，則鄭以此要魯也。甚矣，鄭莊之姦雄也哉！不直要之，而爲之辭曰"假"。假有歸之時，公非不知鄭假之必不歸也，而不得不從。既許其假矣，而後得爲越之盟。甚矣，鄭莊之姦雄也哉！始而公會鄭伯于垂，則志爲此會者鄭也；已而及鄭伯盟于越，則志爲此盟者魯也。鄭伯何爲志爲此會哉？將以要其許田而爲此會也。魯何爲志爲此盟哉？將以藉鄭之力以求安其位也。春秋之時，簒弑之君，諸侯苟列於會，則天子亦不之討，諸侯亦不之問。此鄭莊之所以逆其意，而與之會也；此魯桓之所以因其會，而遂假之以許田也。會猶未足，繼而盟焉，則愈固矣。是舉也，於以見鄭伯之巧於要魯也，於以見魯桓之急於倚鄭也，於以見魯之不復朝周，而棄其朝宿之邑也，於以見鄭之不王，而奪其所賜之地也，於以見弑君之賊，諸侯不惟不加討，而又因之以爲利也，於以見世衰道微，雖罪大惡極之人，而往往得以自安於其位，而無復懼也。

秋大水

或問：《洪範》"庶徵"，《春秋》灾異，一也。此年大水，説者以爲桓弑隱，百姓痛傷，悲哀之心既蓄積，而復專易朝宿之邑，陰逆與怨氣并之所致，豈非有合于《洪範》"庶徵"之意乎？

曰：此漢儒之説也，抑吾之所以論《洪範》者不然。《洪範》之爲疇也九，五行、五事、八政、五紀、三德、稽疑、庶徵、五福六極。八者之疇，條分品列，而必以皇極居乎其中者，何也？蓋皇極之道立則五行順，五事正，八政舉，五紀協，三德全，卜筮得，庶徵從，五福應；皇極之道不立則五行戾，五事乖，八政虧，五紀失，三德失其宜，卜筮失其理，庶徵失其時，福、極失其應。蓋以一統八，而八者之用，實主乎一也。然則説《洪範》者亦論皇極之建不建爾。皇極建，則彝倫叙，而肅、乂、哲、謀、聖有以召雨、暘、寒、燠、風之時；皇極不建，則彝倫斁，而狂、僭、豫、急、蒙有以召雨、暘、寒、燠、風之恒。天人之交，如響斯應，幾微之際，孰能識之？如必曰"某事得則某休徵應，某事失則某咎徵應"，則亦膠固而不通矣。

春秋之際，灾異荐見，此皆陰濁肆行，陽明不用，而天人之間交相感應。故人之所爲顛倒悖繆，有以感天道之變，天之所運乖戾舛誤，有以極人道之灾，而山崩、川竭、日食、地震之異，水旱、蝗蟲之灾，無日不見，此聖人所以傷之也，夫豈指其一事，而爲一異之應哉？故是年之大水，以爲陰逆與怨氣并之所致可也，指其事以實之則拘矣。故嘗謂推明五行之運行，以關於五事之得失，而明天人感應之理者，《洪範》之説也。因《洪範》之説，而必欲推尋其所致之由者，漢儒之説也。歷紀一時之灾異而不書其故，以明天變之不可忽者，《春秋》之所書也。因《春秋》之所書，而附會之以一時之事者，何休諸儒之説也。

宋督弑其君與夷及其大夫孔父

或問：《春秋》弑君而書"及"者三，其賢之乎，罪之乎？

曰：《春秋》據事直書而義自見，其所以書"及"者，正以其與君存亡者爾。春秋之弑君者多矣，由是而並殺其大夫者，亦爲不少，而獨於孔父、仇牧、荀息得書此，必與君存亡者也。書弑其君而曰"及"，不曰"殺"而蒙弑文，非能與君存亡者，何以加此？蓋孔父未死，則與夷不可得而徒弑也；仇牧未死，則捷不可得而徒弑也；荀息未死，則卓不可得而徒弑也。既弑其君，而必及其所忌，則孔父、仇牧、荀息之事亦可知矣。據傳，則孔父乃穆公之所屬殤公者也，荀息乃獻公之所屬其子卓者也。孔父、荀息存，則殤公、子卓與之俱存；孔父、荀息亡，則殤公、子卓與之俱亡。殤公、子卓已弑，而孔父、荀息尚存，則督、里克不得而全矣。仇牧之事，雖不必如孔父、荀息之受屬於先君，然以傳考之，則仇牧聞君弑，趨而至，遇於門，手劍而死之。由此言之，則仇牧生而存，則萬不可以生；仇牧死，然後萬得以奔陳矣，是亦能與君存亡者也。其賢之乎？罪之乎？學者觀之而自得之矣。

滕子來朝

或問：隱十一年滕嘗來朝矣，書侯之爵，至此未閲二歲而遂書"子"，或以爲時王所黜，或以爲在喪稱子。然使時王能黜諸侯，則是天王能執其柄矣，《春秋》豈復作乎？使其果在喪，則終《春秋》之世，滕皆書"子"，此理之不通也。胡氏謂："朝弑逆之人，是以《春秋》貶之。"信乎？

曰：《春秋》據事直書而善惡自見矣，豈升降諸侯之爵次，而亂其名實哉？案：《春秋》或稱侯、或稱子、或稱伯，其稱不一，惟滕、薛、杞耳。三國皆小國也，故杞稱公，正也；稱伯、稱侯、稱子，皆降也。滕稱侯，正也；稱子，降也。薛稱侯，正也；稱伯，降也。蓋春秋之時，諸侯自恣，朝會不常，小國之諸侯，介於大國之間而無以自存，迫於號召之令而不敢不從，故自貶而稱子、稱伯，蓋懼以公、侯之爵來，則其貢禮必重故也，有如晋、鄭争承，子産曰："鄭伯，男也，而使從公侯之貢，懼弗給也。"正此意爾。當時之小國既以此禮來，當時之諸侯亦以此禮受，當時之史官亦以此爵書之，聖人何加損哉？

會于稷，成宋亂

或問：《春秋》之法，爲尊者諱，禮也，而"以成宋亂"，則目言之，何也？

曰：成之爲言平也。蓋督弑其君而逆子馮，一國之人豈無有不順督之所爲者乎？四國會于稷以平之，而公子馮始安於位，督遂相宋公，所謂平宋亂也。

案：《春秋》"會"未有言所爲者，惟此年"成宋亂"，與襄三十年諸侯之大夫

“會于澶淵”，亦書曰“宋災故”，乃特言其所爲。此聖人之深意，不可不察也。夫宋督方弑其君，使四國明乎孔子沐浴請討之意，則會于稷以討之可也，而今其會也，特以平其國内之亂而已，孰謂弑君之賊可以不討，而反使其國人平之乎？蔡般方弑其君，使諸侯之大夫明乎邾定公斷獄之法，則會于澶淵以討之可也，而今其會也，特以宋災故而謀更其財而已，孰謂弑君之賊可以不討，而反慮其失火之國乎？稷之會不書“以成宋亂”，則疑于謀討督；澶淵之會不書“宋災故”，則疑於謀討蔡。是以聖人直書其所爲，而後是非善惡之實著矣。先書“以平宋亂”，則可以見四國不能討賊之罪矣；繼書“取郜大鼎于宋”，則可以見四國取賂之罪矣；又書“納于太廟”，則益可以見桓公同惡相濟、誇大倨肆之意矣。

蔡侯、鄭伯會于鄧

或問：鄧之會，左氏以爲“始懼楚”，何也？

曰：左氏以爲楚卒滅鄧、入蔡，而其後鄭卒爲楚之服役，故其説云爾。然以經考之，則桓公以來，楚之猾夏未見於經也，况前乎是？蔡實從宋伐鄭，又從宋伐戴，則蔡蓋宋之黨也。今也，宋、鄭既合，則其通於蔡，理無可疑者，然後此五年，蔡、衛、陳之從王伐鄭，則又托公義以釋私憾者也，豈非鄭雖求平於三國，而三國讎鄭之心至是猶未已邪？然則以會鄧之書而究其終始，則諸侯離合之不常，亦可知矣。

公及戎盟于唐　公至自唐

或問：公行，或書“至”，或不書“至”，何也？

曰：告至則書，不告則不書，此史册之常也。史之所有則書，史之所闕則不書，亦夫子修《春秋》之法也。夫書“至”，非聖人新意也。考之於《書》，湯既勝夏，而《仲虺之誥》必曰“王歸自夏”。成王東伐淮夷，遂踐奄，而《多方之命》亦曰“王來自奄”。蓋君出入，重事也，而可不志乎？《春秋》之書“至”，蓋亦緣魯史之舊，而著其反國之日月爾。其不書者，史闕之也。不然，魯君之出百七十有二，自文以前，公之出者八十，而書“至”者十九；自文以後，公之出者九十有二，而書“至”者乃六十有四。夫以行李之往來不甚相遠，而書“至”之多寡，其相去乃若是，何邪？然則亦因其世代有久近耳。故君之行必告廟，反必告至，此禮也。或謂書“至”之義，或志其去國踰時之久，或録其盟會侵伐之危，或著其黨惡附姦之罪，此則求之過矣。若其去國踰時之久，則因其書“至”而可以見，學者比事觀之，則知之矣，未必聖人書“至”之意也。

三年春正月

或問：桓何以不書王？

曰：闕文也。

曰：何以知其爲闕文也？

曰：《春秋》無事必書首月，首月必書王，此《春秋》書法也，而桓公則十四年不書王。四時雖無事，首時過則書，此《春秋》書法也，而桓公則七年不書秋、冬，吾以是知桓之《春秋》於是多闕文矣。孔子之前，史有闕文；孔子之後，經有闕文。孔子之作《春秋》也，授諸弟子，則其傳之也，豈能無脱文哉？

或曰：桓之無王，非闕文也，桓無王也。元年有王，始之治桓也。二年復有王，再以治桓也。至於三年，則諸侯之喪事畢矣，是乃入見，受命於天王之時也，而天討不加焉，故自是而後不復書王，明桓之不王，而王之失政也。十年有王，數之終也。十八年有王，桓之終也。不書秋、冬，亦非闕文也，明天討之，不加也。古者賞以春、夏，刑以秋、冬，順天道也。桓以弟弑兄，以臣弑君，而天討不加焉，是有陽而無陰，歲功不能成矣。故四年之不書秋、冬，則以天王之下聘，而天王不復討矣；七年之不書秋、冬，則以穀、鄧來朝，而天下之諸侯亦無可望者矣。故特不書秋、冬二時，以志當時之失刑也。爲此説者，不亦可乎？

曰：爲此説者，信巧矣。然以經考之，則桓、宣二公皆爲簒弑之主，亦皆天討不加者也。宣未嘗無王，而桓獨無王，則聖人用法，何乃如是之異也？况《春秋》書王，本以律天下之不王，豈因桓之不王，而遂自去其王乎？當時之諸侯，以篡弑得國者，又非獨一桓公也，又何以不去王乎？若經實以桓無王而不書王，則當始末盡然，又奚以元年、二年、十年、末年各書王乎？若如是説，則聖人書法頓自改易，又安能使學者之必知其意乎？至於不書秋、冬，信如其説，則桓十七年五月《公羊》不書夏，昭十年十二月三傳皆不書冬，僖二十八年冬有日而無月，不知又將何説乎？至若二年有王，則以爲正與夷之卒；十年有王，則以爲正終生之卒，則固不待辯而知其謬矣。

齊侯、衛侯胥命于蒲

或問：胥命，《公羊》以爲近正，《穀梁》以爲近古，荀卿亦曰"《春秋》善胥命"，然則善之乎？

曰：愈於盟可也，謂之正則不可。

曰：然則其所以相命者，何也？

曰：當是時，王澤浸微，伯圖未起，諸侯强力，蓋未有以相伯也，則云"胥命"而已。齊、衛二國皆大國也，召康公命太公曰："五侯九伯，汝實征之。"而狄人迫逐黎侯，黎之臣子亦以方伯連率之職責衛侯，則齊、衛之受命於周以爲侯伯，舊矣。當時齊僖自以爲小伯，而衛亦有圍郕入鄭之威，故於此以侯伯之職而相命焉。向也石門之盟，則齊、鄭相結將以圖伯也，繼而瓦屋之盟，則齊於是始有脅諸侯之心，然而未能脅也；今也"胥命于蒲"，則又以侯伯之事相命，亦將以圖伯也；其後也又爲惡曹之盟，則又相結以爲强也，伯圖自是浸長矣。然則二國之相命，其五伯專權擅命之漸乎？故曰"愈於盟可也，謂之正則不可"。

日有食之既

或問：日食三十六，而書"既"者三，桓三年、宣八年、襄二十四年是也。先儒於桓則曰"楚滅穀、鄧，僭稱王之應"，於宣則曰"楚圍宋、伐鄭、勝晋，中國争奪，屈服强楚之應"，於襄則曰"楚滅舒鳩，齊崔氏、衛甯喜弑其君之應"，其説信乎？

曰：日食者，陽微之所致也。春秋以來，陰濁肆行，陽明不競。陽爲君、爲父、爲夫、爲君子、爲中國，陰爲臣、爲子、爲婦、爲小人、爲夷狄[①]。故凡臣弑君、子弑父、妾婦乘其夫、小人勝君子、夷狄[②]陵中國，此皆陽微之事也，奚必曰指某事以爲應哉？日食雖有常度，至於書"既"，則變之尤大者也，此豈非陽微之所致歟？若何休之説，則以爲先事而食，後事而應。其説亦太泥矣。

有　　年

或問：《春秋》惟桓公書"有年"，宣公書"大有年"，而他公不書，何也？豈他公皆無如此之有年乎？

曰：非也。書"有年"，則前此未嘗有年矣，喜之，是以書之。《春秋》一螽、一蝝、一螟、一無麥禾、一無麥苗，則書之，重民事也，則其書"有年"、書"大有年"者，亦重民事也。

或謂桓、宣不宜有年，其有年者異也。《春秋》常事不書，惟紀異則書之，則其書"有年"、"大有年"，亦紀異也。

此爲求之過矣。夫桓、宣固不宜有年矣，而聖人豈樂天下之無年哉？然以桓、宣之《春秋》，而特二年書"有年"，則其他年之歉亦可知也。天理不僭，信哉！

公狩于郎

或問：《周禮》"冬曰狩"，周之正月則夏之十一月也。《發微》以爲"四時之田，當用孟月，正月而狩，非時也"，然乎？

曰："狩于郎"，亦言其非地爾。古者蒐狩必於其封内之隙，若秦之原圃、鄭之具囿是也。孟子曰："郊關之内，有囿方四十里。"則是囿有常處，當在郊關之内矣。郎非國内之地，而公狩之，則過于郊而非囿有常處矣。此與"公矢魚于棠"之類，皆以其遠地也。故《公羊》以爲遠，何休以爲諸侯之田狩不過郊，杜預以爲非國内之地，其言得之矣。

宰渠伯糾來聘

或問：宰渠伯糾，或以渠爲氏，伯爲爵，糾爲名；或以渠伯爲爵，宜孰從？

曰：渠其氏，伯糾其字，與"南季"一例爾。天子之大夫稱字。

甲戌、己丑

或問：《左氏》以爲"再赴"，《公》、《穀》以爲"甲戌之日出，己丑之日得"，信乎？

曰：否。"甲戌"之下當別有字，而簡編脱爾。

齊侯、鄭伯如紀

或問：齊、鄭如紀，何也？

曰：此著紀侯大去其國之由也。齊、鄭爲黨，舊矣，至是挾鄭伯以如紀，非以紀之强盛而禮之以免禍也，又非申結前好以息民靖國也，其積心措慮有自來矣。恃力以乘人之危，陰險以伺人之隙，齊、鄭之罪，可勝誅哉？至莊元年而遂遷其三邑，三年而酅入于齊，四年而紀侯大去其國矣，是以《春秋》詳之。紀蓋與魯爲婚姻之國，是以來告，而史書之於策，仲尼存而弗削，而齊人滅紀之罪與紀侯去國之由，皆可見矣。

仍叔之子來聘

或問："仍叔之子"或以爲未命，未命則匹夫也，匹夫不當將天子之命，信乎？

曰：此與"武氏子"一例爾。既曰"天王使之"矣，烏有非王官而使之者乎？亦以著其世官而已矣。然謂"之子"，則必其童稚幼弱者也。方周之衰，小人得志，視朝廷官爵爲己私，援引親黨，分據要途，故雖童稚之子，而且使之預國事矣。書曰"武氏子"、曰"仍叔之子"，則當時大臣徇私意，而用其子弟之弱以預國事，亦可知矣。彼其曰"武氏子"者，父死而子世官之辭也；此其曰"仍叔之子"者，父在而子爲官之辭也。來聘，非義也；使仍叔之子，非禮也。

蔡、衛、陳從王伐鄭

或問：從王伐鄭者獨三國，何也？

曰：此以志周室復振之機，亦周室浸衰之候也。自隱以來，天子不能命諸侯久矣，諸侯不能奉王命以討諸侯亦久矣。鄭以王之懿親而近王者也，非惟朝聘之禮不行於王廷，而專盟擅伐、取邑易田，一無所顧，王之伐之，固其宜也。使周王能號召諸侯，聲罪致討，當時之諸侯又皆聞命畢集，僇力盡忠，則鄭寤生雖詐猾，其敢不畏服？鄭服而周室中興矣。今也王欲伐鄭，而從之者僅三國。三國豈誠尊王哉？蔡、衛、陳之讎鄭久矣。隱二年鄭伐衛，四年宋、衛、陳、蔡伐鄭，十年衛、宋入鄭，又與蔡入戴，而鄭復伐三國之師而取之，桓二年陳與鄭雖會于稷，蔡與鄭雖會于鄧，未有成也，衛之隙未解也。衛之隙未解，則陳、蔡之黨未散，而讎鄭之心未已也。今天討有加於鄭，而三國從之，是亦托公義以濟其私忿爾。三國非有誠于從王之心，鄭莊亦有敢于敵王之意，鄭不服而至於戰，戰不勝而至於敗，周之威令於是益不行於天下矣，天下事無復可爲矣。故夫東周之不競，則鄭莊之爲也。

大　雩

或問：書"雩"之義。

曰：《春秋》書"大雩"者二十，而此其始也。左氏以爲"龍見而雩"，謂建巳之月，蒼龍之宿昏見東方，萬物始盛，待雨而大，故爲求雨之祭，過則書。《公羊》曰："旱祭也。"謂之旱祭，則不拘於龍見之時矣。要之，龍見而雩，自是常祀；旱而雩，則因旱而後雩也。經無建巳之月雩者，則知雩乃旱祭也，非失時之謂也，書"雩"以見旱也。《周禮》國大旱，則司巫"帥巫而舞雩"是也。《公羊》謂之"記灾"，信矣。然聖人不特爲記灾書也。書之曰"大"，則其爲僭可知矣。

聖人於魯之僭禮皆不直書，必因事而後見，如書“禘”，則因吉禘于莊而書；如“郊”，則因“卜郊不從，乃免牲”、“郊牛之口傷，改卜牛，牛死，乃不郊”而書。聖人之意微矣。

螽

或問：書“螽”之義。

曰：《春秋》書“螽”者十一，記灾也。螽之爲物，常因旱而生，書“雩”、書“螽”，皆旱也。

寔　來

或問：“寔來”之義。

曰：説者以爲州公爲寰内諸侯而朝曹，王臣無外交，故書，而“寔來”則以爲闕文。夫以“寔來”爲闕文，可也。然州公如曹，疑於魯無甚相干涉者。如齊侯、鄭伯如紀，則紀實魯姻。其後會于成，紀又來朝，最後盟于黄，則皆爲紀故。《春秋》詳紀事，故録之，若州公如曹，則外相如，不書之例也，其書必以接我而書之。是以正月書“寔來”，則“寔”即州公名也。不書爵，則知其爲失地之君矣。不書“來朝”，則知其不復其國矣。似乎其説稍通。

大　閲

或問：書“大閲”之義。

曰：經書“大閲”者一，“大蒐”者三，皆僭也。胡氏曰：“大閲，簡車馬也。周制，大司馬中冬大閲，教衆庶，修戰法。獨詳於三時者，爲農隙故也，書八月，不時矣。以鼓，則王執路鼓，諸侯執賁鼓；以旗，則王載太常，諸侯載旂；以殺，則王下大綏，諸侯下小綏，其禮固亦不同矣。書‘大閲’，非禮矣。”

蔡人殺陳佗

或問：《公》、《穀》以陳佗爲外淫，而子不從，何也？

曰：據左氏“陳侯鮑卒，佗殺太子免而代之”，則佗爲弑逆之賊也。然經無明文，《公羊》以爲陳佗外淫，《穀梁》亦以陳佗淫于蔡，或者又以爲，陳佗，陳人也，而蔡人殺之，則其必有罪而奔蔡者也。愚以爲，果若是，則《春秋》必不書之矣。蓋《春秋》載他國之事，非有關於大故者不書，此蓋“衛人殺州吁”、“齊人殺無知”、“楚人殺夏徵舒”之義也。然佗之弑逆，《春秋》不書，則史闕之耳。

案經，諸侯雖簒弑，苟踰年則皆以成君稱之。齊商人，弑君者，及其見殺則稱君；蔡般，弑父者，及其被殺則稱侯。陳佗既踰年矣，而不稱君，何也？齊無知亦踰年而不稱君。蓋當是時，一國之人猶知其爲弑逆也，異邦之人猶知其爲弑逆也，故皆以討賊之辭名之，若夫子之修經，則録其實而已矣。

子　同　生

或問：《春秋》二百四十二年，惟此一年書“子同生”，何也？

曰：此説者所以求其説而不可得也。或謂魯惠無嫡子，隱、桓皆庶，所以啓桓簒奪之禍，今桓公實生嫡子，以喜書也。或謂莊、文、成、襄皆嫡嗣也，而獨書“子同生”者，此聖人所以正周公之後，而决後世之疑也。或謂此蓋爲莊公如齊納幣張本爾。古者，天子、諸侯十五而冠，二十而娶。莊公生於桓之六年，至即位二十有二年始納幣，二十四年始如齊逆女，其年已踰三十七八年矣。蓋文姜必欲娶於母家，故踰時越禮一至於此。其後冢嗣不立，弑逆相繼，魯幾不能自保，所謂文見於此，而義起於彼者也。要之，皆不然。國之重器，莫重於嫡嗣，嫡嗣不正則禍亂生焉。古者，嫡子生，必以禮舉之，所以正國本，係人望，而絶庶孽覬覦之心也。此大事也，經烏得而不書？後世配嫡奪正之事，所以紛紛而起者，正緣名不正而適以召亂耳。然則世子生而必書者，正《春秋》意也。然而君苟不以世子生之禮舉之，則史亦莫得而書矣；史莫得而書，則聖人亦莫得而書矣。故曰：書“子同生”者，以嫡子之禮舉之也，若其受制於文姜，必齊女而後娶，以至於失時越禮，則可以因是而考之矣。

紀侯來朝

或問：紀侯朝魯，何也？

曰：此紀不能自存，而托魯以自存也。桓公簒弑之人，自保不暇，安能庇人乎？昭公主齊，終以客死；鄭伯主楚，終於乞盟；紀侯主魯，終於去國，非所主也。

穀伯綏、鄧侯吾離來朝[3]

或問：穀、鄧何以書名？

曰：或以爲朝弑逆之人則貶而名之，或以爲失地則名。夫桓誠弑逆之人也，然中國之諸侯既與之爲會盟矣，何責於穀、鄧之小國乎？若以失地則名，不見其失地之由。據左氏，則楚卒滅鄧在莊之十六年，則穀、鄧之滅於楚，當不在此時。且既謂之來朝，則非失地之君矣。《春秋》夷狄之附庸皆書名，蓋因夷狄附庸之例也。曰穀伯、鄧侯者，中國之爵也。名之者，夷狄附庸之例也。存中國之爵，而以夷狄附庸之例名之，則卑而遠故也。以至卑至遠而來朝，此罕見之事也，是以史官書之曰某國君某來朝，所以志之，而夫子亦因之爾。然穀、鄧之事不見於經，則其失爵而入於夷狄爲附庸，亦可想見矣。然則穀、鄧至遠於魯，何以來朝？曰：穀、鄧邇楚之國，意者楚日浸强，將有吞並二國之心，而二國之君以魯爲東方之望國，庶幾其能安我，而來朝以求援耳，而不知魯之不足恃也。殺逆之人得免於討，幸矣，安能爲人謀哉？於以見中國之不振旅，而小國不能以自存也；於以見夷狄浸强，而先王所封之爵至是而漸爲其所並也；於以見大義不明，而殺逆之人，天下不知其爲賊，而中國猶欲朝之以爲援也。

【校記】

① 夷狄：四庫本作“四裔”。

② 夷狄：四庫本作“四裔”。

③ “穀伯綏、鄧侯吾離來朝”條：四庫本無。

春秋或問卷第六

桓　　公

正月己卯烝　八年

或問：書"烝"之義，何也？

曰：胡氏曰："案《周官》[①]大司馬烝以仲冬，今魯烝以春正月，其不同何也？《周書》有'周月以紀政'，而其言曰：'夏數得天，百王所同。其在商周，革命改正，示不相沿。至於敬授民時，廵守、烝享猶用夏焉。'然則司馬仲冬教大閱，獻禽以享烝，所謂'用夏'。而魯之烝祭在春正月，見《春秋》用周正紀魯事也。而《穀梁》乃曰：'烝，冬事也。春興之，志不時也。'是以閉蟄而烝爲是，與周制異矣。《春秋》非以不時志也，爲再烝見黷書也。"

冬十月雨雪

或問：十月雨雪，常事也，何以書？

或曰：此《春秋》以周正紀事之一證也。

祭公來，遂逆王后于紀　紀季姜歸于京師

或問："祭公來，遂逆王后于紀"，而先書"來"，何也？

曰：此與"祭伯來"一例爾，蓋私來也。王臣無外交，祭公來，非禮也。

曰：其逆王后于紀，何也？

曰：紀之於魯，蓋婚姻之國也。紀援齊難于魯，而王娶后於紀，則魯實爲之謀也。天子之娶女於諸侯也，使同姓之諸侯爲之主，太上無敵也，故紀季姜之歸

于京師，魯實主之。魯急於固紀，是以因祭公之來，而使請於王以逆后爾。當祭公之來，王固未有成命使之逆后，逆后之命，其殆出於祭公來魯之後乎？因祭公之來魯，而遂逆王后于紀，非端本之道也。然《春秋》書"逆王后"者二，桓八年及襄十五年"劉夏逆王后于齊"是也。然惟紀季姜書"歸于京師"，而劉夏之逆后不書"歸"，則祭公之逆以魯爲之主而書之也，劉夏之逆以其過魯而書之也。魯爲之主，故書"歸"；不爲之主，則亦不書"歸"矣。劉敞以爲，劉夏之逆后，則士也；祭公之逆后，則公也。使公則已尊，使士則已卑。卿逆之，公監之，乃合於禮。其理或然。

或以"遂"爲專行之辭。然以理度之，必無此事，豈有逆王命而不由天子之命乎？亦必不然矣。《春秋》書"遂"，皆繼事之辭，非必皆專行也。僖四年"侵蔡，遂伐楚"，是蓋先侵蔡而遂伐楚也。僖三十年書"如京，遂如晋"，蓋先如京而後如晋也。此年"祭公來，遂逆王后于紀"，蓋先來魯而後遂逆王后于紀也。但其始來之初不爲逆后，而來而卒以逆后歸耳。故夫"遂"者，繼事之辭也。

公會衛侯于桃丘，弗遇

或問：公與衛侯約，會于桃丘而弗遇，何也？

曰：齊、鄭之如紀，將以圖紀也，而紀會公于成，又朝于我，納后于周，又以魯爲主，皆將以固紀也。齊、鄭急於圖紀，故不得不急於謀魯。伐鄭之役，衛實從王，則鄭與衛有隙矣，故魯桓因而會之，將以爲援也。然蒲之胥命，則齊與衛亦既修舊好矣。衛始以鄭之怨，而約與魯會，終以齊之故，背魯而弗來。蓋魯之所以弗遇者，齊與鄭實軋之也，是以有郎之戰爾。書曰"弗遇"，罪不在魯也。

來戰于郎

或問：桓公，弑逆之人，天下之大惡也。齊、衛、鄭之來伐，未爲無辭，而《春秋》以"來戰"爲文，何也？

曰：桓，弑逆之人，天下之大惡也。鄭伯則首盟于越，以定其位；齊侯則繼會于稷，以濟其姦，則既與之爲好矣。今之來戰，非有名義之可仗，不過以私怨小忿，親帥其師而來，戰于魯之近邑，舉兵深入，而實未有辭也。書曰"來戰于郎"，罪不在魯也。

齊、衛、鄭盟于惡曹

或問：此郎之諸侯也，曷爲稱人？

曰：《春秋》書法，凡一役而再見者，人之。隱十年"公會齊侯、鄭伯于中丘，夏，翬帥師會齊人、鄭人伐宋"，此其例也。三國既以不道興師，而爲郎之戰，又結怨固黨以爲惡曹之盟，使鄭莊不死，則三國之黨不分，而魯之兵禍未有已也。書"郎之戰"而繼以惡曹之盟，三國之惡，稔矣。抑是盟也，又豈特以抗魯而已哉？齊、鄭自石門之盟，而有志於伯；齊、衛自蒲之胥命，而有志於伯。今也，三國合而爲惡曹之盟，不特以抗魯也，亦將以抗王也。鄭既有敗王師之罪矣，而其後齊亦滅后之母家，衛亦抗子突而自立，其無王甚矣！自有參盟，莫甚於惡曹，《春秋》惡之。

宋人執祭仲　突歸于鄭　鄭忽出奔衛

或問：祭仲之事，《公羊》以爲"知權"，何也？

曰：甚哉，《公羊》之謬也！愚嘗摭其説而論之：《公羊》之言曰："宋人執祭仲，謂之曰'爲我出忽而立突'，祭仲不從其言，則君必死，國必亡；從其言，則君可以生易死，國可以存易亡。少遼緩之，則突可故出，而忽可故反，是不可得則病，然後有鄭國。古之有權者，祭仲之權是也。權者何？權者反於經，然後有善者也。權之所設，舍死亡無所設。行權有道，自貶損以行權，不害人以行權。殺人以自生，亡人以自存，君子不爲也。"愚請反之曰："祭仲不從其言，則身必死，國必不亡。祭仲死，則鄭怒於宋，民知有義，宋必不能逞志於我。從其言，則身可以生易死，君必出，國必亂。少遼緩之，然後出突而反忽，是逐二君也。古人有權者，不如是也。權者何？權者合於經，然後有善者也。權之所設，舍正理無所設。行權有道,必度義以行權,不背經以行權。殺人以自生,亡人以自存,君子不爲也。”何者? 若祭仲知權者,宜致死勿聽,使宋人知,雖殺祭仲猶不得鄭國乃可矣。且祭仲謂宋誠能以力殺鄭忽,以滅鄭國乎,則必不待執祭仲而刼之矣;如力不能而誇大爲言,何故聽之? 且祭仲死焉,足矣。若不能是,莫若强許焉,還至其國而背之,執突而殺之,可矣。何故黜正而立不正,以爲行權,亂臣賊子孰不爲此乎? 故曰: 甚哉,《公羊》之謬也!

曰: 突不係以鄭,何也?

曰: 小白係以齊,明當有齊也;子糾不係以齊,不當有齊也。忽係以鄭,明當有鄭也;突不係以鄭,則其不當有鄭也可知矣。

曰: 君在喪未踰年,稱子忽。立三月矣,何以不稱子而稱名?

曰: 此争國之辭也。曹羈雖立而未成君也,鄭忽雖立亦未成君也。未成君者,蓋其國人亦未之君也。未之君,則其與突何異焉? 忽之名與突無異,而係忽於鄭,則有異矣。

曰: 至於復歸于鄭則稱世子,何也?

曰: 此正其爲世子也。正其爲世子,則突之不當立明矣。

柔會盟于折

或問: 柔,何以名?

曰: 禄去公室,政在大夫,其始於柔會宋、陳、蔡之盟乎? 先儒皆以爲貶而稱名。然謂之貶而稱名,例也,公子結何以不貶? 夫以大夫與諸侯盟,此不待貶絶而自見者也,而何必求之過哉! 故嘗謂: 内大夫帥師自無駭始,内大夫與諸侯盟自柔始。自其有無駭之帥師也,然後有翬,有慶父,有公子友、公孫兹、公孫敖、公子遂、公孫歸父之帥師,甚則季孫行父、臧孫許、叔孫僑如、公孫嬰齊四卿並帥師矣。自其有柔之盟也,然後有公子結、公孫敖、季孫行父、公子遂、臧孫許、仲孫蔑、仲孫貜、仲孫何忌之及諸侯盟,甚則叔孫州仇、仲孫何忌二卿及邾子盟于句繹矣。

曰：然則折之盟，何也？

曰：鄭連齊、衛與魯爲讎，陳、蔡從王與鄭爲讎，久矣。今鄭莊已死，而宋有立突之功，折之盟，其殆欲倚宋以平魯、鄭、陳、蔡，而將以定突之位乎？魯桓以爲鄭突猶己匹也，是以汲汲而爲此耳。

曰：蔡叔何以稱字？

曰：諸侯之母弟稱字者，非大夫也，此年蔡叔、十五年許叔、十七年蔡季、莊三年紀季是也。其稱名者，大夫也。

會于夫鍾，于闞，于穀丘，于虛，于龜，于武父

或問：公與宋公四會一盟，《春秋》列書而不置，何也？

曰：亦可以見《春秋》之會盟，無一足恃者矣。突以弟篡兄，倚宋之力而得國，而突之賂于宋者，未滿其欲也，是以責賂於鄭公，於是四會一盟以求之，而宋終不與之平也。然則宋之猜貳無厭可知，而魯之强聒不捨亦已甚矣。始也，爲人謀事而欲解其讎；終也，怒其辭平而復黨其惡，魯之罪可知矣。受人之惠而忘其德，忿其小怨而至於用兵，鄭之罪可知矣。執人之權臣而使之出其君，納篡弑之人而多責其賂，宋之罪亦可知矣。皆罪也，而魯尤甚。且不謀人之事則已，五反而不合，至於結黨而交兵，謀人之事者固如是乎？

或曰：突，篡君也。武父之盟，書曰“鄭伯”，何也？

曰：諸侯雖以篡得國，苟其大臣君之，其國人君之，諸侯亦與之會盟，以爲彼國之君也，聖人亦從而君之，從其實也，武父之“鄭伯”是也。苟其雖正嫡而未成君也，其大臣不之君，其國人不之君，列國之諸侯亦未以爲彼國之君也，聖人亦從而名之，從其實也，曹羈、鄭忽是也。聖人何加損焉？

及鄭師伐宋　戰于宋

或問：戰而書“及”，何也？

曰：戰而書“及”，皆公也。此年“戰于宋”、十七年“及齊師戰于奚”、莊九

年"及齊師戰于乾時",皆公也。胡氏曰:"既書'伐宋',又書'戰于宋'者,責賂於鄭而無厭,屢盟于魯而無信者,宋也,二國聲其罪以致討,故書曰'伐'。夫宋人之罪則固可伐矣,然取其賂以立督者魯桓也,資其力以篡國者鄭突也。無諸己,然後可以非諸人,用賢治不肖,不以亂易亂也,故又書曰'戰于宋'。來戰者罪在彼,'戰于郎'是也;往戰者罪在内,'戰于宋'是也。"

公會紀侯、鄭伯戰　齊、宋、衛、燕師敗績

或問:此一役宜可以固紀矣,而紀不免於亡,何也?

曰:此所以速紀之亡也。向也,齊、鄭如紀,將以襲紀也,紀倚魯以爲重,一會于成,再來朝,三納后于王,皆將以固紀也。齊、衛、鄭來戰于郎矣,又盟于惡曹,皆將以抗魯也。今者,魯、宋有隙,齊又挾宋、衛、燕以圖紀,魯、鄭援紀而與戰,而四國敗績焉,紀之亡形成矣。夫以垂亡之國,而獲勝捷之功,此可喜也;以大國之勢,而蓄必報之憾,甚可懼也。公之所以爲紀謀者,既無以爲固紀之道,而徒挾鄭以與人戰,幸而勝齊,彼將謂可以固紀矣,而不知所以速紀之亡者,在是役也。迨夫紀懼亡之不給,復爲黄之盟求以安紀,亦晚矣。

胡氏曰:"齊爲無道,恃强凌弱,此以紀爲主,何也?彼爲無道,加兵於己,必有引咎責躬之事,禮義辨諭之文,猶不得免焉,則亦固其封疆,效死以守,上訴諸天子,下告諸方伯連率與鄰國之諸侯[2],其必有伸之者矣。不如是而憤然與戰,豈已亂之道乎?同力度德,動則相時,小國讎大國而幸勝焉,禍之始也。息伐鄭而亡,鄭勝蔡而懼,蔡敗楚而滅。今紀人不度德,不量力,不徵辭,輕與齊戰,而爲之援者,弑君之賊、篡國之人也,不能保其國,自此戰始矣。"

公會鄭伯于曹

或問:陳氏曰:"凡君在喪稱子,僖九年宋子、二十五年衛子,定四年陳子[3],衛宣未葬則其稱衛侯,何?不以居喪之禮出也。衛朔、宋固成三年,陳溺襄五年猶踰年也,鄭費成四年未踰年亦曰鄭伯,甚矣!《春秋》之法,苟在喪,未

踰年，不成君，是故衛戴公不書卒[④]，鄭厲、曹羈之奔也但書名，此亦未踰年也，而自稱鄭伯，吾從而志之無改焉。何也[⑤]？以其不成君，則《春秋》不可以不辨。苟繼世矣，則《春秋》弗辨也，從而志之，徒見其悖禮焉爾。"

春　無　冰

或問：無冰，何以書？

曰：古者藏冰、發冰，所以節陽氣之盛也。夫陽氣之在天地間，譬猶火之著於物也，故當有以解之。十二月陽氣蘊伏，錮而未發，其盛在下，則納冰於地中。至於二月，四陽作，蟄蟲起，陽始用事，則亦始啓冰而廟薦之。至於四月，陽氣畢達，陰氣將絶，則冰於是大發，食肉之禄老病喪浴，冰無不及。是以冬無愆陽，夏無伏陰，春無凄風，秋無苦雨，雷出不震，無灾霜雹，厲疾不降，民不夭札。故夫藏冰、發冰者，此變調之一事也。《春秋》之書"無冰"，不獨志恒暘之異、常燠之罰，而亦以備暑之無其備也。

御廩灾　乙亥，嘗

或問：《春秋》常事不書，礿、祀、烝、嘗，常事也，何以書？

曰：《春秋》書"烝"、"嘗"者二，惟桓八年兩書"烝"與此年一書"嘗"而已。蓋春秋常祭，凡得時與合禮者，皆不書。如有事于太廟，有事于武宫，皆不書祭名。所以書者，爲事起也。惟桓兩書"烝"、"嘗"，書"烝"則以其黷烝而書也，書"嘗"則以灾之餘而書也。夏五月而"烝"，秋八月而"嘗"，皆黷祭也。

宋人以齊、蔡、衛、陳伐鄭

或問：書"以"之義。

曰：《春秋》書"以"者三，此年及僖二十六年"公以楚師伐齊"、定四年"蔡侯以吴子"伐楚是也。以者，能左右之而行己意也。齊、蔡、衛、陳本無意丁伐鄭，而伐鄭者，宋以之也。楚本無意於伐齊，而伐齊者，魯以之也。吴子本無意於伐楚，而伐楚者，蔡侯以之也。《春秋》書擅征伐，皆惡之，而况於以人之兵而伐人之國哉？大亂之道也。劉、單"以王猛居於皇"，則王猛之所以居於皇者，劉、單以之也；尹氏"以王子朝奔楚"，則王子朝之所以奔楚者，尹氏以之也，此皆非其本意而爲人所以之稱。

或曰：齊桓、晋文之用諸侯也，不曰"以"，何也？

曰：桓、文倡尊周之義，而率諸侯以從之，用伯討也。宋、魯、蔡挾一己之忿，而乞師於他人以用之，報私怨也。用伯討，猶出於人心之所樂從；報私怨，恃强而來耳。宋人之始出忽而立突也，不智；其次責賂而無厭也，不義；其卒以四國之兵伐鄭也，不仁。不仁也，不智也，不義也，宋之罪可逃哉？至於四國從之伐鄭，則四國之罪亦可見矣。齊方有喪而會伐，又其甚者也。

鄭突出奔蔡　鄭世子忽復歸于鄭

或問：君在喪，未踰年稱子。忽立三月矣，何以不稱子而稱名？

曰：此争國之辭也。曹羈雖立而未成君也，鄭忽雖立而未成君也。未成君者，盖其國人亦未之君也，未之君則與突何異焉？忽之名與突無異，而係忽於鄭，則有異焉。

曰：至於復歸于鄭則稱世子，何也？

曰：此正其爲世子，則突之不當立，明矣。

或問：諸侯不生名，失國則名。此年鄭伯突出奔，蔡昭二十一年蔡侯朱出奔，楚二十三年莒子庚輿來奔，哀十年邾子益來奔，皆名之。然案左氏，則突之出奔，祭仲逐之也，没而不書，何也？

曰：書曰"鄭伯突出奔蔡"，則突之自失國也。《春秋》之法，苟其道足以失國，雖有權臣，亦以自致之文書之。是故鄭祭仲殺雍糾而突出，衛孫林父殺子蟜、子伯、子皮而衎出，燕大夫殺外嬖而欵出，書"奔"而已矣。

曰：鄭忽之出奔衛則見祭仲，突之出奔蔡則不見蔡仲，何也？

曰：忽之出，特祭仲之爲耳，非忽罪也，是以見其故。突之出，非特其臣之罪也，突實有國，而出于其臣，乃其所自取耳，故以自奔爲文。忽奔不書子，而突奔則書伯，突之君也久矣。

曰：而忽之復歸于鄭稱世子，何也？

曰：突雖君，而忽世子之位終不絶也。忽世子之位不絶，則突之不當君，明矣。忽之奔也名，以其未成君也；其復歸也稱世子，正其爲世子也。《春秋》别嫌明微，是非若世子而不得正其名，則亂臣賊子得志於天下矣。

曰：其書"復歸"，何也？

曰：復其位也，鄭世子忽復歸于鄭，曹伯襄復歸于曹，衛侯鄭復歸于衛，皆復其位之稱。劉子曰："復歸有二義，有諸侯之歸，有大夫之歸。諸侯歸，可言復；大夫歸，不可言復。諸侯世國，可以言復；大夫不世官，不可言復。"謂可言復而不言復者，奪其國之意也；不可言復而言復者，致其竊取位之意也。

鄭伯突入于櫟

或問：厲公復國削而不書，而獨書"入于櫟"，何也？

曰：胡氏曰："經於厲公復國削而不書，獨書'入于櫟'，何也？夫制邑之死虢君，京城之叛太叔，皆莊公之所親戒也。今又城櫟而置子元焉，使昭公不立，何謀國之誤也。衛有蒲、戚而出獻公[6]，楚有陳、蔡、不羹而叛棄疾，末大必折，有國之害也。故夫子行乎季孫曰：'古者，家不藏甲，邑無百雉之城。'遂墮三都以張公室。於厲公復國削而不書者，若曰既入于櫟，則其國已復矣，於以明居重馭輕、强幹弱枝、以身使臂之義，爲天下與來世之鑒也。"

公會宋公、衛侯、陳侯于褭，伐鄭　公會宋公、蔡侯、衛侯于曹　公會宋公、衛侯、陳侯、蔡侯伐鄭

或問：兩會伐鄭，何也？

曰：《春秋》書"會盟"、"會伐"、"會救"，皆前定之辭也。未前定，則書"會于某"而後伐、"會于某"而後盟、"會于某"而後救。前定，同欲也；未前定，繼事

也。袲之會,先會而後伐也,左氏以爲"謀納厲公"。或疑宋既以齊、蔡、衛、陳責賂於突而伐鄭,不宜今年又"謀納厲公",遂謂袲之會、曹之會,是皆伐突以救忽。然以魯桓方與突伐宋,亦不宜會宋以伐突。春秋諸侯離合不常,可勝辯哉?

今但據其"伐鄭"二字言之,則是時突在櫟,忽在鄭,則其爲伐忽明矣。向也,宋因責賂于突而伐之矣;今也,忽入而突出,突出而復入櫟,突蓋宋昔時所納者也,又安得不助其昔時所納之人哉?突之歸于鄭也,忽奔于衛,而袲之會則衛與焉;忽之復歸于鄭,突出奔蔡,而曹之會則蔡、衛與焉。衛不應伐忽以納突,則蔡亦不應伐突以救忽。春秋諸侯離合之不常,可勝辯哉?但自是而後,忽之事,《春秋》不載,亦未嘗稱其爲君,意者自伐鄭之後而突遂有鄭國乎?其入也稱"鄭伯突",其卒也稱"鄭伯突",則夫其後與齊侯遇于垂、從齊桓會于鄄,所謂"鄭伯"者即突也。《左傳》載:忽立二年而高渠彌殺太子忽,於桓十七年而立子亹,十八年齊殺子亹而立子儀,至莊十四年傅瑕殺子儀而納厲公。然皆不見於經,則未可盡信也。王氏曰:"突之未出也,宋方有所責,故嘗伐之。突之既出也,宋懼無所得,故求納之。始宋不和而公以鄭伐宋,及突已出而公與宋伐鄭。向者相戾之深,今也相周之固,豈無意而然哉?於戲,悲夫!春秋之世,弑逆公行,固有自而然耶!盖以正繼正,禮之常也,諸侯無所求;以亂易亂,國之釁也,諸侯有所責。故利其亂則幸其危,貪其賂則黨其邪,聖人觀其聚散而求其情,書其向背以見其故。故自突入櫟,公及宋公三會諸侯而再伐鄭,無他,賂故也。"

案:春秋之初,蔡、衛凡同會皆序衛上,隱四年蔡、衛會伐鄭,十年蔡、衛會伐戴,桓四年蔡、衛從王伐鄭,十四年宋人以蔡、衛伐鄭,今年春蔡、衛會魯、宋于曹,蔡皆序衛上。至於四月之會伐,則衛序陳上,蔡又在陳下,何也?

曰:先儒以爲後至也。夫王制諸侯之爵,先後固有序矣。春秋之時,禮制既亡,伯者以意之向背爲升降,諸國以勢之强弱相上下,先後浸易其序,而名分亂矣。

衛侯朔出奔齊

或問:奔君書名,以其嘗失國也。失國而名之者,蓋志其"某國君某"云爾。

衛侯朔,名;鄭伯突,名,宜也。而僖二十八年衛侯出奔楚,何以不名?襄十有四年衛侯衎出奔齊,又何以名?

曰:奔而名者,國非其國矣;奔而不名者,國猶其國也。鄭伯突出,而世子忽入,國固忽之國也。衛侯朔出,而公子黔牟立,國非朔之國也。晋文有憾於衛侯而立叔武,叔武辭立而他人立,則恐衛侯之不得反也,於是已立乎其位,而反衛侯,是則國猶鄭之國也,故其奔也不書名。衛侯衎出奔齊而剽已立,則是國有二君也,故其出奔也名之,不然則無以别二君也。鄭之出也而叔武立,其從會也則稱"衛子",以見武之未嘗爲君也。武雖未君,而鄭嘗失國也,故其入于衛書"衛侯鄭",以見其嘗失國也。衎之出而剽立,其從會也則稱"衛侯",以見剽之篡也。剽雖篡,而衎之位終未絶也,故其入于夷儀也稱"衛侯",所以正其爲侯也。聖人書法之嚴如此哉!若夫魯昭在鄆,内無篡立之君,則魯昭之位未嘗絶也。衛侯鄭在楚,而叔武攝事,則衛侯鄭之位亦未絶也。衛衎在夷儀而剽猶在衛,則衎之位猶未正也,故剽之弑也稱君,而經書"衎復歸于衛"。鄭伯突在櫟而忽浸弱,則鄭突之位可以漸正也,故忽但稱世子而突稱伯,其復歸于鄭也不書。聖人之書此也,紀其實而已矣。

蔡季自陳歸于蔡

或問:蔡季不名,何也?

曰:突歸于鄭則名之,赤歸于曹則名之,以其争國也,争國則名之,以别於二君也。蔡季歸于蔡則不名,以其非争國也,言不終於爲君也。春秋之時,篡亂已甚,兄弟争國者有之,若突、忽之相攻,魯桓之弑逆;父子之争國者有之,若衛輒之拒,商人之弑,人倫亂而禮義滅矣。蔡季之輕已出外,則不利之也,其歸也,以國人之所嘉而已,亦無所利焉,卒之終不有其國。若季者,過人遠矣。劉氏曰:"蔡季之去其國,與秦伯之弟鍼無以異。秦伯之弟鍼以富懼誅,蔡季以賢見疑,俱不能安其身,而季爲顯矣。太子申生知必不免,而終不去,以逞其父之欲;衛公子伋知必見殺,而終不忍逃,以遂其弟之求。行非不難也,而《春秋》不貴,是皆不明於權也。使申生、衛伋深見輕重之分,因負罪引慝,超然遠舉,必毋陷其父兄有不義之名,豈不爲賢哉?上爲吴太伯,下爲蔡季,使人不間於其父母昆弟之言,此閔子之所以稱孝也。"

葬蔡桓侯

或問:葬未有不稱公者,而蔡桓獨以侯稱,何也?

曰:稱侯,正也;稱公,非正也。或謂臣子之於君,極其尊而稱之,禮也。諸侯葬,而魯往會,從其臣子而稱之,亦可謂禮矣。然則蔡之稱侯,是傳之失也。然其實不然,周之盛時,諸侯薨皆請謚於天子。案,晋仇卒於平王之時,謚曰文侯,以謚加本爵,是以知請命於天子也。是後周益衰,諸侯薨不復請謚於王。五等之爵皆稱曰公,乃臣下之自謚爾。而蔡侯稱侯,則知其請謚於天子,明矣。蓋蔡季之賢,知請謚也。劉氏曰:"人多愛其君矣,莫能愛君以禮,而蔡季行之,此賢者之所以異於衆人也。"胡氏曰:"孔子疾,子路使門人爲臣,子曰:'無臣而爲有臣,吾誰欺,欺天乎?'曾子疾革而易簣,曰:'吾得正而斃焉,斯已矣。'故終而必安於正,人子不以非所得而加之於父,是爲孝;人臣不以非所得而加之於君,是爲忠。極其尊而稱之,不正之大者,而可以爲禮哉?"

公會齊侯于濼　公與夫人姜氏遂如齊　公薨于齊　公之喪至自齊　葬我君桓公

或問:桓公書"葬",何也?

曰:魯桓弒兄而自立,隱有孫桓之志,而桓忍弒隱之心,偃然居位者十有八年而見弒於姜氏,天理亦不僭矣。然其所以至此者,則夫不夫,婦不婦也。古人制禮,尺寸不敢踰,毫髮不敢越者,夫豈强拂人之情性,而以繁文末節爲尚哉?經國家,定禍亂,而杜未然者也。《泉水》載衛女思歸而不得,《載馳》載許穆夫人歸唁其兄而義不可。夫人之適其國,父母在則有歸寧,既終則大夫行聘問而已。古人之於禮,所以别嫌明微者如此,《春秋》書魯桓之葬,其亦深著其非禮也哉!

【校記】

① 周官：原作“周書”，據《吕氏春秋集解》及胡傳改。

② 連率：原作“遂率”，據胡傳改。

③ “僖九年”至“陳子”：此十六字原爲正文，陳傅良《春秋後傳》卷二則爲注文，故改從之。

④ 戴公：原作“成公”，據陳傅良《春秋後傳》卷二改。

⑤ 何也：原作“可也”，據陳傅良《春秋後傳》卷二改。

⑥ 出獻公：“出”原作“立”，據四庫本及胡傳改。

春秋或問卷第七

莊　公

夫人孫于齊　元年

或問：夫人何以不氏？

曰：《春秋》書"孫"者三，此年及閔二年"夫人姜氏孫于邾"、昭二十五年"公孫于齊"是也。凡皆内無所容而出奔也，内諱奔，故曰孫。孫，遁也。言孫，則有孫順之意。使若不爲臣子之所逐，所以全恩也。然此年"夫人孫于齊"不書"姜氏"，而哀姜之孫于邾則書"姜氏"，至于"夫人氏之喪至自齊"則又不書"姜"，或者例以爲闕文。然以鄙意思之，若以是爲闕文，則《春秋》之可以闕文言者固多矣，奚獨此哉？竊意此年"夫人孫于齊"不書"姜氏"者，蓋前年書"公與夫人姜氏遂如齊"，則今年"孫于齊"者即如齊之姜氏也；閔元年"夫人氏之喪至自齊"，蓋前年書"夫人姜氏薨于夷"，則其所謂"夫人氏之喪至"者即薨于夷之姜氏也，此蓋蒙上文而書之。若夫"夫人孫于邾"，則上無所見，故不得不以"姜氏"稱也。《春秋》書法，固有前目[①]而後凡者，則其書夫人、書夫人氏者，亦此例耳。

曰：然則文姜只書"夫人"，哀姜加之以氏，何也？

曰：經書"夫人某氏"者，所以别其爲某氏也。如書夫人氏，則猶母氏、伯氏、仲氏之謂爾。所謂夫人，所謂夫人氏者，固通稱也，似不宜以此而别輕重也。

曰：然則文姜、哀姜之事，固無貶乎？

曰：前書"公與夫人姜氏如齊"，繼書"公薨于齊"，繼書"夫人孫于齊"，則文姜之罪著矣。前書"公薨"，繼書"夫人姜氏孫於邾"，則哀姜之罪著矣。夫苟有以著文姜之罪，則夫婦之義絶矣；苟有以著哀姜之罪，則母子之義絶矣。夫婦之義絶，子母之義絶，則凡人爾，此不待貶絶而自見也。

曰：文姜之會齊侯，與其薨、其葬，皆書“夫人姜氏”，哀姜之葬也，亦稱“小君”，則猶魯之夫人也。聖人之書此也，無異辭，毋乃溷于名實乎？

曰：桓雖見弑，而莊公之於母也，一以夫人之禮事之；閔雖見弑，而僖公之於哀姜也，一以小君之禮葬之。彼且以爲夫人也，我可不謂之夫人乎？彼且以爲小君也，我可不謂之小君乎？聖人書法，亦紀其實而已矣。至于事之得失是非，則世必有能辨之者，而孔子所書則實録也。然胡氏之説，則學者不可不知。胡氏曰：“桓公之弑，姜氏與焉，爲魯臣子者，義不共戴天矣。嗣君，夫人所出也，恩如之何？徇私情則害天下之公義，舉王法則傷母子之至恩，此國論之難斷者也。經書‘夫人孫于齊’，而恩義之輕重審矣。梁人有繼母殺其父者，而其子殺之，有司欲當以大逆，孔季彦曰：‘文姜與弑魯桓，《春秋》去其姜氏，傳謂絶不爲親，禮也。夫絶不爲親，即凡人耳。方諸古誼，宜以非司寇而擅殺當之，不得以逆論也。人以爲允。’故通于《春秋》，然後能權天下之事矣。”劉氏曰：“宋襄之母獲罪於君，歸其父母之國，及襄公即位，欲一見之而義不可得，作《河廣》之詩以自悲。然宋襄亦不得而致也，爲嘗獲罪于先君，不可以私廢命也。母子至親而不得不絶者，義也。”

單伯送王姬　築王姬之館于外

或問：單伯送王姬，何也？

曰：天子嫁女于諸侯，必使諸侯同姓者主之；諸侯嫁女于大夫，必使大夫同姓者主之。蓋以天子之尊，而與列國議婚姻之好。論好則瀆君臣之分，而敬有所不足；明分則廢君臣之好，而愛有所不通。此所以嫁女納后，必使同姓諸侯主之也。主諸侯，所以盡愛敬；必同姓，所以重本支。王姬將下嫁于諸侯，必使魯主之。蓋周之先，以周公懿親爲之主，自此以爲常，故魯常主之。他公不書，而獨莊公書者二，其他常事不書故也。莊公有父之喪，其讎在齊，義不與共戴天，天王不能爲之誅，而俾之主婚姻之禮，天王之非可知也。莊公在寢苫枕塊之中，其義爲不可受而受之，莊公之罪又可知也。知其不可而爲之，爲之築館于外，亦非也。《穀梁》曰："仇讎之人，非所以接婚姻也。衰麻，非所以接弁冕也。知其不可，故特築之於外也。"此言當矣。然單伯或以爲周大夫，或以爲魯大夫，以經考之，則魯無單伯也。且古姓氏，或以國，或以字，或以地，或以官，或以謚，或以事，或以居。齊、魯、秦、吴，則氏以國也。孟、仲、叔、季，則氏以字也。曰留、曰黄，地也。司馬、司徒，官也。文、武、成、宣之族，則氏以謚也。巫、乙、匠、陶之類，則氏以事也。東門、北郭之類，則氏以居也。春秋之時，在魯則有仲、叔、季、孫之類，在晋則有范、欒、狐、趙之類，在齊則有高、國、鮑、晏之類，衛之孫、甯，宋之華、樂，未聞有在魯而爲晋之氏族，在齊而爲宋、衛之族也。單伯，周之世族也。

曰：周有單襄公、簡公，豈有單伯哉？

曰：諸侯大夫無稱伯者。如毛伯、召伯，凡伯皆王朝之卿士，則單伯，天子之卿也明矣。或疑鄄之盟，經書"單伯會之于鄄"，稱單伯會諸侯，則單伯爲魯人也，猶曰"叔孫豹會趙武、屈建"而已。若單伯爲周大夫，則應書"單伯、齊侯會于鄄"，不得屬會于單伯也。又文十四年"齊人執單伯"、十五年"單伯至自齊"，與"季孫意如至自齊"爲一例，不應周大夫而書"至自齊"也。此説似矣，然經書"單伯會伐宋"，又書"單伯會于鄄"，謂鄄之會不得屬會于單伯，則"單伯會伐宋"亦不可乎？苟"單伯會伐宋"而可，則"單伯會于鄄"何爲而不可？且宰周公、劉子之會，皆公會之。既書公會，則不得不書宰周公、劉子會矣，此自文體然也。至若"單伯之至自齊"，則爲魯故也，爲魯故而執於齊，則其至也，又可以不志乎？然則單伯之爲天子大夫，明矣。

曰：然則"築王姬之館于外"，何也？

曰：此魯之臣子以爲義不可以館之於内也。且其不知則已，夫既知之，而乃築之于外以自誣，曰我庶幾得禮哉！若是則不如不知之爲愈也。且天王之命魯者非也，爲魯之臣子者可以辭矣。辭之以居喪，可也。當是時，晋、鄭、曹、衛皆同姓，豈獨魯哉？亦申其誠請可矣。胡氏曰："有三年之喪，天王於義不當使之主；有不共戴天之讎，莊公於義不可爲之主。築之于外之爲宜，不若辭而弗主之爲正也。"

王使榮叔來錫桓公命

或問：王何以不書"天"？

曰：《春秋》"來錫命"者二，"賜命"者一，此年及文元年"天王使毛伯來錫公命"、成八年"天子使召伯來賜公命"是也。凡言"來錫命"，皆非禮也。《穀梁》曰："禮有受命，無來錫命。來錫命，非正也。""賜"則有加於"錫"矣。然或言"王"，或言"天王"，或言"天子"，杜預、孫公皆以爲王者之通稱者，非也。或者以爲缺文，理或然矣，説者以爲去"天"以示貶則失之。彼謂《春秋》皆書"天王"，不應只書"王"耳。《春秋》不書"天"者，惟此年與文五年"王使榮叔歸含且賵"、三月"王使召伯會葬"而已。爲先儒之説，則曰《春秋》書王必稱"天"，所履者天位也，所行者天道也，所賞者天命也，所刑者天討也。今桓公弑君簒國，而王不能誅，又反錫之命；僖公成風，妾母也，而王使人歸含且賵，又使人會葬，成其爲夫人，使妾並嫡，此二事最大，故皆去"天"以示貶，謂其不能奉天也。此其説只在拘《春秋》書"天王"之例，故有此説。《春秋》之作，爲尊王而作也，而已自貶天王，何以責人乎？榮叔歸含且賵，與宰咺來歸仲子之賵，一例耳，何以不去"天"而示貶乎？以名冢宰爲貶，則榮叔何以不貶乎？豈歸仲子之賵，罪在冢宰而不在天王乎？又豈歸成風之含、賵，罪在天王而不在榮叔乎？此其不通也，明矣。

齊師遷紀郱、鄑、郚

或問：書"遷"之義。

曰：經書"遷"者十，而其義有二焉，有强人而遷之者，有自欲遷者。若"齊遷紀邑"、"宋人遷宿"、"齊人遷陽"，此强而遷之也；"邢遷夷儀"、"衛遷帝丘"、

“許遷葉”、“遷白羽”、“遷于夷”、“遷容城”、“蔡遷州來”，此其自欲遷者也。强而遷之者三，此獨稱“師”者，豈齊襄恃其兵衆，以迫脅小國而遷其人民，故聖人詳而録之，以見其强暴之甚歟？且諸侯之國皆受之於天子，其封域有定分，人民有定居，强者不可以力并，詐者不可以誕取。若紀者，豈非受之於天子者邪？若受之於天子，則齊烏得而遷之？今也至於遷其三邑而無所顧忌，則是王法不存而詐力勝，小國烏得不日侵月削，以至於亡也？凡書“遷”，與書“取”異。取者，取其土地耳，未若遷其民之酷也。遷其民，則父子兄弟離散，而民失其常居矣。恃衆以遷紀之民，此聖人所以書“師”以深疾之歟？

夫人姜氏會齊侯于禚

或問：姜氏會齊侯，聖人備書於册，何也？

曰：此所以發夫人羞惡之心，以爲後人之鑒戒也。以經考之，夫人姜氏自孫于齊之後，此年冬會齊侯于禚，禚，齊地也；四年享齊侯于祝丘，祝丘，魯地也；五年如齊師，師則衆在焉；七年春會齊侯于防，防，魯地也；冬又會于穀，穀，齊地也。始而會焉，繼而享焉，享則禮有加矣。又繼而如齊師，如齊師則無羞耻於衆矣。又一歲而再會焉，其爲惡益遠矣。《載馳》之詩曰“汶水滔滔，行人儦儦。魯道有蕩，齊子游遨”，序《詩》者以爲“刺襄公之無禮義也”。《敝笱》之詩曰“敝笱在梁，其魚唯唯。齊子歸止，其從如水”，序《詩》者以爲“惡桓公不能防閑文姜也”。《猗嗟》之詩曰“猗嗟名兮，美目清兮。儀既成兮，終日射侯。不出正兮，展我甥兮”，序《詩》者以爲“刺莊公有威儀技藝而不能防閑其母也”。夫齊襄之惡，人皆知惡之矣，而其原則在桓之不能防閑其妻。桓之失人亦皆知之矣，而莊公之不能以禮防閑其母，則世或未之察也。善乎！趙子之言曰：“子可以制其母乎？夫死從子，通乎其下，况國君乎？君者，人臣之主也，風教之本也。不能正家，如正國何？若莊公者，哀痛以思父，誠恭以事母，威刑以篤下，車馬僕從莫不俟命，夫人徒往乎？夫人之往也，則公之威命不行，而哀戚不至耳。”

溺會齊師伐衛

或問：溺何以不氏？

曰：石氏曰："溺之不氏，説者曰：大夫不可以專入邑，帥師入邑自無駭始。大夫不可以專伐國，帥師會諸侯伐鄭自翬始。大夫不可以專會諸侯盟，會諸侯盟折自柔始。春秋之時，大夫專會，紛紛皆是，誅之則不可勝誅，誅其始僭而已，此其所以不稱族也。至於'溺會齊師伐衛'，非始僭也，謂其不當黨仇讎以伐同姓也，是以去氏以貶之。爲此説者亦巧矣，然挾之卒也不氏，又不知其何以貶之乎？宜吾曰：春秋之初，大夫皆不以氏見也。"

葬桓王

或問：天王崩，有書葬者，有不書葬者，何也？

曰：不書葬者，是魯不往會也。或曰：不書葬者，公親會也；書葬者，公不親會也。不言葬者，常也；言葬，非常也。夫事孰有大於葬天子，而可以不志乎？死生終始之際，人道之大變，豈以是爲常事而不書也？然比事而觀，則葬諸侯不書公，葬天王亦不書公，文無異辭，則其爲公不親往也，明矣。文六年"使公子遂葬晋侯"，九年"叔孫得臣葬襄王"，是均周、晋也。昭十一年"使叔弓葬宋公"，三年"叔弓葬滕侯"，二十二年"叔鞅葬景王"，是均周、宋、滕也。葬諸侯使卿，葬天王亦使卿，魯之夷王於諸侯也，可知矣。蓋猶有甚焉者，成五年定王崩，不書葬，而十年晋侯獳卒，公如晋；襄二十八年靈王崩，不書葬，而楚子昭卒，公在楚。於天王則不葬，於諸侯則會之，於夷狄[2]則會之，何爲者哉？《春秋》諱公之葬晋侯也，故書曰"公如晋"；諱公之葬楚康也，故書曰"公在楚"。是故《春秋》不徒志葬也。

紀季以酅入于齊

或問：紀季以酅入齊，或曰：大夫不得用地，公子不得去國，君子無避外難,紀季皆犯此三者,其惡可知也。紀之爲國,本受之天子,雖諸侯不可以其國而與敵,況於季爲人弟,義當與之同休戚,而乃裂其邑以事讎,使其勢益孤而無以自存,則季之爲也。或曰:齊爲無道,紀侯事之而不得免焉,固不忍鬥其民也,逡巡有去志,紀季由是以酅入于齊,請復五廟以存姑姊妹,姑以存宗祀焉,其亦可也。二説將孰從?

曰:以《春秋》一書考之,則可見矣。《春秋》之法,凡人臣竊地以逃者,必書奔,如"邾庶其以漆閭丘來奔"、"莒牟夷以牟婁及防兹來奔"之類是也,今季不書奔,則非奔也。凡臣竊地以自恣者,必書叛,如"晋欒盈入于曲沃以叛"是也,今季不書叛,則非叛也。不書奔,不書叛,而直以酅入于齊,則是以酅入于齊而求存其宗祀而已,尚奚疑哉?

曰:然則比之微子,何若?

曰:不類微子之事。昔人以爲微子度紂之必亡,抱祭器而歸周,蓋深睹夫存亡消長之機,以求存其宗國。其實不然。蓋微子,紂之庶兄也;比干、箕子,皆宗臣也。比干既安於義之當死,箕子則以爲我無臣僕從人之理,而詔王子出迪。故微子之去,所以存宗祀也。然所謂去者,非謂紂之國未亡,而微子先抱祭器以歸周也。出於自靖自獻之心,不忍與比干相從於死,而懼其後之無以繼也,是以去之。及武王克商,然後面縛銜璧、衰絰輿櫬而歸周,以求存宗國。夫豈殷國未亡,而先棄宗國以從人乎?若紀季之事,則紀侯不能下齊,又自度不能死守其國,故以酅與季而使之入齊,以爲附庸。是微子之歸周,蓋在於商紂既亡之後,而紀季之入齊,乃在於紀侯尚存之時。微子之歸周,出於理勢之不得不然,而紀季之入齊,則出於紀侯之命。紂未亡,而微子遽歸周,則微子爲不仁;紀侯不能死守其國,而紀季不以酅入于齊,則紀季爲不智。故曰:紀季之事,出於不得已而然耳。

公次于滑

或問:書"次"之法。

曰：有伐而書次者，有救而書次者，有俟而書次者。伐而書次者，有整兵謹戰之意，“遂伐楚，次于陘”是也。救而書次者，有緩師畏敵之意，“次于匡，救徐”、“次于聶北，救邢”是也。俟而書次者，有無名妄動之意，“師次于郎，以俟陳、蔡”是也。此年“次于滑”，而不言其所以，則其所以次者亦無謂矣，是將救紀而不能也。自齊、鄭如紀之後，紀之所恃者，惟魯而已。紀之於齊，有積年之恨；魯之於紀，有婚姻之好。紀之有難，魯當救之可也，然公之於齊，有不共戴天之讎而不能報，尚安能謀既危之紀而存之乎？自知其不能，而姑欲竊救弱之名，以次于滑，則亦無謂而已矣。書此，不惟見魯之不能救紀，亦以見魯之不能憾齊也。

紀侯大去其國

或問：“紀侯大去其國”，聖人之書此也，罪之乎，許之乎？

曰：春秋之際，小國介于大國之間，日見侵削，不幸而如紀之事，固難乎爲紀矣。滕文公問於孟子曰：“滕，小國也，間于齊、楚，竭力以事大國，則不得免焉，如之何則可？”孟子曰：“是謀非吾所能及也。無已，則有一焉，鑿斯池也，築斯城也，與民守之，效死勿去。”又曰：“昔者大王居邠，狄人侵之，去之岐山之下居焉，邠人從之者如歸市。君請擇於斯二者。”孟子之所以爲滕文公謀者，不過此二説而已。紀之見逼於齊也，使其有大王之德，則不以其所以養人者害人，委而去之，可以爲仁；使紀侯明乎世守之道，則築城鑿池，與民守之，效死勿去，可以爲義。今紀侯未見其有强爲善之實，則其仁不足稱也；又不能效死而不去，則其義不足道也。方之大王養人之言則不類，比之孟子世守之説則有愧矣。聖人之書此也，非罪之也，亦非許之也，直傷之而已矣。

紀之可傷，則齊可惡矣。夫紀之見疾於齊也久矣，紀之所以圖免者亦至矣。始會于成，再來朝，將倚魯以爲重也，而魯不足倚；已而嫁女於王，將依天王以爲安也，而天王不足依；已而會于黄，以圖釋齊之憾，亦可已矣，而齊之貪未止也，至襄公時，卒遷其三邑之民。紀知齊之決不可事也，以先君之故，而謀以酅入之，亦庶幾稍釋其怒矣，而齊之欲未息也，三國爲垂之遇，是將以兵壓境矣。紀侯爲是，妻死不暇葬，委而去之，已去其國而叔姬歸于酅。悲哉！國滅而身不知所存，兄弟訣别而骨肉離散。没者，以齊故而不及葬；生者，以齊故而不獲其所歸，紀之不幸也甚矣！聖人傷紀之不幸，則齊之惡可知，魯之不足倚也又可知，天王之不足依也又可知。故書曰“紀侯大去其國”，悼紀也，惡齊也，病魯也，又以病天王也。雖然，諸侯而去其國，非義也。

會伐衛　王人子突救衛　衛侯朔入衛

或問：衛侯入于衛，何以不言“復”？

曰：案《春秋》奔君言“復”者，皆復其本位之辭也，是故“鄭世子忽復歸于鄭”、“衛侯鄭自楚復歸于衛”、“衛侯衎復歸于衛”、“曹伯襄復歸于曹”，皆書“復”，以明其本有而今始復也。其或歸不言“復”者，未得國也。“鄭突入櫟”不言“復”，“衛侯入于夷儀”不言“復”，蓋未能復國也，故不言“復”。非未得國也而不言“復”，則非奔君也，“蔡侯歸蔡”、“陳侯歸陳”是也。若衛侯朔，則嘗有國矣，已而出奔，今其歸也，不書“復”直曰“入”而已矣。凡書“歸”皆易辭，凡書“入”皆難辭。許叔入許，猶有鄭難焉；鄭突入櫟，猶有忽在焉；衛侯入于衛，猶有黔牟在焉；衛侯入于夷儀，猶有剽在焉，不然則直書“歸”而已矣。書“入”而不書“復”，以明朔之不當有國也。

或曰：朔之立，出于先君之所命，何以不當有國？

曰：以嫡言之則伋當立，其次則壽。朔與宣姜構伋於衛，宣公爲之殺伋及壽，衛人爲之賦《二子乘舟》，孔子取焉，是朔之不當立也，明矣。朔之不當立也，而先君欲立之。當是時，使其國人安之以爲君，爲天王者亦可以治其舊惡而廢之，而況國人怨之而不與乎？天王因國人之所不與也而命黔牟，此固義之正也。五國不恤天王之命而欲納朔，天王以大義之正而救黔牟，爲五國者亦可以退聽矣。而五國連兵，必欲納朔而後已，魯以冬伐衛而秋始至，則五國連兵以抗王人也可知。五國連兵以抗王人，而朔始入衛，諸侯之罪可勝誅哉？春秋之初，惟桓五年書“蔡人、衛人、陳人從王伐鄭”，是天王猶能舉征伐之權也。惟莊之五年書“魯、齊、宋、陳、蔡伐衛”，六年春“王人子突救衛”，是天王猶能執廢置諸侯之權也。夫使三國從王伐鄭而鄭服，則諸侯無有不臣者矣，惟其伐鄭而鄭不服，然後王命不行於天下。夫使王人子突救衛而黔牟立，則諸侯無敢不禀命而自立者矣，惟其救衛而朔卒得以自立，然後王命益不行於天下矣。春秋之初，天王之能舉其政刑者，惟有此二事耳，而卒止於此。然則鄭寤生抗王之罪，五國連兵納朔之罪，擢髮不足[③]數矣。

齊人來歸衛俘

或問：左氏經文作“俘”，而三傳皆以爲“寶”，何也？

曰：胡氏謂《書》稱“俘厥寶玉”，則寶玉亦可謂之俘也。然謂之俘，則必伐衛之所得；謂之寶，則必朔以此賂五國也。然先書“朔入衛”，而繼書“齊人來歸衛寶”，則必是納朔而得賂無疑。四國之會于稷也，取郜大鼎；五國之納朔也，衛寶來歸，當時諸侯之罪可知矣。或謂《説文》“保”字，後人從“釆”省文作“保”，古字通用，“寶”或作“保”，“保”字與“俘”字相似，故誤作“俘”字耳。

師次于郎，以俟陳人、蔡人　甲午，治兵
夏，圍郕，郕降于齊　秋，師還

或問：書“次”、書“俟”、書“師還”，何也？

曰：《春秋》書“用師”多矣，未有如此之詳者。與陳、蔡約，將有事于鄰國，陳、蔡未有師期而先出師，則輕舉而妄動也。師次而俟外援，俟之而不至，而後治兵，則有畏也。至夏，而後及齊師圍郕，則取必於郕也。齊、魯同圍郕，而郕不降魯而降齊，則無義而不足以服人也。自正月出師，至秋而後師還，則淹時之久也。聖人備而書之，重用師之道也。案左氏“仲慶父請伐齊師，莊公不可”，是國君、上將親與圍郕之役也，然其“次”、其“及”、其“還”皆不稱公者，重用衆也。

曰：《春秋》正例，君將不稱“帥師”，則以君爲重，今此不稱“公”，則又以爲

重衆，何也？

曰：輕舉大衆，妄動久役，俟陳、蔡而陳、蔡不至，圍郕而郕不服，經三時而後還，則無名黷武，非義害人，未有如此之甚者。至是師爲重矣，義係於師，故不稱“公”也。

曰：經未有言“師還”者，今此獨言“師還”，何也？

曰：還者，始班師也。據經之凡書“還”者，皆去其所往之地，而未至國也。文十三年公如晋，既盟而歸，鄭伯會公于棐，書曰“公還自晋”者，言公已離晋而鄭伯會之也，故明年始書“公至自晋”。宣十八年公孫歸父如晋，還，未及國，聞君薨而奔，書曰“歸父還自晋，至笙，遂奔齊”。襄十九年晋士匄帥師侵齊，未至齊，而齊君卒，不遂侵焉，故書曰“聞齊侯卒，乃還”。以知“還”者，皆自彼反此而未至之辭也。“秋，師還”，言始班師也，以見暴師於外，歷時之久，無功而還也。

齊無知弑其君諸兒

或問：弑君者連稱、管至父，而曰“無知弑其君”，何也？

曰：君弑而無知受之，則賊不在二子矣，是故連稱、管至父實弑齊襄公，無知與聞故者也，而無知受之，則無知爲逆首。公子棄疾實弑楚靈，比與聞故者也，而比受之，則比爲逆首。此可見《春秋》書法矣。胡氏曰：“僖公私其母弟，異於他弟，施及其子，衣服禮秩如嫡，此亂本也。故於年之來聘，特以弟書；於無知之弑，不稱公孫，著其有寵而當國也，垂戒之義明矣。古者，親親與尊賢並行而不相悖。故堯親九族，必先克明俊德，而後九族睦；周封同姓，必先庸康叔、蔡叔，而後王室强。徒知寵愛親屬，而不急於尊賢，使爲儀表，以明親親之道，必有篡弑之禍矣。”（餘見胡傳。）

齊人殺無知

或問：踰年稱君。無知弑君而自立，既踰年矣，而不以成君書之，何也？

曰：正其爲賊也。正其爲賊者，明以賊討之也，州吁、無知是也。弑君之賊，其見殺也而稱君、稱爵者，不正其爲賊也。不正其爲賊者，明不以賊討之也，齊商人、蔡般是也。弑君之賊，人人得而討之，然而國人以賊名之，則《春秋》亦以賊名之，國人不以賊名之，則《春秋》亦不以賊名之，據事直書而襃貶之義見矣。蔡般之見殺也而稱爵，則楚子誘而殺之也，非以賊討之也。商人之見殺也而稱君，則國人既安之以爲君，而又殺之也，亦非以賊討之也。里克之見殺也而亦稱大夫，則晋人既視之猶大夫，而後殺之也，亦非以賊討之也。討之不以其賊，則聖人亦不以討賊之辭加之，從其實而已矣。

【校記】

① 前目：四庫本作“先目”。

② 夷狄：四庫本作“蠻荆”。

③ 不足：四庫本作“不容”。

春秋或問卷第八

莊　公

公伐齊，納糾　齊小白入于齊　九年

或問：書“納”之義。

曰：《春秋》書“納”者六，昭十二年“納北燕伯”、哀二年“納蒯聵”、宣十一年“納公孫寧儀行父”、文十四年“納捷菑”、僖二十五年“納頓子”與此年是也，凡皆不受而强致之辭。蓋二公子各有黨，小白之黨在内，故公伐齊以納糾。然襄公見弑，小白奔莒，糾奔魯，小白與糾皆庶子，而小白兄也，糾弟也，則小白當立，糾不當立明矣。

或曰：何以知糾之爲弟，而小白之爲兄邪？

曰：以《春秋》之所書而知之。上書“納糾”，而下書“齊小白入于齊”，以小白而係之齊，則小白當有國明矣。忽係之鄭，則忽當有鄭也；突不係鄭，突不當立也。小白係齊，則小白當有齊也；糾不稱子糾，不當立也。羈係之曹，羈當有曹也；赤不係曹，赤不當立也。聖人書法之嚴，如此哉！是故小白、糾之長少，不必觀之他書，觀之《春秋》足矣。孔子稱管仲之功，則曰：“微管仲，吾其被髮左衽矣，豈若匹夫匹婦之爲諒，自經於溝瀆而莫之知也。”使小白不當立而糾當立，則管仲之不死爲非義；使糾不當立而小白當立，則召忽之死爲傷勇。聖人比召忽爲自經溝瀆之諒，而與管仲可爲之功，則小白、糾之長少，亦可知矣。然公之伐齊納糾也，雖欲納之，而實未能納也。夫納者，雖内弗受，亦必志於克入而已矣。故雖未入國也而至其國焉，則書國，如楚人“納頓子于頓”、“晋人納捷菑于邾”是也。雖未得國而入于邑焉，則書邑，如齊高偃“納北燕伯于陽”、晋趙鞅

“納衛世子蒯聵于戚”是也。今公之納糾也，以國則小白已君，以邑則糾不能入，所以只言“公伐齊納糾”而已。齊，讎國也；糾，讎子也。國可以伐，糾可以無納。伐齊非以復讎也，志於納糾，而納糾之義又非能終也，終於齊人殺之而已。以伐則見敗，以納則見殺，公之耻深矣。

戰于乾時，我師敗績

或問：乾時之戰，《春秋》書之，不諱其敗，何也？

曰：或謂能與讎人戰，雖敗亦榮也，是以不諱之①。然以經考之，則其所以伐齊者，非爲復讎也，爲納糾也。使乾時之戰而出於復讎之盛心②，則此戰爲義戰，雖敗，聖人不之耻，若是而曰能與讎人戰，雖敗亦榮可也。今其所以與齊戰者，非爲復讎也，本與齊大夫謀欲納糾，既而伐齊納之，而小白已入齊矣，公猶不已也，遂與之戰。是其所以伐齊者，本欲納其亡公子以爲德，是豈有復讎之心哉？而或以爲雖敗亦榮，非矣。

齊師滅譚　譚子奔莒

或問：諸侯失國，常名之，譚子何以不名？

或曰：譚本無罪也，而齊滅之，罪不在譚子也，故不名。然嘗考之經，則其説有未通者。案經，諸侯被執以歸者，未有不名。荆敗蔡師，以蔡侯獻舞歸；晋滅潞氏，以潞子嬰兒歸；蔡公孫姓滅沈，以沈子嘉歸；鄭游速滅許，以許男斯歸；楚公子結、陳公孫佗人滅頓，以頓子牂歸；晋人執戎蠻子赤歸楚，皆名之。而楚人滅夔，以夔子歸則不名。外諸侯之卒，未有不名者。宋公和卒、蔡侯封人卒、齊侯小白卒、晋侯周卒，皆名之，其餘莫不名。而秦伯、薛伯、滕子、杞子卒，則或不名。滅而奔者亦名，蓋失地之君也名之，欲使後人知其爲某君也，如吴滅徐，徐子章羽奔楚是也。而齊滅譚，譚子奔莒不名；楚人滅弦，弦子奔黄不名；狄滅温，温子奔衛不名。由此觀之，以歸而書名、奔而書名與卒而書名，皆一義也，其不書者，則史失之，而聖人不能增之也。蓋弦、温、譚、夔皆小國也，國小則其紀載或有未備者矣。若夫中國之諸侯，則其奔而或名、或不名，不可以是例論之也。執稱曹伯，而歸則稱曹伯襄；執稱衛侯，而歸則稱衛侯鄭。衛侯出奔，楚不名，而歸於衛則名；衛侯衎出奔齊，名之，而衛侯入于夷儀則不名。此非紀載之未備也，而或名、或不名則有義矣。蓋不名則其位未絶，名之所以見其爲失地之君也；不名所以正其位，而名之所以别於二君也，又與小國之紀載未備者不同矣。

或曰：譚、弦、温子，豈非見滅於强國，而其位未絶邪？

曰：徐子章羽亦見滅於强國者也，豈其位遽絶邪？吾故曰：失國之君必名，其不名者皆史失之也。

宋大水

或問：《春秋》紀灾異，惟宋特詳，何也？

曰：《公羊》謂："何以書？及我也。"且宋去魯甚遠，雖大水，豈能相及？苟及魯，魯當自書，肯書宋乎？《穀梁》謂："爲王者之後，紀異。"則杞亦王者之後，曷爲而不紀耶？莊二十年書"齊大灾"，豈王者之後哉？杜氏云："弔則書。"昭九年書陳灾，於時陳已爲楚所滅，則魯何所弔而書之乎？黎氏謂："《春秋》詳内而略外，故内灾必詳悉而書之，而外灾則於宋、鄭、陳、衛，或各舉其一二，以見列國之異也。"其説是矣。然《春秋》於列國之灾，間一二見，而於宋事爲尤詳，如雨、螽、隕石、退鷁之類，莫不備書，非惟大水而已。意者夫子雖因魯史以作經，亦必博採，而孔子祖宋，得其事實爲尤詳，故備録焉。其他則因史所書，或得其實而後書之，不及聞則否。

紀叔姬歸于酅

或問：紀叔姬之歸于酅，或以爲娣無歸之理，何也？

曰：此殆不考經之故。案經，内女之見於經，以其遭人倫之變得書者，紀叔姬、宋共姬之事爲尤詳。娣不書歸，而叔姬得書歸；内女不書葬，而叔姬得書葬，與宋共姬同。詳宋共姬之事者，以宋共姬之有賢德也；詳紀叔姬之事者，亦以紀叔姬之有賢德也。宋共姬、紀叔姬皆吾女，遭人倫之變者也，而其賢德可稱，故其卒、其葬皆得書之。觀聖人之所書，而其賢可知矣。紀既亡矣，魯爲宗國，婦人有來歸之義，叔姬不歸魯而歸酅，以紀之五廟在酅，不以紀亡而虧婦道也。魯人高其節義，是故其歸于酅、其卒、其葬，史册悉書，夫子存而弗削焉。莊三年“紀侯大去其國”，至是叔姬始歸于酅，豈紀侯至是而方卒乎？

齊侯、宋人、陳人、蔡人、邾人會于北杏

或問：案《春秋》，惟主兵則序主兵者爲首。若盟會則序爵，如宋、齊、衛盟于瓦屋，宋、陳、蔡盟于折是也。至北杏之會，則序齊于宋之上，何也？

曰：蓋與[3]齊以伯也。城濮之師，序晋侯於齊師、宋師之上，蓋予晋以伯也。曹南之盟，書曰“宋公、曹人、邾人盟于曹南”，則齊桓没，而伯主之權移於宋也。辰陵之盟，書曰“楚子、陳侯、鄭伯”，則晋文没，而伯主之權移於楚也。黄池之會，書曰“公會晋侯及吴子于黄池”，則兩伯之辭也。故北杏以前，諸侯之盟會，皆序爵；北杏以後，則諸侯之盟會，序伯主爲首。北杏以前，諸侯有特相會者；北杏以後，則諸侯非伯主不會矣。北杏之會，其至者宋、陳、蔡、邾之大夫耳；至幽之盟，則宋、陳、衛、鄭、許、滑、滕之君也；又至葵丘之會，則宰周公在會矣。然猶未也，至於温之會，則天王實狩焉，其盛極矣。有北杏之會則有幽之盟，有幽之盟則有葵丘之盟，有葵丘之盟則有温之會矣。方伯圖之未興也，列國諸侯更相吞噬，間有若鄭莊、齊僖之流，雖能雄長於一時，而終未能執伯主之柄。天下紛紛，莫之統一，亦可嘆矣。雖然，人心猶知有周也。及伯圖之既興也，列國諸侯，向之紛紛而無統者，今則翕然惟伯主之爲聽，下以號令於諸侯，上以致天王之狩。一時氣勢，聲焰赫奕，中國賴以少事，然自是王命浸微矣。

聖人之於《春秋》也，固未嘗不與伯主之功，而亦未嘗喜伯主之盛。據事直書，而善惡自見矣。夫以齊桓圖伯之初，而列國之至者，惟宋、陳、蔡、邾，而宋、陳、蔡、邾之至者，僅以大夫而已。以此見伯圖之興，雖天下之幸，而前乎此者，

未有此舉。今而齊桓一旦驟爲之,列國諸侯終有疑焉而未信者。使當是時而有王者作,其不翕然而歸往乎?

公會齊侯,盟于柯

或問:柯之盟,齊及魯平也。世讎而平,可乎?

曰:胡氏曰:"始及齊平也。世讎而平可乎?於傳有之。敵惠、敵怨,不在後嗣。魯於襄公,有不共戴天之讎。當其身,則釋怨不復,而主王姬狩于禚、會伐衛、同圍郕、納子糾,故聖人詳加譏貶,以著其忘親之罪。今易世矣,而桓公始合諸侯,安中國,攘夷狄[4],尊天王,乃欲修怨怒鄰,而危其宗社,可謂孝乎?故長勺之役,專以責魯,而柯之盟,公與齊侯皆書其爵,則以爲釋怨而平,可也。或稱齊襄復九世之讎,而《春秋》賢之,信乎?以仲尼所書柯之盟,其辭無貶,則復九世之讎,而《春秋》賢之者,妄矣。其諸傳者,借襄公事以深罪魯莊當其身而釋怨邪?"

蘇氏曰:"始及齊平也,《公羊》於此言:曹沬手劍劫桓公,以反汶陽之田,管仲許之。要盟可犯,而桓公不欺;曹子可讎,而桓公不怨。桓公之信,由此著乎天下。予以爲此春秋之後好事者之浮説,而非其實也。魯桓[5]之怨,不在桓公,曹沬無以發其怒,一也。使曹沬誠以劫得盟,如華元、子反,則《春秋》要盟不書。楚宋之盟,書曰:'宋人及楚人平',而不書盟,今書'公會齊侯,盟于柯',二也。是《公羊》不足信也。魯仲連稱曹子爲魯將,三戰三北,失地五百里。及桓公會諸侯,曹子以一劍之任,拔桓公之心於壇坫之上。三戰所亡,一朝而復。案長勺之戰,莊公始用曹劌以敗齊,自是,魯未嘗敢戰,安得有所謂三戰三敗,以兵劫桓公,求侵地者乎?故仲連亦不足信也。"

齊、陳、曹人伐宋　夏,單伯會伐宋

或問:齊桓之將圖伯也,其次于郎,則實挾諸侯以脅宋也;會于北杏,宋實在焉,纔一閱歲,而會諸侯以伐宋,何也?

曰:《左氏》以爲:宋背北杏之會,齊請師於周以伐之。于理或然。《春秋》

之義：召盟而後至，則曰“會盟”，如僖十九年“鄫子會盟于邾”是也；召伐而後至，則稱“會伐”，如隱四年“翬帥師，會伐鄭”，及此年“單伯會伐宋”是也。然則單伯之所以會伐者，蓋齊請之也。齊之所以請師于周者，借王命之重，以威諸侯也。齊桓之興，名曰尊王室，而北杏之會，未幾而宋已背之，齊於是請師於周以討之。夫會諸侯而名曰尊王室，非誠尊王室也。不如是，無以爲名以會諸侯也。討諸侯而必請師於周，非誠尊周也，不如是，無以爲名以威諸侯也。《春秋》書曰：“齊人、陳人、曹人伐宋。夏，單伯會伐宋。”三國以春伐宋，而單伯以夏會之，於以見單伯之會伐，特出於齊侯之請，勉强而從之，是以遲遲而後至耳。方伯業之未成也，故必假王命而行；及伯者之令已行，則天下不知有王矣。雖然，齊率諸侯，挾王命以伐宋，豈誠得宋之罪哉？宋有弑君之賊，而齊不能討；陳納弑君之賊，而齊不能正；北杏之會，姑欲諸侯之從已而已。大義所在，既已失之，則其所謂“尊周室、攘夷狄、安中國”者，是徒張其虚聲，以竊諸侯之權耳，實安在哉？前年之會，既逸賊而不之討；今年之伐，無以爲名。不假王命之重，則不足以威天下，是齊桓之志也。此一役也，倘在於北杏未會之前，則弑君之賊，不接迹於天下矣。惜哉！

荆　入　蔡

或問：荆入，《春秋》而首“入蔡”，何也？

曰：蔡，邇楚之國也。每觀荆楚方强，而蔡首被其禍，未嘗不嘆中國之不振旅，蠻夷猾夏而莫之制也[⑥]。入春秋以來，蔡嘗從王伐鄭，則猶修勤王之職也。會于鄧，盟于折，會于曹，則猶交諸侯玉帛之好也。伐鄭、伐衛、伐戴，則猶同諸侯兵車之會也。自敗莘以來，五年兩被荆伐，哀侯蒙塵不返，而蔡之臣子甘爲楚。向齊桓稱伯，蔡僅一從北杏之會。自是而後，伐宋、伐鄭，兩會于鄄，兩盟于幽，會于檉，蔡皆不與，蓋自是折而從楚矣。是故召陵加師，僅足以得楚人之屈服，而不能革蔡人從楚之心。齊桓終不得置蔡于盟會也。齊桓既没，晋文未興，楚成抗衡北方，則蔡必預。十九年楚盟齊，則與蔡俱至；二十一年楚會孟，則蔡復偕；至二十七年楚圍宋，則蔡復偕至。至於城濮之役，楚既大創，蔡始改圖。晋之三會，黽勉周旋，踐土之載書曰：晋重耳、蔡甲午，藏在王國列國。皆能道之。温之會、翟泉之盟，猶前志也。晋文既没，而中國之盟會，蔡復不與。至文十年厥貉之次，遂執干戈從楚穆，爲窺宋之謀。十五年晋郤缺討其不與新城之盟，而蔡猶未即晋也。成八年晋欒書帥師侵蔡，而楚救之。晋悼之興，列國悚焉以聽命，而蔡且安於楚之宇下。襄八年鄭欲媚晋而侵蔡，獲公子燮，而楚復興子囊之師爲蔡讎。鄭終悼之世，亦不能得蔡於盟會也。晋悼没，而楚之役，蔡常從之。襄二十四年楚伐鄭，則書曰"楚子、蔡侯"。二十六年楚伐鄭，又書曰"楚子、蔡侯"。二十七年宋之會、昭元年虢之會，蔡公孫歸生實序於列國大夫之上。四年申之會，書曰"楚子、蔡侯"。其再伐吴也，又書曰"楚子、蔡侯"。是中國諸侯其折而從楚者，莫如蔡之先也；其堅於事楚者，莫如蔡之甚也。昭十一年，楚虔誘蔡侯般，殺之于申矣。楚公子棄疾帥師圍蔡矣。其冬，楚滅蔡，執世子有以歸用之矣。楚虔既没，而蔡廬復封，則蔡之存亡興廢皆宅命於楚，而中國安得有之乎？蔡朱東國之廢置，專以費無極之一言，而廢君、立君，楚之小臣得以制之矣。蔡昭抱累世之憾，以一裘一珮之微，遭三年拘止之辱，沉玉璧以絶楚，贄愛子以請晋，氣憤而情激，亦既轉而從夏矣。而召陵之役，晋人求貨而辭蔡，諸侯侵楚之師不出，而楚人圍蔡之師反至。柏舉之戰，遂使蔡人假手於吴以釋憾。楚禍雖深，蔡憂未已。哀元年，楚復圍蔡，使蔡人男女以辨，疆於江、汝之間。蔡人傾覆是懼，謀徙州來，哭墓而遷，君臣相殘，以及公孫翩之禍。迄於春秋之後，而蔡終爲楚所并。是則中國諸侯之蒙禍於楚，亦莫如蔡之甚也。

是故蔡之五禍，皆楚爲之。楚文之執獻舞，蔡十年無君，則蔡之禍一也。楚靈之殺蔡般，蔡祀將絶，則蔡之禍二也。楚費無極逐蔡侯朱，則蔡之禍三也。楚子常拘蔡昭於南郢，則蔡之禍四也。楚昭遷蔡於江、汝，則蔡之禍五也。凡此，皆楚爲之。其從楚最先，其事楚最厚，而蒙楚之禍最甚。蔡之始受禍於楚也，其見於經則曰："荆敗蔡師，以獻舞歸。"蔡之終受禍於楚也，其見於經則曰："楚子、陳侯、隨侯、許男圍蔡，蔡遷于州來。"觀蔡人之禍福，而中國夷狄[7]盛衰可觀矣。向使當荆敗蔡師，荆入蔡之時，而齊桓即能救弱蔡以却夷狄[⑧]，則蔡不折而入於楚矣。向使踐土之後，晋伯常如文公之盛，則蔡必不舍夏盟而從夷狄[⑨]矣。向使當蔡昭絶楚從晋之時，晋之君能守其先緒，而不奪於求貨之臣，則蔡不至於假吴以釋憾，而卒致州來之遷矣。故其始背中國也，在於荆入蔡而齊桓不能救，其再背中國也，在於晋文没而晋伯不能競其終；背中國而歸吴也，在於晋伯既衰而不能有蔡也。讀《春秋》者，寧不爲是而三嘆哉！

夫人姜氏如齊

或問：夫人姜氏如齊，聖人備書於册，惡之也。齊桓之賢，而亦書"夫人如齊"，何也？

曰：在《禮》：夫人之適異國，父母在則歸寧。詩之《葛覃》之稱"歸寧父母"是也。既没，則使卿寧哀二年，《左傳》"楚司馬子庚聘于秦，爲夫人寧"是也。齊桓之于文姜，兄弟也。前此已會齊襄，其貶不待論而見。今襄公既没，又如齊焉，夫人之失禮甚矣。蓋自襄公既弑，不復如齊。魯、齊之盟于柯，甫及二歲，不恤前非，復有如齊之舉。然齊桓五霸之賢君，必能鑒襄之失，而正之以大義焉。故夫人至是不復如齊，而如莒矣。

宋人、齊人、邾人伐郳

或問：經莊五年："郳黎來來朝。"《公羊》曰："小邾婁也。"杜氏曰："附庸國，其後數從齊桓，尊周室王命，以爲小邾子。"則郳蓋出於邾也。此年三國伐郳，杜注云："附庸，屬宋而叛，故齊爲之伐郳。"汪氏曰："石氏以爲郳有二郳。黎來乃是小邾國，而三國伐郳，乃宋之附庸。"郳有二也，不知是否。

宋人、齊人、衛人伐鄭

或問：北杏之會，先書齊，而此年伐鄭與伐郳，則先宋，何也？

曰：伐郳、伐鄭，凡以爲宋也。石氏曰："《春秋》之法，會盟先主會，征伐先主伐。此年先宋，與伐郳之義同。"杜預於此特發例曰："班序上下，以國之大小爲次。"范甯同之。蓋《春秋》會盟，有以侯而先公者，有以男而先伯者。衛居陳上，而齊桓既伯，則後陳、蔡，居陳下。而昭公以前，則先衛，鄭，大國也，而後。紀、滑小國也，而先滕。考斯志也，豈特以國之小大爲之次哉？亦以見周衰，禮籍之亡，諸侯皆以强弱相制，班爵上下，不以先王之舊法，而先後進退，皆出於主會之臨時。隱公之初，滕、薛争長，魯人長滕。黄池之會，吴、晋争先，諸侯先晋。皋鼬之會，子魚一言，衛復蔡上。澶淵之會，良霄先至，鄭處宋先。如此之類，皆非周舊，聖人一切因其實而書之，以見諸侯之縱恣，而王制之敗壞也。夫豈純在於國之大小哉？乃若虞、晋滅下陽，先書虞；於宋之會，先書晋，又皆以示義也。

同盟于幽

或問：書"同盟"之義。

曰：案經，書"盟"者一百十二，而書"同盟"者十有六。莊十六年幽、二十七年幽，文十四年新城，宣十二年清丘、十七年斷道，成五年蟲牢、七年馬陵、九年蒲、十五年戚、十七年柯陵、十八年虚朾，襄三年鷄澤、九年戲、十一年亳城北、二十五年重丘，昭十三年平丘是也。《公羊》曰："同盟者何？同欲也。"《穀梁》曰："同外楚也。"愚嘗以意推之。竊謂盟而書"同"，固出於諸侯之同欲，無可疑者。以經考之，齊桓之盟，惟再盟于幽，皆書"同"；若葵丘牡丘之會，則不書"同"；晋文踐土、翟泉之盟，則不書"同"；至於趙盾新城之盟，而後書"同"。自是而後，不書"同"者寡矣。蓋齊桓爲幽之盟，實在荆入蔡伐鄭之後，中國諸侯同於懼楚，倚桓以爲重，故兩盟于幽，皆書"同"焉。若葵丘、踐土之盟，則桓、文之盛也。主是盟者，蓋出於桓、文之意，而諸侯從之，故不書"同"。晋文卒，而楚益强，新城之盟同於懼楚，自是而後，楚日以强，中國之伯業日以不振，故凡中國諸侯之相與盟會者，皆倚晋以爲重，凡皆諸侯之所同欲也，惟澶淵之盟不書"同"，則平齊、晋也。皋鼬之盟不書"同"，則劉子不與盟也。故有以主是盟，則不書"同"，是桓、文主伯之盛也。二幽之盟而書"同"，則桓公伯業未盛之時。

新城以後皆書“同”，則晋伯業漸衰之際。凡書同者，衆欲之也。衆欲，則猶未純乎專主盟也。説者以爲必嘗有異而後書同，如《左氏》所謂“鄭成”、“陳、鄭服”之類是也。然兩會于鄄，亦服異也，而何以不書“同”邪？或謂“殷見曰同”。同盟之禮，蓋天子之禮，而齊桓竊之，故書曰“同”。然以新城之盟趙盾實主之，則以大夫而僭天子之禮，疑亦未至是也。吾故曰：“同盟者，同欲也。”

曰：雖然，初盟于幽，不書“公”，再盟而後書“公”，何也？

曰：是《春秋》之變文也。舉天下而聽命于一邦，古未有是，而齊首爲之。魯君爲是遲遲而不之往，北杏之會，魯不之從。齊爲是盟于柯，以懷魯伐宋之師，王臣實來，而魯不之會，再會于鄄，宋、衛、陳、鄭皆至，而魯不之會，魯，東方之望國，而周公之祚嗣也。齊不得魯，終不可以合諸侯，而魯之君臣，猶守先王禮文之舊，以爲古未有是也。是以遲遲焉而不往，至于幽之盟，則諸侯皆來，而魯亦不得以不往矣。雖然猶有諱也，至於再會于幽，則亦不之諱矣。荆楚僭王肆行，而莫之制。不有齊桓倡義以爲諸侯主，其誰能治之？魯之君臣雖欲勿從，焉得而勿從之哉！是故挾天子以令諸侯，桓、文之義，《春秋》之所不予也。主夏盟以制强楚，桓、文之功，《春秋》之所不棄也。兩盟於幽而皆書“同”，所以奬齊桓制楚之功也。

【校記】

① 不諱之：四庫本“諱”下無“之”字。

② 盛心：四庫本無“盛”字。

③ 與：四庫本作“予”。

④ 夷狄：四庫本作“荆楚”。

⑤ 魯桓：宋蘇轍《春秋集解》卷三作“齊魯”，明卓爾康《春秋辯義》卷六引蘇轍曰同。

⑥ 蠻夷猾夏而莫之制也：四庫本作“諸姬實盡而莫之問也”。

⑦ 中國夷狄：四庫本作“春秋列國”。

⑧ 夷狄：四庫本作“强楚”。

⑨ 夷狄：四庫本作“蠻荆”。

春秋或問卷第九

莊　公

公子結媵婦，遂及齊侯、宋公盟　十九年

或問：書“遂”之義。

曰：《春秋》書“遂”，皆繼事之辭。然有書之而不爲譏者，有書之以見譏者。如“諸侯遂圍許”、“齊侯遂伐楚”之類，所譏不在“遂”也。“公子結媵婦，遂及齊、宋盟”、“公子遂受命如京，遂如晋”、“公孫歸父未復命，遂奔齊”、“仲孫蔑會于戚，遂城虎牢”，此皆書之以譏其專也。又有書之以爲美者，如“齊桓帥諸侯之師以侵蔡，遂伐楚”、“楚人伐許，諸侯遂救許”，則聖人固許之矣。由此言之，《春秋》書“遂”，非專以爲譏也，顧其事如何爾。然所謂“遂”者，大抵皆本爲此。而遂爲彼之辭，《公羊》以爲“大夫無遂事，出竟則專之可也。”此言過矣。善乎！胡氏之言曰：“聘禮：大夫受命不受辭，出竟，則可以安社稷、利國家，則專之可也。謂本有此命，得以便宜從事，特不受專對之辭耳。若違命行私，雖有利國家、安社稷之功，使者當以矯制請罪，有司當以擅命論刑。何者？終不以一時之利，亂萬世之法。是《春秋》之旨也。”

齊人、宋人、陳人伐我西鄙

或問：此齊桓圖伯之時也。齊方求我，而何爲伐我乎？

曰：三傳不言其故。孫先生曰：“爲受鄭詹也。”或有此理。然稱伐，則奉辭也；稱人，則將卑師少也；伐我西鄙，則非大致伐也，不過聲罪而已。此亦可以見齊桓圖伯之事爲不輕矣。然公子結方以秋與齊、宋盟乎鄄，而其冬二國來伐，孰

謂結之專盟爲可以安國家、利社稷乎？使結既盟，而齊不來伐，則謂爲結之功可也。是猶當以擅命罪之，況無益乎！

齊人伐戎　二十年

或問：或謂齊桓之入，至此十年，伐鄭、伐宋、滅譚、滅遂，其恃威力以加於中國者若此，聖人皆詳録之。而於此始一見其伐戎又稱人，以微之者。凡以著其自爲封植，而緩於攘却四夷[①]也，信乎？

曰：不然。戎之爲中國患[②]，久矣。齊桓之伯，豈無意於攘之哉？蓋緩以圖之，而未嘗急也；漸以處之，而未嘗遽也。中國[③]諸侯有一焉之不安於我，則固不可以從事於夷狄[④]，故其汲汲焉以會盟中國之諸侯者，所以治其内也，十年之久，而後有伐戎之舉。不用大兵，不動大衆，而聲罪致討之義嚴焉，則其規模之素定故也。故此年伐戎書人，三十年伐山戎亦書人，則其不用大兵，不動大衆，亦可知矣。一捷之後，而戎始不能爲中國[⑤]患。戎不能爲中國[⑥]患，而後齊得以專意於楚。此管仲之規模也，此諸葛亮五月渡瀘，縱禽孟獲以服其心，而後得以專意於曹魏之意也。其不用大兵，不動大衆者，節制之師也。讀《春秋》至莊、僖之編，當知聖人有惓惓桓公、管仲之意。毋徒概以伯圖而絶之可也。雖然，齊桓未伯之初，滅譚、滅遂，猶恃力以逞。自盟柯之後，而《春秋》書齊之事，與滅譚、滅遂者異矣。意者管仲得志，當在盟柯以後乎！

鄭伯突卒　二十一年

或問：陳侯、鄭伯遇于垂者，子儀乎？突乎？

曰：案《左傳》，桓十七年“高渠彌殺世子忽，而立子亹”，十八年“齊殺子亹，而立子儀”，莊十四年“傅瑕殺子儀，而納厲公”，則莊十四年六月以前，爲鄭君者，皆子儀也。莊四年“齊侯、鄭伯遇于垂”，此子儀也。莊十四年“單伯會齊侯、宋公、衛侯、鄭伯于鄄”、十五年又“會于鄄”、十六年“同盟于幽”，此突也。然以經考之，子儀之名，不見于經。而“入于櫟”，則書“鄭伯突”，卒，則書“鄭伯突”。“突”書“鄭伯”，則其所謂“遇于垂”者亦突，明矣。忽係以世子，明其當爲世子也。突係以伯，明其實能君也。忽雖當爲世子，而實不能君；突雖能君，而實篡。要皆不没其實而已矣。忽雖歸鄭，而不能君，《春秋》猶不以伯許之，况子儀乎？借使忽死，而子儀乘間得立，其爲君也，微矣，安能會諸侯乎？故知“遇于垂”者，乃厲公也。突始終書爵，不没其實而已矣。

葬我小君文姜

或問：文姜之行，甚矣！何以得書“葬”？

曰：自桓公薨于齊之後，而文姜爲國君母者二十年。莊公以小君葬之，聖人安得不書？書桓公“薨于齊”、“夫人孫于齊”，以著其罪。書夫人“如齊”、“如莒”，以著其惡。書“薨”、書“葬”，以著其實。並書於册，而是非褒貶自見矣。

陳人殺御寇

或問：書“殺”之義。

曰：《春秋》書“殺大夫”四十七，皆惡專殺也。古者諸侯之大夫，皆命於天子，諸侯不得專命也。大夫有罪，則請於天子，諸侯不得專殺也。葵丘之盟曰：“毋專殺大夫。”大夫猶不得專殺，况世子、母弟乎？《春秋》備録之，而其罪著矣。然殺之罪雖一，而重輕之等有三：有稱君以殺者，晋侯申生、宋公世子痤、天王佞夫。稱君，則君之志也。有稱國以殺者，鄭申侯、晋陽處父、陳洩冶。稱國，則其國君與其大臣咸有罪焉。有稱人以殺者，此年御寇、晋人殺先都，晋人殺士穀、箕鄭父，陳人殺公子過。稱人，則衆殺之也。然衆殺之義有二：有弑君之賊人，人得而討之，則稱人以殺者，討其罪之辭也。如衛人殺州吁、鄭人殺良霄、齊人殺無知之類是也。有國亂無政，衆人擅殺，令不出於君，而衆殺之者。如陳人殺御寇之類是也，稱人雖同，而立義異矣。

曰：稱人以殺，或以爲殺有罪，而子不從之，何也？

曰：殺有罪云者，謂其如州吁、良霄之類是也。其他，則不可以是言矣。案：文七年，"宋人殺其大夫"，《左氏》載：昭公欲去群公子，而穆襄之族率國人以攻昭公，殺公孫固、公孫鱄⑦，則衆殺之也。八年，宋人殺其大夫司馬，《左氏》載：宋襄夫人因戴氏之族，以殺孔叔、公孫鍾離及大司馬公子卬，則衆殺之也。九年，晋人殺其大夫先都、晋人殺其大夫士穀及箕鄭父，則以靈公尚幼，國亂無政，而先都、士穀、箕鄭父之見殺，皆非君意，則衆人擅殺之也。昭八年，陳人殺其大夫公子過，則亦以陳侯卒，國亂無主而殺之，非君意也。故以衆殺爲文，比事而觀，則稱人之爲衆殺也，明矣。

曰：殺之，則或稱公子，或稱大夫，或稱大夫公子，何也？

曰：稱公子者，公子而非大夫也。如此年陳人殺其公子御寇，昭十四年莒人殺其公子意恢是也。或公子而未命爲大夫，則稱公子也，或公子而未誓爲世子，亦稱公子也。稱大夫者，大夫而非公子也。鄭殺申侯、晋殺里克之類是也。稱大夫公子者，公子而又爲大夫也。如成十六年楚殺其大夫公子側，襄五年楚殺其大夫公子壬夫、二十年蔡殺其大夫公子燮、二十二年楚殺其大夫公子追舒，昭八年陳殺其大夫公子過，哀二年蔡殺其大夫公子駟是也。若公孫黑(公孫，姓)、公孫霍，則公孫而爲大夫也。又有書殺其大夫而以官舉者，則以官重，而書之也，宋殺其大夫司馬是也。乃若晋侯殺世子申生，則著世嫡之重也。天王殺其弟佞夫，則著親親之義也。觀聖人所書，而褒貶固已寓乎其中矣。

公如齊納幣

或問：公如齊納幣，何以書？

曰：公如齊納幣，其失禮者三：齊爲讎國，而公與之圖婚姻，一也。文姜之喪，始練而納幣，二也。納幣，大夫之事，而公親之，三也。古者，男子二十而冠，三十而娶；女二十而嫁。過與不及，非禮也。天子、諸侯，十五而冠者，以娶必先冠，亦欲國嗣之蚤定也。今莊公生於桓六年，至是三十有六歲，以世嫡之正、諸侯之貴，而無内主，蓋爲文姜所制，使必娶於母家，而齊女待年未及。故自今年之納幣，越明年而如齊觀社，又遇于穀，盟于扈，皆爲婚姻而往。夫娶夫人奉祭祀，以爲宗廟主，不以大義裁之，而母言是聽，其踰時失禮，一至於此，聖人一一書之，所以垂戒後世也，遠矣。

祭叔來聘　二十三年

或問：祭叔來聘，何以不書"使"？

曰：案《春秋》，王臣來聘者八，凡伯、南季、渠伯糾、仍叔之子、家父、宰周公、王季子，皆言使。晋聘魯者十一，齊聘魯者五，宋聘四，衛聘四，陳、鄭聘各一，楚聘三，秦聘一，吴聘一，凡三十一聘，皆言使，而此獨不言使，或謂祭叔以其私來，而自以聘禮行也。然祭叔來，私來也。言來而不言聘，言聘非自來也，自來則非聘也。或謂祭叔使人來聘耳，其不稱使者，不與祭叔之使也。亦非也，此自與武氏子來求賻，毛伯來求金爲一例爾。蓋非王命而來求賻，故武氏子不言使；非王命而來求金，故毛伯不言使；非王命而來聘，故祭叔不言使。蓋方武氏子之來也，嗣王方在喪事，無以給，周之大臣自以其意來求賻於魯耳。方毛伯之來也，襄王尚未葬，而未有以葬也，周之大臣自以其意來求金於魯耳。方祭叔之來也，則以莊十九年，五大夫作亂，立子頹，王出奔温，至二十一年，鄭、虢納之，乃克歸周。當是時，王之命令不能以自執，而威柄之奪於臣也久矣，故祭叔之來聘，亦當時大臣自以其意行，而不出於王命耳，豈必其私來哉？

或曰：武氏子來求賻不稱使，毛伯來求金不稱使，蓋當喪未君耳。嗣子定位於初喪矣，而武氏子何以不稱使？國君踰年即位矣，而毛伯何以不稱使？

曰：蓋古者，君薨，聽於冢宰者三年。又曰：即位矣，而未稱王也。

曰：未稱王，何以知其即位？

曰：以諸侯之踰年即位，亦知天子之踰年即位也。以天子三年然後稱王，亦知諸侯之三年稱子也，踰年稱公矣。曷爲三年稱子？緣臣民之心，不可一日無君，緣終始之義，一年不二君；緣孝子之心，則三年不忍當也。爲此説者，善矣。然愚考之《書》："成王崩，逆子釗于南門之外。"則固稱子矣。既入翼室，恤宅宗，則書曰："王麻冕黼裳。"既受諸侯朝，則書曰："王釋冕，反喪服。"然則三年然後稱王之説，猶有可疑者。至謂諸侯三年稱子，則以經文考之，若僖九年春三月，宋公御説卒，夏，會于葵丘，稱宋子；二十五年，夏衛侯燬卒，冬盟洮，稱衛子；定四年春二月，陳侯吴卒，三月會召陵，稱陳子，則皆未踰年也。成二年，宋公鮑卒、衛侯速卒，三年會伐鄭，稱宋公、衛侯；襄四年，陳侯午卒，五年會戚，稱陳侯，則皆踰年也。然則三年稱子之説，猶有可疑。獨成四年鄭伯堅卒，冬，鄭伯伐許，則其爲吉禮從事，明矣。黎氏曰："若謂天子，必終喪而後即位，則匡王、恭王，何以纔踰年而遽稱王邪？若謂既葬，始成君，求之天子，則景王已葬，而猛以子卒；求之諸侯，則莊、僖未葬，而閔、文先已即位。乃知天子、諸侯，但逾年，則改元即位，不限葬未葬焉。"

丹桓宫楹　刻桓宫桷

或問：案成三年甲子"新宫灾"，親廟切近，不忍稱，故稱新宫。桓宫乃親廟切近也，斥言桓宫，以惡莊也，然乎？

曰：不然。成三年書"新宫灾"，蓋喪制僅終，神主方入廟而遇灾，故書"新宫"。若桓宫，則固已久矣，宜其稱桓宫也。《春秋》書武宫、煬宫、桓宫、僖宫，皆斥言之。然則桓宫亦所宜稱，非斥言以惡莊也。然既書"丹桓宫楹"，又言"刻桓宫桷"，繼言"如齊逆女"、"夫人姜氏入"，則桓宫有弗受者矣。比事而觀之，則得失可見。

公如齊逆女　夫人姜氏入

或問：先書公至，而後書夫人入，何也？

曰：案經書魯之逆女，使卿行，則曰："公子如齊逆女。"還，則曰："某以夫人至自某。"蓋婦人無自至者也。桓三年，書"公子翬如齊逆女"，次書"齊侯送姜氏于讙"、"公會齊侯于讙"，後書"夫人姜氏至自齊"。不書"翬以夫人至"者，蓋公受之於讙也。不書"公以夫人至"者，蓋公之行，非以逆女也。推此而言，則此年莊公既以夏如齊逆女矣，秋至自齊矣，而後書“夫人姜氏入”，是親迎而不與婦俱至也。親迎而不與婦俱至，失夫之道也。婦人從夫者也，夫人不從夫入，失婦之道也。夫不夫，婦不婦，弑閔、孫邾之亂兆矣。於是莊公生三十有七年，而在位二紀矣。制於其母，必齊女也而後娶，齊人重要之，爲之親納幣，而觀社、遇穀、盟扈，一年三見於齊。齊之遲遲如彼，而公之汲汲如此也。夫人之未至也，爲之丹楹、刻桷、崇飾宫廟，以誇示之。其既至也，厚大夫宗婦之禮，以尊崇之。而夫人之入，實不與公偕至。公之所以寵之者如彼，而夫人之慢又如此也。備書於册，而是非之鑒昭然矣。

陳侯使女叔來聘

或問：女叔，二傳以爲字，而子以爲名，何也？

曰：此劉敞之言云爾。《穀梁》以爲：命大夫，不名；非命大夫，則名。若以女叔爲天子之命大夫，則當時列國，若晋、宋、齊、衛來聘之卿，豈無命大夫者，而經皆稱其名，何獨於女叔稱字哉？《左氏》以爲“嘉之，故不名”。然諸國來聘結好者多矣，何獨嘉女叔也？然則女叔之爲名也，審矣。案：經書“及其大夫孔父”，傳者以爲字，謂賢其能與君存亡也。惟劉敞以爲：君前臣名。既名其君於上，則不得字其臣於下。故父者，名也，非字也。宋人執鄭祭仲，傳者皆以爲天子命大夫也，惟蘇氏以爲：且方名其二君，而可以字其臣乎？故祭仲，名也，非字也。陳侯使女叔來聘，傳者亦皆以爲字，惟劉敞以爲名，故予亦謂女叔，名也，非字也。蓋經之所書，有書字者，則中國之附庸書字，如“公及邾儀父”、“公會邾儀父”、“蕭叔朝公”是也。王朝之大夫書字，則“王使榮叔來錫命”、“天王使南季來聘”是也。諸侯之弟稱字，則“蔡叔盟折”、“蔡季自陳歸蔡”、“許叔入許”是也。孰謂女叔而可以與榮叔、南季等乎？

日有食之　鼓，用牲于社

或問：《春秋》書“鼓，用牲于社”，何也？

曰：案日食三十六，"鼓，用牲于社"者三："莊二十五年，六月辛未，朔"、"三十年，九月庚午，朔"、"文十五年，六月辛丑，朔"是也。鼓，可也。鼓，用牲于社，不可也。聲，陽類也。鼓所以作陽而助聲也。《書》曰："乃季秋月朔，辰弗集于房，瞽奏鼓，嗇夫馳，庶人走。"而《周官》之救"日月"，則有鼓人以詔王鼓，有太僕以贊王鼓。詳於用鼓者，急于助陽也。天子伐鼓于社者，社，陰之神也；日食，則陰勝陽也。天子尊，諸侯卑。天子責神，諸侯自責而已。諸侯而鼓于社，則失正矣。復用牲，非禮也。凡天灾，有幣無牲。牲者，祭祀之事也。牛，三月在滌，三月之後方成牲。日食而用牲，取具於臨時耳。《左氏》以爲："惟正月之朔，慝未作"，然後有伐鼓之事。然《書》載"奏鼓"，乃在季秋，又豈必正陽之月耶？

公子友如陳

或問：公子、母弟，一也。或稱弟，或稱公子，何也？

曰：石氏曰："諸侯之尊，弟兄不得以屬通。在禮，諸侯絶期，而臣諸父昆弟。君臣者，分之别也。昆弟者，恩之屬也。禮不可以無分。異貴賤，則禮法嚴，臣不可以敵君。申私恩，則公義廢。然則《春秋》之書'公子'，乃其常也。其書'弟'者，變之正也。故始元終麟惟其來聘、來盟，則書；侵伐，則書；殺害、出奔，則書。玉帛之好、牲血之事、大夫之職，非天倫之所當行也。故來聘、來盟，則書。'齊侯使其弟年來聘'、'鄭伯使其弟語來盟'是也。争怒，逆德也；戰侵，危事也。人臣效命，非恩屬之所當親也。故侵伐則書，'衛侯之弟黑背帥師侵鄭'是也。迫窮患難，不能相恤，骨肉殘害，以致相伐不顧也，甚矣！故殺害、出奔則書，'天王殺其弟佞夫'、'秦伯之弟鍼出奔晋'是也。外乎此者，皆稱公子而已。此《春秋》之法也。而《左氏》、《公羊》之例，以爲母弟稱弟，庶弟不得稱弟，而母弟稱公子，亦已戾矣。"此年"公子友如陳"，報女叔之聘是也。然其出也，終莊公之世不書其歸。考之通例，内大夫出使，不書歸。執然後書，如"意如至自晋"、"叔孫婼至自晋"是也。

公伐戎　公至自伐戎

或問：公伐戎，何也？

曰：戎在隱、桓之世，嘗與會盟，三十年間，亦未嘗侵伐諸侯者。至莊十八年，"公追戎于濟西"，必以其乘間而侵我也。二十年而齊人伐之，必以其姦紀而爲暴也。今又侵曹以出羈，因亂以納赤，其勢浸盛矣。莊公念宿怨而伐之，踰時而反，蓋亦危矣。

曹殺其大夫

或問：殺其大夫，而不書其名氏，何也？

曰：《春秋》稱國以殺而不名氏其大夫者，此年與僖二十五年"宋殺其大夫"是也。稱人以殺而不名氏其大夫者，文七年"宋人殺其大夫"是也。稱人以殺而不舉其官者，"晋人殺欒盈"是也。或稱國，或稱人，而既書其官，又書其名氏者，"鄭殺其大夫申侯"、"陳人殺其大夫公子過"之類是也。以意度之，則不書大夫之名氏者，是大夫之無罪者也；特書其名氏，而不書其大夫，以衆人殺之耳，是有罪者也；既書大夫，又書姓氏者，是大夫之與其國君分其罪者也。古者諸侯之卿大夫，命於天子，而諸侯不敢專命也。其有罪，則請於天子，而諸侯不敢專殺也。春秋時，國無大小卿大夫士皆專命之，而不以告於王朝有罪無罪，皆專殺之，而不以歸於司寇，無王甚矣。陳君舉曰："莊公卒有戎難，而羈出奔，赤於是篡曹。篡而殺其大夫，則必不義其君者也。宋杵臼之弑也，始不書賊，而書宋人。以是爲君無道也。無道而殺大夫，則亦不義其君者也。是故曹僖之大夫不名，宋昭之大夫不名。"

同盟于幽

或問：孔子稱"齊桓公九合諸侯，不以兵車，管仲之力也"。先儒以爲，案桓公之會十有五：十三年北杏，十四年鄄，十五年鄄，十六年幽，二十七年幽，僖元年檉，二年貫，三年陽穀，五年首止，七年甯母，九年葵丘，此衣裳之會，十有一也。僖八年會于洮，十三年鹹，十五年牡丘，十六年淮，此兵車之會四也。凡十五會，而孔子謂之“九合諸侯”，蓋十有三年會北杏，桓公始伯，其功未見。十四年鄄，又是伐宋；諸侯而洮、鹹、牡丘、淮之會，又皆有兵車，故止言其盛者九焉。

此聖人貴禮義、賤武功之深旨，然乎？

曰：否。古“九”、“糾”字通用。朱文公嘗據“糾合宗族，以藩屏周”之語，以爲證矣。

會于洮　杞伯姬來

或問：《公》、《穀》二傳皆以爲“避内難”，而子以爲“莊公女”也。若莊之女，則歸寧不爲過，此常事耳，經當不書。今書“公會杞伯姬于洮”，又書“杞伯姬來”，婦人既嫁，不踰竟，父母没則使卿歸寧，皆非禮矣。此伯姬，不可謂之莊公女也。伯姬不當來，杞侯不當聽，公不當會。陸淳謂“參譏之”是也。“莒慶來逆叔姬”，《左氏》以爲莊公女。然以宣五年“子叔姬”考之，則時君之女，加子以别之，謂叔姬爲莊公女，亦非也。

莒慶來逆叔姬

或問：莒慶非有君命也，叔姬非適諸侯也，何以得書乎？

劉氏曰：“以公自主之也。自主之則敵，敵則書矣。凡喜怒哀樂愛惡者，人之情所不免。人之情所不免，而無禮義之制，則放而不反。是以聖人物爲之防，使人乃廢心而任禮，禮然而然，不以私意損益其間，未始有物者也，每若是而天下服矣。”

齊人伐衛　衛人及齊人戰，衛人敗績

或問：戰而書“及”，何也？

曰：《春秋》之義，凡戰而書“及”者，其義有三：有以主及客而書“及”者，有以内及外而書“及”者，有以華及夷而書“及”者。文二年晋、秦戰于彭衙，七年晋、秦戰于令狐，昭十七年楚、吴戰于長岸，此以主及客也。莊九年齊、魯戰于乾時，成二年晋、齊戰于鞌，此以内及外也。僖二十八年晋、楚戰于城濮，内晋而外楚也；定四年吴、楚戰于柏舉，内蔡而外楚也，此以華及夷也。其有不言“及”者，則文十二年晋、秦戰于河曲，不分内外，一同之矣。此年“衛人及齊人戰”，蓋衛爲主，而齊爲客也。以經考之，則二十七年幽之盟，衛不與以是知衛之貳于齊也。

案《左氏》，則十九年五大夫奉子頹伐王，不克，出奔衛。衛師、燕師伐周，立子頹。王處于櫟，鄭伯納王，殺子頹。故前年之秋，王使召伯廖賜齊侯命，且請伐衛。由此言之，則伐衛之師，奉王命也，然經獨書“齊人伐衛”，而不及王命，是齊人之伐衛，不以王命討也。齊不以王命討衛，則亦書“齊人伐衛”而已矣。齊桓不以王命討衛而後伯權盛，伯權盛，而王命益不行於天下矣。

【校記】

① 攘却四夷：四庫本作“救灾止亂”。

② 中國患：四庫本作“侵暴”。

③ 中國：四庫本作“諸夏”。

④ 夷狄：四庫本作“遠略”。

⑤ 中國：四庫本作“列國”。

⑥ 中國：四庫本作“列國”。

⑦ 公孫犨：四庫本作“公孫鄭”。《左傳·文公七年》載，“昭公將去群公子”，“穆、襄之族率國人以攻公，殺公孫固、公孫鄭於公宫”。是此“公孫犨”當作“公孫鄭”。

春秋或問卷第十

莊　公

荆伐鄭，公會救鄭　二十八年

或問：荆自入蔡之後，書"伐鄭"，而齊必救之。自是而後，每以鄭爲争，何也？

曰：一鄭之叛服，固夷夏[①]盛衰之機也。春秋之初，鄭固中國諸侯之雄也。自莊十年而荆之名始見於經。十六年而荆始伐鄭，桓公爲是爲幽之盟以謀之；二十八年而荆再伐鄭，桓公爲是會魯、宋以救之；僖元年而楚又伐鄭，桓公爲是會于檉以謀之；既而二年而侵，三年而伐，楚之加於鄭者，益横矣。桓公爲是，大興召陵之師，以致屈完之盟。楚雖屈服於齊，而方强之勢，未少損也。五年首止之盟，鄭伯逃歸，則是畏楚而貳齊也。桓公爲是，一爲新城之圍，再興伐鄭之役，於是殺申侯以求説焉。甯母之盟，則子華至矣；洮之盟，則鄭伯乞盟矣；葵丘之盟、鹹之會、緣陵之城、牡丘之盟、淮之會，無一役不從齊者，中國有以安鄭，而楚不能争也。桓公没而事異矣，鄭於是折而從楚。僖十九年與楚盟于齊，二十一年會于盂、盟于薄，二十七年盟于宋，以中國而從夷狄，助夷狄而伐中國[②]。豈鄭之得已哉？畏楚故也。宋襄蓋嘗合中國之師以伐鄭矣，而楚亦爲泓之戰以報之，中國之不振旅，而夷狄[③]益横矣。故自小白卒，而鄭復從楚者，鄭固畏楚之强，而中國不能争也。

二十八年而晋文圖伯。城濮一戰，楚師大敗，於是踐土之盟、温之會，晋文主之，陳、鄭咸在。越明年，而翟泉之盟，鄭獨不至，則圍鄭之師出矣。雖重耳既没，而三十三年從晋伐許，文二年從晋伐秦，三年從晋伐沈，七年與晋盟扈，鄭未嘗敢叛晋也。九年而楚始師于狼淵以伐鄭，晋合五國大夫以救之，猶足以抗楚，而未至於失鄭。故十三年會于棐，十四年同盟新城，十五年盟扈，十七年從晋伐宋、又會于扈，鄭亦未敢叛晋也。故自踐土之盟以至於扈之會，而鄭皆從晋者，有城濮之威震之於先，有救鄭之師以挾之於後也。

然自狼淵之師，楚范山言於楚子曰："晋君少，不在諸侯，北方可圖也。"則夷狄[④]固已有輕中國之心矣。而晋靈不君，政荒氣裂，救鄭之役止於書人。新城之盟，晋侯不出；扈之盟，曰討齊亂，而受賂以返；扈之會曰平宋亂，而無功而還；鄭謂晋不足與也，而受盟於楚。自是而後，晋伐則從晋，楚伐則從楚。宣元年鄭偕楚侵陳、宋，則鄭從楚也。晋於是會宋、陳、衛、曹于棐林，以伐鄭；冬，晋、宋伐鄭；二年，晋、宋、衛、陳侵鄭。楚方伐陸渾之戎，而不能救鄭也，鄭於是始從晋矣。楚以鄭之從晋也，於是三年楚侵鄭、四年楚子伐鄭、五年楚人侵鄭[⑤]、九年楚子伐鄭。晋郤缺雖帥師救鄭，而不能以制楚也，鄭於是復從楚矣。十年晋、宋、衛、曹伐鄭，則鄭復從晋。是冬，楚子伐鄭，則鄭復從楚。或向或背，蓋亦爲免禍之計而已。然而十年之間，或叛或服之不常者，蓋中國無以安鄭，鄭不能不貳於楚也。

迨夫十一年楚爲辰陵之盟，以固鄭，則楚莊之爲也。鄭方背之，而楚圍鄭之師大舉，鄭之君臣，覆亡是懼，荀林父帥師以救之是也。使一戰敗楚，則鄭將欣然樂附，永堅事晋之心矣。奈何林父未能行令，先穀違命濟師，邲不復從，爲中國羞，楚勢益張，則雖晋爲鄭慮，亦當俯首從楚，以紓一時之難也。故終鄭襄之世，一於附楚。成二年從楚侵衛，又同盟于蜀，同好棄讎，無復叛去。晋雖以宣十四年、成三年兩加兵於鄭，而終不能使之從晋者，蓋中國無以安鄭，而使之安於附楚也。

晋景懲邲之敗，復修舊業，諸侯稍稍歸晋，於是蟲牢之盟，鄭復與焉。成六年，楚伐鄭而欒書救之，七年楚伐鄭而晋合七國以救之，已而盟于馬陵、盟于蒲，皆將以固鄭也。楚子猶志於得鄭也，以重賂求鄭，晋於是執鄭伯，欒書爲是伐鄭，又會五國以伐之，鄭不堪其屢伐，乃始背楚。十三年會晋伐秦，十五年同盟于戚，又會吴于鍾離，皆所以從晋也。而楚終志於得鄭也，以汝陰之田求成于鄭，而鄭從楚侵宋矣。十六年鄢陵之戰，楚、鄭敗績，宜若可以服鄭矣，而鄭不服也，秋又伐之。十七年柯陵之盟，王人實在，宜若可以服鄭矣，而鄭終不服也，冬又伐之。晋景能得鄭於蟲牢，而不能保鄭之不從楚；晋厲能勝楚於鄢陵，而不能使鄭必從晋。蓋晋景之威，不足以駕楚，鄭人畏晋之心，不足以勝其畏楚之心；晋厲之政，不足以安鄭，鄭人從晋之意，不足以易其附楚之意故也。

晋悼繼伯，而鄭始改圖矣。然晋悼始立之初，鄭猶安於楚也。晋悼將盛之際，鄭始折而從晋矣。晋悼伯業將成之初，鄭猶貳於楚也；晋悼伯業既成之後，鄭始一於從晋矣。成十八年鄭會楚伐宋，而襄元年韓厥帥師伐鄭，二年鄭又伐宋，而晋合宋衛以侵鄭，又城虎牢，此晋悼始立之初也。三年會九國爲鷄澤之盟而鄭至，五年會十四國爲戚之會而鄭至，是冬會七國以救陳而鄭至，七年會于鄬而鄭至，八年會于邢丘而鄭至，此晋悼將盛之際也。鄭雖服晋，而楚亦見逼，是故楚公子貞帥師伐鄭，則鄭從楚矣。九年晋侯會諸國伐鄭，盟之于戲，而鄭始服晋矣。楚子憤鄭之貳，繼而伐之，則鄭復從楚矣。十年晋會諸國伐鄭，戍虎牢以逼之，十一年晋又率諸侯以伐鄭，同盟于亳城北，而鄭再服晋。此晋悼伯業方盛之時也。既而又從楚以伐宋，晋於是大合十一國以伐鄭，會于蕭魚，而鄭終服晋。自是而後，楚不能與晋争，鄭不敢向楚矣。蓋自晋景以來，服鄭之功，至此爲特盛也。此晋悼伯業既盛之日也。十四年春會于向，夏同伐秦，冬會于戚，十六年會溴梁，十八年同晋圍齊，二十年盟澶淵，二十一年會商任，二十二年會沙隨，二十四年會夷儀，二十五年又會夷儀，夏，入陳，秋，盟重丘，二十六年會澶淵。十五年間，晋之盟會征伐，鄭無不與，故雖十一年楚人執良霄，十八年伐鄭，二十四年、二十六年兩伐鄭，兵師屢加，而鄭終不敢從楚者，以晋伯之威，有以駕楚，而鄭可恃以無恐也。

蓋自襄二十七年宋之會而晋、楚並列，異於前文虢之會而晋、楚並列。再讀舊書，中國諸侯始兩屬於晋、楚，而莫之别，是雖聖人猶序晋於楚之上。城杞、會澶淵，晋猶足以會諸侯，而楚之强，亦已甚矣。至昭四年而楚靈始會諸侯于申，實用齊桓召陵之典,鄭人奔走之不暇,而何晋之有? 宋虢之會,猶曰兩屬,至會于申,則一於從楚矣。然則鄭之所以始於兩屬,繼而一於從楚者,晋平不足以主夏盟,而權奪於楚也。晋昭即位,始也,合諸侯之大夫爲厥憖之會,繼而合劉子諸侯爲重丘之盟;晋頃爲黄父之會,晋定爲成周之城,凡皆以夏主盟。然是時也,晋雖得鄭,而不能駕楚,楚亦浸衰,而不能争鄭。

至定四年,晋定大合劉子十八國之師于召陵以侵楚,此振中國、遏狂楚之一機也,有荀寅者,求貨於蔡,弗得,遂辭蔡人,晋由是失諸侯,無功而還,但爲皋鼬之盟而止。蓋自是而後,伯者不復主盟,而諸侯散矣。定七年齊、鄭盟于鹹,則鄭結於齊也。八年衛、鄭盟于曲濮,則鄭結於衛也。十一年魯叔還如鄭莅盟,則鄭又結於魯也。哀二年而鄭罕達與晋趙鞅戰于鐵,不復顧盟主矣。然則定、昭之際,鄭之所以舍伯主而結齊、魯、衛者,由伯主不能執安中國、禁强暴之權,而中國諸侯莫適爲主也。故曰觀一鄭之叛服,而天下盛衰之機判矣。

合而觀之,則中國之能得鄭者有三: 召陵屈楚,新城服鄭,則桓公之威有以得鄭,一也。城濮之戰,踐土會盟,則晋文之威有以得鄭,二也。虎牢城戍,蕭魚同會,則晋悼之威有以得鄭,三也。楚人之能得鄭者亦有三: 泓之戰,中國不振旅,而鄭從楚,一也。邲之戰,荀伯不復從,而鄭從楚,二也。申之會,晋伯不主盟,而鄭從楚,三也。而中國可以得鄭之機,亦有三焉: 辰陵之盟,鄭既背之矣,使當楚子圍鄭之時,而能一戰以却之,則鄭將欣附之不暇,奈何三帥異謀,卒自取敗,而鄭决於從楚矣。鄢陵之戰,晋既勝楚矣,使當晋厲勝楚之時,而能增修國政以來之,則鄭將俯首以從命,奈何三郤擅權,國内多艱,而鄭無意於附晋矣。召陵之會,十八國之師大集,此尤勝楚之一大機也,奈何君衰弱而無政,臣黷貨而無厭,一失諸侯,不可復合,而鄭於是東結齊、魯,而無復事晋之心矣。讀《春秋》者,考其世變,能不爲之於邑也哉!

冬 築 郿

或問: 書"築"之義。

曰:《春秋》書"築"者八。莊元年王姬之館、二十八年郿、三十一年三築臺,成十八年鹿囿,昭九年郎囿,定十三年蛇淵囿是也;凡土功,大曰城,小曰築。故館曰築,臺曰築,囿曰築。郿,邑也,而曰築,則新創邑也。是年書"大無麥、禾",又書"臧孫辰告糴于齊",而是冬"築郿",明年"新延厩",冬又"城邑"者二,比事書之,而魯莊之罪見矣。三十一年又書"三築臺",三十二年又"城小穀",魯莊之罪益著矣。魯十二公,臺、池、苑囿之役,莫甚於莊。其不城一邑,不築一囿,愛民力而重農事者,惟僖一人而已。觀之《春秋》所書,則可見矣。

新　延　厩

或問:"新延厩",何以書?

曰:劉敞曰:"新之者何?修舊也。修舊不書,則此何以書?不務公室也。天子有十二閑,馬六種。諸侯六閑,馬四種。大夫四閑,馬二種。"又曰:"春秋二百四十二年所興作,修舊多矣,不必悉書也。而延厩、南門,蓋微耳,何故獨書哉?若新宫灾,宣公之廟也;太室屋壞,魯公之廟也,灾與壞不能不修也。而經無修之之文。雉門及兩觀灾,記新作焉。吾以此數者參之,修舊不足書。其書,皆非禮之制,不務公室也。天子僭天道,而後有諸侯僭天子;諸侯僭天子,而後有大夫僭諸侯;大夫僭諸侯,而後有陪臣僭大夫。上爲之,則下有甚焉者矣。故將欲撥亂世,反之正,則莫若正己。正己而物正矣。"

又曰:"若僖公修泮宫,詩人頌之,而《春秋》不書,何也?泮宫者,諸侯之學也。僖公修之,得其時制,則諸侯之事也,故《春秋》不書。《春秋》以制度弼其上爲古,而詩人以恩厚愛其君爲事,《詩》有過厚,而《春秋》無虚美也。"

"然則其書延厩、南門,何也?延厩者,天子之厩,非諸侯之厩也。南門者,天子之門,非諸侯之門也。所謂庫門,天子皋門;雉門,天子應門。延厩之僭,非莊公也,過在可革而不革,故曰:新南門之僭,自僖公始,罪在不可爲而爲之,故曰'新作'。《春秋》之記,略常事,簡小事,謹大事,所以經後世,非史官之任也。”

鄭人侵許

或問：桓公修伯業，將以安中國，而鄭猶侵許，何也？

曰：以見桓之伯業猶未甚盛，而諸侯猶有侵小之事。蓋至於桓公伯業既盛之時，而預盟會之諸侯，始無疆場之事矣。

有蜚

或問：有蜚，何以書？

曰：劉敞曰：“蜚之爲狀，若牛，而白首二目、蛇尾，行水則竭，行草則死，見則其國大疫。非中國之禽也，故曰有，所以明其無也。鴝鵒不逾濟，而蜚非中國之物，暫而一至，故不可言多。而言有麋者，中國之所有也，有之不足異，而多則爲異，故不言有而言多。螽螟者，中國之所多也，多不足怪，而爲灾則害，故不可言多，而言灾。此制言之體也，無所苟矣。”

次于成

或問：書“次”之義。

曰：《春秋》書“次”之義有三：伐而書“次”者，有整兵慎戰之義，其“次”善之也，“遂伐楚，次于陘”是也。救而書“次”者，有緩師畏敵之意，其“次”譏之也，“次于匡”、“于聶北”、“于雍榆”是也。俟而書“次”者，有無名妄動之意，“次于郎，以俟陳、蔡”是也。然前書“次于郎”而繼書“圍郕”，則“次于郎”者，將以圍郕也。此書“次于成”而繼書“齊人降鄣”，則“次于成”者，其將以救鄣乎？前書“郕降于齊師”，則不能服郕者在魯。此言齊人“降鄣”，則必欲服鄣者在齊。隨文觀義，而是非見矣。胡氏曰：“《春秋》之法，抑强扶弱，明道義也。伯者之政，以强陵弱，急事功也。故曰：‘五伯，三王之罪人。’‘仲尼之徒，無道桓文之事者。’”

齊人伐山戎

或問：伐山戎稱人，何也？

曰：據下文書“齊侯來獻戎捷”，故伐山戎，二傳皆以爲“齊侯”，而《穀梁》則曰：“愛齊侯乎山戎也。”而諸儒又皆以爲貶而稱人。劉敞以爲“齊之僭天子，自伐山戎始。故貶之”，胡氏以爲“不務文德，而勤兵遠伐，故貶之”，石氏以爲“二十四年戎侵曹，宜即討。至此六年而後伐之，則譏其緩。故貶之”，王氏以爲“荆，内也，患近而不可緩；戎，外也，勢遠而不足恤。近者，養之以自封；遠者，伐之以爲勞。蓋楚患未已，則諸侯可要；伐戎有功，則諸侯皆服。此桓之志也，故貶之”。凡此數説，皆求其説而不得者也。或者又以爲“伐山戎當書齊侯，獻捷當書齊人。交互致誤，則又改易經文，而難以爲據”。

愚謂經凡稱人者，皆略辭。用兵而非有大役者，皆稱人。今山戎之役，其齊侯乎？其將卑師少乎？愚不得而知也。以僖十年“齊侯、許男伐北戎”之辭觀之，則伐北戎爲齊侯親往，伐山戎爲將卑師少，於義可通。不然，一齊侯也，前伐山戎則稱人，後伐北戎則稱侯，前後自異，誰能曉之？或謂楚未服而伐戎，則稱人；楚已服而伐戎，則稱爵。或謂伐山戎書人，譏其救中國之緩；伐北戎稱爵，與其禦外侮之宜。以愚觀之，皆有未免牴牾者。然則伐山戎爲將卑師少，來獻捷爲齊侯親往，亦何害乎？稱人者，其辭輕；稱爵者，其辭重。將卑師少，則其辭輕；齊侯親往，則其辭重。此自制言之體耳，何必多爲之説哉？

冬不雨

或問：“不雨”之書，見經者七。僖二年冬十月不雨，三年春正月不雨，夏四月不雨，歷三時，皆一書之。文二年自十二月不雨至于秋七月，十年自正月不雨至于秋七月，十三年自正月不雨至于秋七月，或歷三時而後書，或歷四時而後書，蓋以歷時不雨，所以重也。此年冬不雨，纔一時不雨耳。春秋二百四十二年，一時不雨者，豈止一年而已？此何以書？

曰：所以不書者，灾小而略之也。獨此年一時不雨而書者，蓋前年"大無麥、禾"，去年"有蜚"，今冬又"不雨"，而築邑者一，築臺者三，新厩者一，明年春又城小穀，書之於經，以見其無恤民之心如此也。

公子牙卒

或問：公子牙書"卒"，何也？

曰：石氏曰："兄弟之親不可廢也，君臣之義不可忘也。一之於愛，則義有所不立；一之於義，則愛有所不行。於此之際，非聖賢不能處也。武王崩，管、蔡導武庚以叛，周公顧兄弟之愛，則國必敗，君必危，天下不必周之有。周公不以天下徇一人之私，不以私愛廢君臣之義，仗大義而誅之，後世不以爲不仁。魯莊問後於叔牙，叔牙曰：'慶父材。'問於季友，曰：'臣以死奉般。'般立，正也，慶父非所立也。季友顧兄弟之愛，則慶父必立，般必死，魯國必亂。季友不以私恩害天下之公義，不以一人易一國之利，奮大公而鴆之，後世必有以察之，此季友之義歟？周公誅管、蔡，則暴其罪；季友鴆叔牙，則微其文。二叔之罪已彰，而不可掩也；僖叔之罪尚隱，而不可知也。暴之於已彰者，義也；微之於尚隱者，仁也。仁義之道，非聖賢莫之能盡也。故書曰'公子牙卒'，而以自卒爲文也。《公羊》謂之'得君臣之義、親親之道'是也。"

子般卒

或問：書"子"之義。

曰：陳君舉言之矣："君在喪，當稱子（宋子、陳子之類），卒亦稱子（文十八年子卒）。若未葬也，則卒稱子某（子般、子野）。王在喪稱王某（王猛也），卒稱王子某（王子猛也）。非君在喪而稱子者，必當國者也，於是書'衛子'。非王在喪而卒，稱王子某者，亦必當國者也。於是書'王子虎'。"

《穀梁》云："以其嘗執重以守也。"

慶父如齊

或問：公子慶父，非有罪者乎？其書“如齊”，無異辭，何也？

曰：案：桓十八年書“公薨于齊”，莊元年書“夫人孫于齊”，則文姜之罪著矣。閔二年書八月“公薨”，九月書“夫人姜氏孫于邾。公子慶父出奔莒”，則慶父之罪著矣。獨此年“子般卒”，下書“公子慶父如齊”，其文無異辭，則又何以知慶父之爲賊邪？蓋屬辭比事，《春秋》法也。先書“公子牙卒”，繼書“公薨”；書“子般卒”，下書“公子慶父如齊”；未二年而又書“公薨”，“公子慶父奔莒”，然則慶父之罪亦不可掩矣。然其書曰“孫”、曰“奔”，蓋其罪已著，内不容於國人，而懼罪以出，是魯猶有臣子也。其直書曰“如齊者”，蓋其恣横，出入自如而莫之制，是魯無有討賊之人也。然則微而顯矣。公子牙有今將之心，季友力能鴆之，季子之忠足尚矣。慶父之罪大惡極，而季子獨不誅之，何邪？非不誅之也，力不能也，慶父於是蓋主兵也。莊公幼年即位，專以兵權授之慶父，歲月既久，威行中外，故於餘丘，法不當書，而聖人特書“慶父帥師”，以志得兵之始，而卒書“公薨”、“子般卒”、“慶父如齊”，以見其出入自如，無敢討之者，其垂戒後世之意明且遠矣。

閔　公

元年，齊人救邢

或問：書“救”之義。

曰：胡氏曰：“凡書‘救’者，未有不善之也。救在京師，則罪列國，‘子突救衛’是也。救在外國，則罪諸侯，‘狄救齊’、‘吴救陳’是也。救在遠國，則罪四鄰，‘晋陽處父伐楚以救江’是也。救而不速，救者則書所次，以罪其慢，‘叔孫豹救晋，次于雍榆’是也。救而不敢，救者則書所至，以著其怯，‘齊侯伐我北鄙，圍成。公救成，至遇’是也。兵者，《春秋》之所甚重，於救兵而書法若此，聖人之情見矣。”

齊仲孫來

或問:《春秋》以名、字爲褒貶,先儒之説尚矣。而子謂《春秋》不以名、字爲褒貶,何也?

曰:《春秋》,魯史也。史之所無,聖人不能强加之;史之所書,聖人亦不革也。聖人之所因革者,其義也,非名、字之謂也。且謂名爲貶乎?孔父、仇牧、荀息,皆名也,未見其有可貶之實也。且謂字爲褒乎?南季、榮叔、原仲、蔡叔,未見其有可褒之實也。故有不必名之而後爲貶,不必字之而後爲褒也。不書“來盟”,不書“來聘”,而直書曰“仲孫來”,則其無名以來可見矣。豈必名之而後爲貶哉?然則《春秋》爲齊桓病矣。桓公身爲伯主,魯國有難,起而正之,真伯主之事也。莊公死,子般弑,閔公幼,慶父、夫人亂乎内,魯之不絶者如綫。設以齊正魯,猶反手也。落姑之盟,僅能復季子而已,而夫人、慶父之志,未可知也。仲孫之來,非盟、非聘,則未有以寧魯也。未有以寧魯,則其來者,爲無名。魯國之望觖焉,卒之再弑閔公者,慶父也。然則養慶父之惡,使至於稔者,齊桓也。直書曰“來”,而其義見矣。

吉禘于莊公

或問:禘之説。

曰:愚案:禘祫之名,説者不一。或謂天子、諸侯皆有禘。禘者,審昭穆之祭。天子大禘,《詩·長發》所以言“大禘”也。諸侯則禘而已,《春秋》所以言“禘于太廟”也。禮:三年之喪畢,致新死之主於廟,然後爲禘祭,以審昭穆。此但見魯之有禘祭,而爲是言也。如杜元凱之論,則謂禘即祫也,以其合集群祖,則謂之祫;以其審定昭穆,則謂之禘。禘、祫惟一而已。此但見魯書“禘”而不書“祫”,而爲是言也。或謂天子、諸侯,三年之喪異。陳毁廟之主于太祖,升未毁廟之主而合祭之之謂祫。祫之爲言合也。五年而再殷祭,因之以諦,定昭穆之謂禘。禘之爲言諦也。三年一祫，所以法天道之小成；五年一禘，所以法天道之大備。祫則合群廟之主，而食於太祖也；禘則太王、王季以上之遷主祭於后稷，文武以下之遷主祭於文武之廟，是合而祭之之謂祫就其廟之謂禘。爲此説者，其分禘、祫爲二，則是矣。然其謂禘則太王、王季以上之遷主祭於后稷，文武以下之遷主祭於文武，則爲未然。惟程子以爲天子禘，諸侯祫，大夫薦，庶人享，上下之殺也，而胡氏從之。蓋天子曰禘，諸侯曰祫，皆合祭之義。禘，以其祖之所自出之帝爲東向之尊，其餘皆合食於前，故謂之禘。諸侯無所自出之帝，則止於太祖之廟，合群廟之主以食，是之謂祫。"禮，不王不禘"，禘之爲王禮，明矣。此明"不王不禘"之禮，當矣。而其謂"以其所自出之帝爲東向之尊，而其餘皆合食於前"，則亦未當。惟趙氏例引《大傳》之言，曰："禮，不王不禘。王者禘其所自出，以其祖配之。"《祭法》云："有虞氏禘黄帝而郊嚳，祖顓頊而宗堯。夏后氏禘黄帝而郊鯀，祖顓頊而宗禹。殷人禘嚳而郊冥，祖契而宗湯。周人禘嚳而郊稷，祖文王而宗武王。"禘者，帝王立始祖之廟，猶謂未能盡其追遠尊先之義，故又推尋始祖所出之帝而追祀之，以其祖配之者，謂於始祖廟祭之，而便以始祖配之也。此祭不兼群廟之主，爲其疏遠，不敢褻狎也。此説爲當。

然則魯之禘者，何也？虞之所自出者，黄帝也，而祖顓頊。夏之所自出者，黄帝也，而祖則禹。商之所自出者，嚳也，而祖契。周之所自出者嚳也，而祖文王。今魯既用天子之禮樂，而祖周公，故其禘也，則文王矣。禘者，帝也。帝者，天子之號也。諸侯不得祖天子，故禘不及諸侯也。《春秋》之中，未嘗言祫，而止言禘，言大事者，即祫也。言大事于太廟，躋僖公，則是合食閔、僖二公之義也。若時祭，則當言有事爾。然魯禘亦有二：有常禘，有三年之喪畢而禘者。如言"寡君之未禘祀"，則是三年之喪畢，然後禘，所謂吉禘也。經書"禘于太廟"，則常禘也。魯人之禘，惟用之於周公之廟，所謂"禘于太廟"是也。若禘之群公之廟，則非矣。禘于莊公，則非宫廟也。凡皆失禮也。然聖人本以魯之郊禘爲非禮，《春秋》書之，則不勝書，於其失禮之中而又失禮焉，則書。故此年"吉禘"，于莊公則是三年之喪未畢，而未可吉也。僖八年"禘于太廟，用致夫人”，則言夫人之不可致也。其餘則不書，不能悉書也。陳君舉曰：“禘者，何？王者享其祖之所自出，而以其祖配之也。《雍》之頌曰：‘禘太祖也。’周有二祖：太祖，文王也；始祖，稷也。（文見《儀禮》）祖之所自出者，嚳也。文王配帝於明堂，稷配天於郊，而嚳禘於太廟。東遷之後，諸侯祖天子矣，於是始有太廟，則亦有禘。”據傳“吴子壽夢卒，臨於周廟”，謂文王也。衛蒯聵之禱曰“皇祖文王，烈祖康叔，文祖襄公”，是謂三祖。晋亳城北之盟亦曰“先王、先公”，則魯、衛、晋皆祖文武，鄭祖厲王矣。魯之郊禘，惠公請之，東周之僭禮也。孔子曰：“魯之郊禘，非禮也。周公其衰矣。”又曰：“禘自既灌而往者，吾不欲觀之矣。”“入太廟，每事問。”蓋傷之也。然則《春秋》何以始見於閔公？閔公未除喪而亟行於莊公，自是用之群公之廟。據傳：昭二十五年禘于襄公，定八年禘于僖公之類，是故特書之，以其不勝譏，譏其甚者爾。

【校記】

① 夷夏：四庫本作“天下”。

② 以中國而從夷狄，助夷狄而伐中國：四庫本作“其俯首請命，甘内屬于楚而爲之役”。

③ 夷狄：四庫本作“楚人”。

④ 夷狄：四庫本作“楚人”。

⑤ 侵：四庫本作“伐”。《春秋・宣公五年》作“楚人伐鄭”，字亦作“伐”。

春秋或問卷第十一

僖　　公

次于聶北，救邢　元年

或問：救而書“次”，何也？

曰：《春秋》救而書次者三：此年“救邢”及十五年“次于匡，救徐”、襄二十三年“救晋，次于雍榆”是也。先書“救”而後書“次”，則是始以救兵出，而卒不能救之也。先書“次”而後書“救”，則始有所次，而卒能救之也。然則救徐之舉，先書“楚伐徐”，而後書“次”、書“救”，則緩於救患也。救邢之舉，未見書“伐”者，而宜書曰“次于聶北，救邢”，則次于聶北，所以救邢也。救徐之師在於楚兵既伐徐之後，救邢之師在於狄人將伐邢之時，此其所以異也。蓋自去年十二月狄入衛，邢與衛近，前年又嘗被兵，今既入衛矣，邢亦不免。三國之師出，無及於救衛，而猶及於救邢，故次兵于聶北，而狄人遁矣。故邢不言伐，而衛不言救。邢不言伐，可以見齊桓之功；衛不言救，足以爲齊桓之耻。

邢遷于夷儀

或問：邢之遷也，齊遷之也，而以自遷爲文，何也？

曰：遷有二義：有遷者，有遷之者。遷者，自遷也；遷之者，强遷之也。自遷，其意也，蔡遷州來、許遷白羽是也；遷之者，强遷之也，强遷非其意也，宋人遷宿，齊人遷陽是也。此年邢遷，案《左傳》：“諸侯救邢。邢潰，出奔師。師遂逐狄人，具邢器用而遷之，師無私焉。”若然，則齊桓遷之也，齊遷之而以自遷爲文者，亦其意也，非强遷也。雖然，衛見伐而至於入其國，齊不能救；邢見伐而卒遷于夷儀，齊不能安中國，桓之罪也。邢遷如歸，衛國忘亡，桓之功也。功罪不相掩，《春秋》之旨歟？

夫人姜氏薨于齊，齊人以歸　夫人氏之喪至自齊

或問：文姜與殺魯桓，而孫于齊，不書姜氏；哀姜與弑二君，而喪至自齊，不書姜。先儒皆以爲貶文姜弑其夫，于孫、于齊即貶之，正王法也；于薨、于葬則不貶，不與子之討母也。哀姜殺其子，於其孫、其歸、其葬，則不貶，不與子之絶母也；於其喪至，然後貶之，正王法也。文姜正之於出孫之初，哀姜正之於喪至之日。蓋文姜於莊則母也，於桓則弑君之賊也。莊公於念母之愛，雖在所隱，而《春秋》於弑君之罪，在所必誅。《春秋》不以私恩害公義，故奪而誅之，此文姜孫于邾，所以即貶也。僖公之於哀姜，非若文姜之於莊也。閔之於僖，非若莊之於桓也。拒而絶之則不子，追而治之則不仁。《春秋》不以公義廢私恩，故緩以正之。此哀姜之喪歸，然後貶之也。范甯謂"文姜殺夫之罪重，故去姜、去氏；哀姜殺子之罪輕，故止去姜"，爲此説者，不亦善乎？

曰：否。文姜與弑魯桓，則夫婦之義絶矣。哀姜與弑二君，則子母之義絶矣。二姜者，豈可復入宗廟哉？莊公固不可以子討母，僖公固不可以子絶母，然魯之臣子得以引大義而絶之矣。若然，則文姜之薨、葬，雖悉貶焉，可也，何獨孫于齊而一見貶；哀姜之孫、之歸，皆貶之，亦可也，奚必以喪至而後見貶哉？是説也，更宜詳之。

城楚丘

或問：齊桓之城國三城，邢因其遷也；城楚丘，以封衛也；城緣陵，以存杞也。而聖人書法不同，何也？

曰：嘗考之經。先書"救邢"，後書"城邢"，則"城邢"者，因前日救邢之師也。先書"會于檉"，後書"城楚丘"，則城楚丘者，固會檉之諸侯也。先書"會于鹹"，後書"城緣陵"，則城緣陵者，固會鹹之諸侯也。《春秋》所書，有先目而後

凡者，如牡丘之盟（十五年），諸侯歷序，故其下止書“諸侯之大夫救徐”；新城之伐（六年），諸侯歷序，故其下止書“諸侯遂救許”。此《春秋》書法也。緣陵之城，書諸侯而不再序，疑於前目後凡之例，而城邢之師，何以再序？三國楚丘之城，又何以没諸侯而不見哉？嘗試思之。歷序三國者，詳書也；但書諸侯，而不再序者，略書也；没諸侯而不見者，略之而又略也。觀聖人所書，詳略之際，其義可見矣。合是三者而觀之，則楚丘不如緣陵，緣陵不如城邢。城邢者，城夷儀也。以楚丘、緣陵之例觀之，當書曰“城夷儀”，而乃曰“城邢”。楚丘者，衛之楚丘；緣陵者，杞之緣陵也。以城邢之例觀之。當書曰“城衛”、“城杞”，而乃曰“城楚丘”、“城緣陵”，蓋邢遷于夷儀而後城之，則夷儀固邢之夷儀也。救灾恤鄰，道也。故詳書而不殺，予之也。衛已滅，而諸侯城楚丘以封衛，故不曰“城衛”，而曰“楚丘”；杞未滅而諸侯城緣陵以存杞，故不曰城杞，而曰城緣陵。以諸侯封諸侯，非王法也。楚丘之城，没諸侯而不序，諱之也。諱之者，奪之也。温之會，書曰“天王狩于河陽”，以爲天王非諸侯之所得召也。衛之封，書曰“城楚丘”，以爲諸侯非齊桓之所得封也。若夫緣陵之城，則以淮夷病杞之故，而爲之城以遷之，猶未至於如衛之已滅而復封之也，故但書曰“諸侯”而不序，則其功亦有不足録者矣。故夫狄之再伐邢也，齊救之；既遷也，齊城之。前有救患之師，後無專封之失，此《春秋》之所予也。書狄入衛，而不書救，則前無救患之師矣。書城楚丘，而衛不書遷，則後有專封之失矣，此春秋之所奪也。

或曰：《木瓜》之詩，聖人有取焉，而楚丘之城，《春秋》奪之，何邪？

曰：詩人言其情，《春秋》明其義。國已亡而復存，在衛人以爲深恩。國既滅而專封，在齊桓則爲大罪。且與其既亡而復存之，孰若扶之於未亡？與其既滅而復封之，孰若救之於未滅？赤子匍匐將入於井，急起而救之，則赤子無墊没之患，而救者之功不著。迨其既入於井，然後解衣濡體以出之於泥水之中，則其父母以爲大德，鄉鄰以爲大功，而救者之名著矣。嗚呼！此伯者之功，所以不足乎揚，而仲尼之徒所以“無道桓文之事者”邪！

虞師、晋師滅下陽

或問:《春秋》之序諸侯,有二:盟會則序爵,征伐則序首兵,非序爵也。非序首兵也,則必伯主也。滅下陽之師,以虞爲首,何也?

曰:首兵之説有二:隱五年伐宋之役,邾先於鄭,邾請於鄭而伐宋也。莊十五年伐郳之役,宋先於齊,郳叛宋也。以是爲先主兵可也。然隱四年伐鄭之役,序宋首兵,其實則衛州吁使告於宋而後伐鄭也。此年下陽之滅,序虞首兵,其實則晋請於虞而後伐虢也。蓋從州吁之請者,宋也,則伐鄭之役,宋實爲之衛,不能以自必也。從晋人之請者,虞也,則伐虢之師,虞實主之,晋不能以自必也。觀此可以見聖人書法之嚴。其後晋伐虞,不書伐,不書滅,直曰"執虞公"而已,蓋下陽既滅,則虢亡而虞隨之矣。虞公特一匹夫爾,從而執之而已耳。蓋下陽,虞、虢之塞邑也,猶秦有潼關,蜀有劍閣,皆國之門户也。潼、劍不守,則秦、蜀破;下陽既滅,則虞、虢亡矣。

會于陽穀

或問:陽穀之會,齊桓之結江、黄者,何也?

曰:胡氏曰:"荆楚,天下莫强焉。江、黄者,其東方之與國也。二國來定盟,則楚人失其右臂矣。樂毅破齊,先結韓趙;孔明伐魏,申好江東。雖武王牧野之師,亦誓友邦,遠及庸、蜀、彭、濮八國之人,共爲掎角之勢也。"

或曰:侵蔡、次陘之師,諸侯皆在,江、黄獨不與焉,則陽穀之會,安知其謀伐楚乎?

曰:兵有聚而爲正,亦有分而爲奇。諸侯之師同次于陘,所謂聚而爲正也。江人、黄人各守其地,所謂分而爲奇也。次陘大衆厚集其陣,聲罪致討以振中國之威;江人、黄人各守其竟,按兵不動,以爲八國之援。此克敵制勝之謀也。退于召陵而盟,禮定,循海以歸,而濤塗執,然後及江、黄伐陳,則知侵蔡、次陘而二國不會,自爲掎角[①]之勢明矣。予嘗因是而思之,未嘗不善夫齊桓之能得江、黄,而又未嘗不惜夫齊桓之急於結江、黄也。夫内合諸侯以壯聲勢,外結江、黄以爲援兵,此誠克敵制勝之術。其謀誠巧矣,惟其急於集衆,貪於圖功,求一時制勝之功,而不爲後日久遠之慮,爲齊之計,而不爲江、黄計也。故自貫澤、陽穀之會而已知異日有楚滅江、黄之爲矣。且江、黄之附齊而失楚也,必謂齊爲可恃也。齊之結江、黄以攻楚也,亦必謂之曰:"我在,汝可恃以無恐也。"恃人,而人不足恃,禍莫大焉。爲人所恃,而己不足恃,辱莫甚焉。桓公、管仲非其智之不知此也,以爲將急於制楚,則固幸江、黄之爲吾用,而未暇爲後日慮也。王者之道,惟其不急於事功之成,是以明白正大,周緻縝密,而無異日之憂。伯者之道,惟其急於事功之成,是以參用智謀,苟就亟爲,而貽後來之患。此王、伯之所以異歟?觀管仲言於桓公曰:"江、黄遠齊而近楚,楚,爲利之國也,若伐而不能救,則無以宗諸侯矣。"管仲之智,固有以及此矣,然而卒與之盟者,急於有爲之心有以奪之也。

侵蔡　伐楚　次陘　盟于召陵

或問:春秋無義戰。召陵之師亦非義戰乎?

曰:此所謂彼善於此者也。召陵之役,齊桓三十年圖楚之謀至是始遂,而可盡非之乎?荆自莊十年見於經,十三年而桓已爲北杏之會以圖諸侯,十六年又爲幽之盟,大合八國,然而未敢遽加兵於夷狄[②]。二十年而後伐戎,始有事於夷狄[③]也。三十年而後伐山戎,再有事於夷狄[④]也。至僖四年而後伐楚[⑤],蓋山戎强於戎,而楚尤强於山戎也。方其始也,兵威未甚振,故伐戎而已。其繼也,兵威既漸振,則伐山戎矣。又其後也,兵威既大振,則伐楚矣。是故荆敗蔡師,以蔡侯獻舞歸,此桓公未圖伯之時,固不必論。十四年荆入蔡而不能救,十六年荆伐鄭而不能救,豈桓公顧忘楚哉?力未可以有爲,則姑隱忍,而將以有待也。二十八年荆伐鄭,始會魯、宋以救之,然而未大戰也,又豈赦楚哉?力未可以大有爲,則姑解吾中國之急,而大舉則以俟他日也。梁丘之遇,謀伐楚矣;檉之會,謀救鄭矣;貫之盟,得江、黄,楚之右臂斷矣。徐人取舒,楚之種落散矣。陽穀之會,處置定矣。公子友如齊莅盟,諸侯之大夫各受約束矣,而楚之侵伐鄭者再,於是輕兵侵蔡以破其黨,重兵次陘以懾其氣,而向時倔强之楚,屈服而不暇矣。楚雖欲不使屈完來盟,不可得矣。然則包含隱忍於前日者,固將以大伸於今日邪！至於召陵之師,又何其整暇而有謀,持重而不迫也！先,侵蔡非陵弱也,以爲蔡者,楚之屬也,不先侵蔡,則楚未可伐,而彼得以並力以拒我,勝負特未可知也。以吾兵力之强,而加於蔡,雖不待大興討伐之師,而楚固折北而不支矣。夫然後盡其力以萃於楚,可以集事,此攻堅瑕之術也。次于陘,非有畏,以爲吾方大合八國之師以壓敵竟,彼誠不量事力,出與吾戰,則吾因可以坐收一勝之功。如其不然,吾乃深入其地,頓兵於方城、漢水之下,則其勝負亦未可知也。故次于陘以修文告之辭,要以得其屈服則止。此審進止之宜也。迨夫屈完來盟于師,而乃退師召陵,以與之盟,非示怯也,蓋叛則討之,服則舍之,此伯主之義也。方其叛也,則提重兵以壓敵竟,所以示其武;及其服也,則退師召陵以與之盟,所以示其仁武以震之。仁以懷之,則中國之義合,而夷狄[6]之心服矣。此兼威懷之道也。此蓋齊桓節制之師,而管仲教之也。揚子雲曰:"《春秋》美召陵",正謂此也。

或者乃爲之説,曰:《春秋》書"屈完來盟",而不稱楚子使之,是屈完之盟,非楚子意也。楚之侵暴中國,於是爲甚,必當大有以懲創之,縱曰不加兵而使之自服,猶當屈楚子於盟而後可。今楚子不至,而徒聽屈完之自盟,是示弱於楚矣。以堂堂八國之師侵蔡,而蔡潰,於楚子屈服之餘,乘其餘鋒,聲罪致討,彼雖有方城、漢水,果足恃乎？今乃示弱於楚,卒之盟,血未乾而圍許滅弦,伐徐之師繼出,皆齊桓示弱之過也。故召陵之就盟,不如城濮之一戰。

爲此説者誤矣！予嘗考之,屈完之盟與齊國佐之盟一例也。然成二年《春秋》書齊之事,曰:"齊侯使國佐如師,己酉,及國佐盟于袁婁。"曰"如師"者,請盟之辭也。請盟則盟與不盟未可知也。此年書楚之事,曰:"楚屈完來盟于師。"曰"來盟"者,前定之辭也。前定,則楚之來盟,固其意也。且書曰"楚屈完來盟于師",猶曰"荆人來聘"耳。"來盟"不稱使,"來聘"亦不稱使。可言"來聘”,非楚子使之邪?蓋其使屈完來盟者,自是楚不敢與齊戰,而後屈完始來,屈完來,則楚服矣。伯者之用兵,要以服人則止,豈必較區區之勝負於兩陣之間哉!視召陵之師又與城濮不類。城濮之戰,當是時,楚人圍宋,楚人救衛,楚師固在外也。楚師在外,是出穴之虎也,與之一戰,而決勝負則易,召陵之師,當是時,楚雖以前年冬伐鄭,而未嘗駐兵於中原,是楚師固已在國也,楚師在國,是距穴之虎也。與之一戰,而決勝負則難,故侵蔡以伐其援,使之左顧右盼而失其助;次陘以壓其竟,使之彷徨自救而懼其亡;而又不深入客地以自犯難,不急蹙窮犬以致反噬,此真知兵者也。城濮之戰,可以挫楚之氣;召陵之師,可以服楚之心。孰謂召陵之功顧劣於城濮哉?又況先修文告之辭,而不急於戰;次退召陵之師,而不逼其盟,蓋又有王道氣象,非詭譎以求功者之比。殆管仲之爲歟?孔子稱之曰:“桓公九合諸侯,不以兵車,管仲之力也。”又曰:“管仲相桓公,伯諸侯,一匡天下,民到於今受其賜。微管仲,吾其被髮左衽矣!”聖人之稱予也如此,而或者顧欲薄其功,可乎?《公羊》曰:“桓公救中國,而攘夷狄,卒帖荆楚”⑦。此言得之矣。

雖然,是役也,責楚“貢不入,王祭不供”,楚人服罪,師有名矣。而孟子何以言“春秋無義戰”也?

胡氏曰:“譬諸殺人者,或曰:‘人可殺歟?’曰:‘可。’曰:‘孰可以殺之?’曰:‘爲士師則可以殺之矣。’‘國可伐歟?’曰:‘可。’曰:‘孰可以伐之?’曰:‘爲天吏則可以伐之矣。’楚雖暴横中國,齊不請命,擅合諸侯,豈所謂爲天吏以伐之乎?”邵堯夫亦曰:“《春秋》,孔子之刑書也,功過不相掩。五伯者,功之首,罪之魁也。春秋之間,有功者未有大於五伯者也,有過者亦未有大於五伯者也。”觀二先生之言,則可以知孟子之意矣。

許男新臣卒

或問:許男之卒,卒於師乎?卒於國乎?

曰:《春秋》諸侯卒于師,則曰“師卒”;于會,則曰“會”,所以明卒于外。卒于師者,如成十三年,公會伐秦,"曹伯廬卒于師";襄十八年圍齊,"曹伯負芻卒于師"。蓋經但書諸侯伐國、圍國,而不書所次之地,故書曰"卒于師"。不曰"于師",無以知其卒于外也。卒于會者,宣九年晋侯會于扈,晋荀林父伐陳,"辛酉,晋侯黑臀卒于扈";襄七年晋侯會于鄬,"鄭伯髡頑如會,卒于鄵"。凡皆書其地者,以明卒于外也,此年許男之卒,不書其地,劉氏以爲"去師與會而復歸其國",然以經文考之,晋侯卒于扈,先書"會于扈",次書"晋荀林父伐陳",故下文不得不書"卒于扈"。此年,許男先從諸侯侵蔡,次于陘,下文又書"來盟于師",則許男之卒,其爲卒於次陘之師明矣。不得與他文一例也。經不書者,蓋省文耳。

齊人執陳轅濤塗

或問:書"執"者多矣,而或稱"侯"以執,或稱"人"以執,何也?

曰:稱人,略辭也;稱侯,重辭也。稱人者,其文之常也;稱侯者,特變其文也。《春秋》諸侯之執人也,皆以其私耳,故皆稱人,如"宋人執鄭祭仲"、"齊人執陳轅濤塗"、"齊人執鄭詹"、"齊人執子叔姬"、"晋人執衛石買"、"晋人執衛甯喜"、"楚人執陳于徵師[⑧]"、"晋人執季孫意如"、"晋人執叔孫婼"、"晋人執宋仲幾"、"晋人執宋樂祁犁"、"齊人執衛北宫結",凡皆稱人。諸侯執諸侯亦稱人,僖五年"晋人執虞公",十九年"宋人執滕子嬰齊","邾人執鄫子",二十八年"晋人執衛侯",成九年"晋人執鄭伯",以上亦稱人。惟僖二十一年書"宋公、楚子某某會于盂,執宋公,以伐宋"、二十七年[⑨]"晋侯入曹,執曹伯",則變文也。蓋書"執宋公"於"會盂"之下,書"執曹伯"於"入曹"之下,故不復書某人矣。昭七年[⑩]楚師滅陳,"執陳公子招";十一年楚師滅蔡,"執蔡世子有",則亦變文也。蓋書"執陳公子招"於"滅陳"之下,"執蔡世子有"於"滅蔡"之下,則亦不復書某人矣。凡皆蒙上文也。惟成十五年"晋侯執曹伯,歸之於京師",不書"人",而書"侯",蓋《春秋》諸侯執人而得其道者。惟此一事而已,故特書之。其亦異於非其道而執人者矣。故曰"齊人執陳轅濤塗",略辭也。人者,通上下之辭。

曰：然則齊桓之執轅濤塗也，執有罪乎？

曰：轅濤塗之爲是謀也，慮其重爲國病耳，不忠於齊，而忠於陳者也。奈何執之？申侯，鄭之佞人也，貪悦大國，而不顧其義之可否，君子之所甚惡也。奈何賞之？齊桓不思己師之有擾，而反罪陳人之不忠，既執其臣，又伐其國，恃伯主之威，以加列國，齊桓之心，至此亦稍盈矣。成湯之征，行者不止，而耕者不變；宣王之師，不留不處，而三事就緒。古之善用兵者，固有入人之竟而秋豪無所犯者。齊桓之兵，雖有節制，然觀濤塗之言，以爲出於陳、鄭之間，國必甚病，則其用兵行師之道，固有愧於古人者矣。

晋侯殺其世子申生

或問：傳載：世子"縊于新城"，而經直書"晋侯殺之"，奈何？

曰：罪在晋侯也。凡殺世子、母弟，目君。蓋世子、母弟之親，非君殺之則無能殺之者矣。獻公寵驪姬，則並后嬖奚齊，卓子則匹嫡也，亂本成矣。世子之殺，非他人也，晋侯而已矣。然申生進不能自明，退不能違難。愛父，以姑息而陷之於不義。使其父有殺子之名者，是申生之爲也。若申生者，可謂輕其死矣，語孝則未也。董仲舒曰："有國者，不可以不知《春秋》，前有讒而不見，後有賊而不知。爲人臣者，不可以不通《春秋》，守經事而不知其宜，遭變故而不知其權。"然則若獻公者，其諸所謂"前有讒而不見"者邪？此所以蒙首惡之名。若申生者，其諸所謂"遭變故而不知其權"者邪？此所以陷父於不義。

會盟于首止

或問：首止之殊會世子，何也？

曰：葵丘之會，書宰周公於諸侯之上，以周公主會爲文，尊天子之三公也。然其文亦與王人序於諸侯之上無異。首止之會則殊世子，而不與諸侯齊列。蓋世子之尊，不可與宰周公比也。桓公於是不敢夷王世子於諸侯矣。不以世子夷於諸侯,固所以定世子也。春秋"會"而後"盟"者,間有事,則書曰"諸侯盟于某",如襄十八年冬公會諸侯同圍齊,繼書"曹伯負芻卒于師,楚公子午帥師伐鄭";十九年春"諸侯盟于祝柯",則盟于祝柯者,圍齊之諸侯也。二十五年公會諸侯于夷儀,繼書"鄭公孫舍之帥師入陳",秋,諸侯同盟于重丘,則盟于重丘者,夷儀之諸侯也。圍齊夷儀,則諸侯列序,而祝柯、重丘則但言諸侯者,前目而後凡也。此年"會首止"之下别無他事,而書"諸侯盟于首止"者,蓋王世子不與盟也。是故會有周人,盟無周人,書會于某。某月某日諸侯盟,則齊桓之遜也。此年首止之會、九年葵丘之盟是也。會有周人,盟有周人,書會于某,但曰某日盟,則晋厲之伉也,成十七年柯之盟[11]是也。桓之會,有天子之事三:于洮,則序王人於諸侯之上,而同盟焉,王人,微者也,雖同盟而無嫌。于葵丘,則序宰周公于諸侯之上,而不敢同盟焉,天子之宰異於微者也。于首止,則不但不敢同盟也,而殊會世子,不敢以世子夷於諸侯,以世子之尊,非特天子之宰比也。桓公於是知所節矣。

鄭伯逃歸不盟

或問:鄭伯逃歸,非王命乎?而以"逃"爲文,何也?

曰:先儒已言之矣。胡氏曰:"逃者,匹夫之事。以諸侯之尊,下行匹夫之事,雖悔於終病而乞盟,如所喪何?其書'逃歸不盟',深貶之也。"(全文見傳)石氏曰:"晋悼公會諸侯于鄬,陳侯逃歸不與;齊桓盟諸侯于首止,鄭伯逃歸不盟;鄬之會,陳懼楚,背晋;首止之會盟,鄭聽王叛齊。二國之君,背華即夷[12],棄信忘義,皆書'逃'以賤之。"王氏曰:"鄭伯不達大義,而從王於昏,因惠后之媢,啓子帶之心,成楚人之勢者,鄭伯之爲也。"

楚 圍 許

或問:許男降楚,楚子赦之,然乎?

曰:無此事也。何以言之?諸侯救許,許圍已解,何苦降於楚哉?又,是後，許男嘗與諸侯會，知其初不降於楚。劉敞言之矣。

小邾子來朝

或問：有邾子，又有小邾子，何也？

曰：石氏曰："此郳黎來也。周武王封帝頊之後挾於邾，挾之後有功於周，又封其子友於郳。邾，魯之附庸也。郳，又邾之别封也。莊四年[13]，'黎來來朝'，書其名。附庸之君稱字，而郳又附庸之邑耳。今'來朝'稱'小邾子'，何休以爲'齊桓由天子進之，遂以爵通'，義或然也。"

禘于太廟，用致夫人

或問："用致夫人"者，誰乎？

曰：案"用致夫人"，不書姓氏，説者不同。《左氏》以爲"哀姜"，《公羊》以爲"齊媵"，《穀梁》以爲"立妾之辭"，而劉向因以爲"成風"。又有以爲"文姜"者，則程氏之説也。有以爲"聲姜"者，則王氏之説也。蓋緣《經》不書姓氏，是以致諸儒之紛紛以鄙意度之。

疑"成風"之説爲近。蓋用者，不宜用也；致者，不宜致也。《春秋》常事不書，非常事則書之。禘，非禮也，然其失已久矣，聖人雖欲譏之，可得而悉書邪？故於其禘而又失禮者，始書之。凡禘，以審昭穆也，聖人書此以明魯之失禮也。成風，妾母也。《春秋》妾母之例有三：隱之母，書曰"君氏卒"，而不書"葬"，蓋隱不以夫人之禮葬其母也。變文曰"君氏"，以明其爲君母也。哀之母，書曰"姒氏卒"，而不書"薨"，蓋哀不以夫人之禮喪其母也，然而書"葬"矣。書"葬"，則其爲君之母，亦可知矣。但曰"葬定姒"，而不稱"小君"，則雖葬，而其禮猶有所降殺也。若僖之母，則薨稱夫人，葬稱小君，則是以夫人之禮喪其母，以小君之禮葬其母也。自是而後，宣之敬嬴、襄之定姒、昭之齊歸皆然。由是觀之，則妾母爲夫人，自僖公始也。

曰：前此也，有惠公仲子矣。何以言自僖公始？

曰：聖人書來歸“惠公、仲子之賵”、“僖公、成風之襚”，蓋罪之也。然仲子之宮，猶立别廟以祠之，猶有所疑也；至僖公，則薨葬用夫人之例矣。故曰“自僖公始”也。

豈其成之爲夫人者，自此年之“禘于太廟”始乎？至宣、襄則有例矣，故聖人於其“用致夫人”之始，謹而書之。若以爲哀姜、文姜，則薨稱夫人，葬稱小君矣。未有葬稱小君而不祔廟，直至於此時而後祔廟也。若謂僖公之娶聲姜，在未即位之前未嘗廟見，乃因禘而廟見，則當僖公即位之時，又安得不舉行其禮，直至今日而後致邪？若齊媵之説，劉原父亦嘗辨之矣。故曰：“致夫人”者，成風也。范甯言“庶子爲後，爲其母緦”，妾母不得爲夫人之證，其言是矣。

十二月，天王崩

或問：經書“十二月”，而《左氏》謂“閏月”，何也？

曰：劉氏曰：“左氏前年傳曰‘惠王崩，襄王惡太叔帶之難，懼不立，不發喪而告難于齊’，今年‘盟于洮’，然則盟洮之時，諸侯已知王崩矣。不應練而後告諸侯，左氏謂前年閏月王崩，而經書在今年十二月，則謂襄王定位而後發喪，皆不可信。”然則七年傳所謂‘告難于齊’，實八年十二月事也。八年謀王室者，實今葵丘事也。古記不同，以故差互。

伯　姬　卒

或問：伯姬之卒，不係之國，何也？

曰：此則未適人者也。石氏曰：“女子許嫁，笄而字。書‘字’，則許嫁也。在禮，姑姊妹未嫁，則服齊衰。其已適人，則降而爲大功九月，則降而從薄也。《檀弓》所謂‘蓋有受我而厚之者也’，以爲夫既受而爲之期，則我當降而爲之薄也。禮又有之，娶女有吉日，女死則婿齊衰而弔，既葬而除。齊衰而弔，以明有恩也；既葬而除，以明有制也。婿既未受而爲之除，則兄弟不當爲之降。然則女之未適人者，亦當爲之服期矣。書‘伯姬卒’，譏不服也。”予謂内女未適人而書

‘卒’者，惟此年及文十二年“子叔姬卒”而已，或恐以情之重而書，如“鄫季姬”之類，亦未可知。

里克殺奚齊

或問：《春秋》殺未踰年之君四：以内，則子般、子赤；以外，則奚齊、齊舍。其三待之如成君，其一獨異其文，何也？

曰：是有説也。石氏曰：“諸侯在喪稱子，殺未踰年之君，同成君。子般書‘子’，以喪稱也。齊舍書‘君’，同成君也。晋里克之殺奚齊，則異乎此也。稱子必係於其君，以明國人不子之也。言君而必曰‘其君之子’，以明國人不君之也。國人不子，而獻公獨以爲子；國人不君，而荀息獨以爲君。殺其君之子奚齊，不曰君，又不曰子，其意亦可見矣。夫道，莫大乎明分者也。故《春秋》嚴於嫡庶之分，而曲致其嚴。晋侯納驪姬之譖，而殺世子申生，使荀息傅奚齊而立之，失正甚矣。《春秋》奪而正之，以明分之不可亂也。”

公如齊

或問：公如齊，何也？

曰：十二公，書“如京師”者，一，“朝王所”者，二。如“齊如晋”、“如楚”，屢矣。其言可見也。

晋里克弑其君卓

或問：里克之於卓，以弑君書之，何也？

曰：胡氏曰：“驪姬將殺世子而難里克，使優施飲之酒，而告之以其故。里克聽其謀，乃欲以中立自免，稱疾不朝。居三旬而難作。是謂持禄容身，速獻公殺嫡立庶之禍者。故成其君臣之名，以正其弑逆之罪。克雖欲辭而不受，其可得乎？使克明於大臣之義，據經廷諍以動其君，執節不二，固太子以携其黨，多爲之故以變其志，其濟，則國之福也，其不濟，而死於其職，亦無歉矣。人臣所明者義，於功不貴幸而成；所立者節，於死不貴幸而免。克欲以中立祈免，自謂智矣，而終亦不能免。等死耳，不死於世子，而死於弑君，其亦不知命之蔽哉！語曰：'不知命，無以爲君子也。'爲人臣而不知《春秋》者，必陷於篡弑誅死之罪，克之謂矣。"劉氏曰："里克能不聽優施之謀，甯喜能不從孫林父之亂，陳乞能不隨景公之惑，則晉無殺世子之禍，衛無逐君之惡，齊無立孽孽之變矣。患在於婾合苟容逢君之惡，故《春秋》成其君臣之名，著其篡弑之罪也。所謂不知其義，被之空言，不敢辭矣。不然卓與剽、荼，豈有宜爲君之義哉！"

齊侯、許男伐北戎

或問：北戎之族。

曰：杜氏謂"北戎"爲"山戎"。茅戎者，西戎也。瀘戎者，南戎也。其類實繁，舉其一，則餘可見矣。遇魯莊于濟西而遂伐戎，則知其爲魯討也。楚人伐鄭而後伐楚，則知其爲鄭討也。北戎之伐，諸侯不與，而許男從之，意其爲許討歟？

季姬使鄫子來朝

或問：季姬者，非内女乎？其使鄫子來朝，何也？

曰：内女嫁，曰"歸于某"，隱二年"伯姬歸于紀"、莊二十六年[14]"伯姬歸于杞"之類是也。出曰"來歸"，宣二十六年[15]"郯伯姬"、成五年"杞叔姬"之類是也。無事而來，則曰"來"，莊二十七年[16]"杞伯姬"、僖二十八年"杞伯姬"之類是也。"季姬"上無"歸鄫"之文，則是未嫁者也。此年六月"及鄫子遇于防"，明年九月"歸于鄫"，則是先與鄫子遇，而後嫁于鄫也。或謂季姬既嫁而中絶。然季姬不係于鄫，則未嫁之辭也。或疑女子也而出會諸侯，使來請己，事豈有至是者？然春秋之間，闔閾不嚴，男女之别亂，如姜氏出會，比年不絶，雖里巷匹婦尚或不然，則季姬出遇，恐或有之。然女子許嫁笄而字，書曰"季姬"，則字也。婦人書"字"，許嫁之辭也。豈其許嫁於鄫，而未歸於鄫乎？然則出遇諸侯，使來請己，恐有此事，不至如或者所疑。何休謂"季姬許嫁於邾，而及鄫子遇，使鄫子請己”，未知何據。

沙　鹿　崩

或問：沙鹿不係之國，何也？

曰：《春秋》書地，有不係之國者，如“楚丘”不係衛，“緣陵”不係杞。蓋不以楚丘、緣陵係於衛、杞也。沙鹿、梁山不係之晋，蓋天下之名山大川也。古者，名山大澤不以封，其地、其名固有常處矣。“下陽”不係之虢，“虎牢”不係之鄭。蓋天下之險要地也。下陽亡則虞、虢亡。虎牢者，鄭之捍蔽天下險要之地，亦自有數，故亦不係之國也。

公　如　齊

或問：公如齊，杜預以爲“五年一朝”，然乎？

曰：案《左氏》文，十一年“曹伯來朝”，十五年又“來朝”，《左氏》曰：“五年一朝，古之制也。”此年公如齊，前十年公嘗如齊矣，至是適五年，故杜預、何休皆以爲古之義。愚案：陸象山之言曰：“古者，諸侯之於天子，比年一小聘，三年一大聘，五年一朝。天子五年一狩。周制：‘六年，五服一朝。又六年，王乃時狩，考制度於四岳，諸侯各朝于方岳。’朝，所以考制度、尊天子也。故曰：‘天子無事，與諸侯相見曰朝。考禮正刑一德，以尊天子。’《穀梁》以爲‘天子無事，諸侯相朝’，誤矣。《禮》所謂‘兩君相見’者，不能無是事爾，非定制也。比年一小聘，三年一大聘，諸侯交相聘問，則有定制矣。故曰：‘朝覲之禮，所以明君臣之義也。聘問之禮，所以使諸侯相尊敬也。’是故‘一不朝則貶其爵，再不朝則削其地，三不朝則六師移之’，三王之通制也。”由是言之，則諸侯無朝禮，明矣。

【校記】

① 掎：四庫本作“犄”。

② 加兵於夷狄：四庫本作“勤兵以遠略”。

③ 夷狄：四庫本作“東方”。

④ 夷狄：四庫本作"北方"。

⑤ 伐楚：四庫本作"南伐"。

⑥ 夷狄：四庫本作"蠻荆"。

⑦ 桓公救中國，而攘夷狄，卒帖荆楚：《公羊傳・僖公四年》作"桓公救中國，而攘夷狄，卒怗荆"。"帖"作"怗"，無"楚"字。

⑧ 楚人執陳于徵師：《左傳・昭公八年》作"楚人執陳行人干徵師，殺之"。陸德明《釋文》："干，古丹反。"

⑨ 二十七年：四庫本作"二十八年"。《左傳・僖公二十八年》作"三月丙午，晋侯入曹，執曹伯"。

⑩ 昭七年：四庫本作"昭八年"。昭公八年《春秋》經作"冬十月壬午，楚師滅陳。執陳公子招，放之于越"。

⑪ 柯之盟：四庫本作"柯陵之盟"。《春秋・成公十七年》作"十有七年春，衛北宫括帥師侵鄭。夏，公會尹子、單子、晋侯、齊侯、宋公、衛侯、曹伯、邾人伐鄭。六月乙酉，同盟于柯陵"。是"柯之盟"當作"柯陵之盟"。

⑫ 背華即夷：四庫本作"去順從逆"。

⑬ 莊四年：四庫本作"莊五年"。莊公五年《春秋》經作"五年春王正月。夏，夫人姜氏如齊師。秋，郳犁來來朝"。

⑭ 莊二十六年：四庫本作"莊二十五年"。莊公二十五年《春秋》經作"二十有五年春，陳侯使女叔來聘。夏五月癸丑，衛侯朔卒。六月辛未，朔，日有食之，鼓，用牲於社。伯姬歸於杞"。

⑮ 宣二十六年：四庫本作"宣十六年"。宣公十六年《春秋》經作"秋，郯伯姬來歸"。

⑯ 莊二十七年：四庫本作"莊二十五年"，誤。

春秋或問卷第十二

僖　公

會於淮[1]

或問[2]：會於淮，謀鄫，且東略也。經何以書"會淮"，而不書"城鄫"？

曰：會淮，伐淮夷也。然以經考之，則諸侯之城緣陵者，以淮夷之病杞也。豈其會于淮者，謀淮夷以杜其後患邪？然大要皆爲淮夷而爲此會也。北伐山戎，南伐楚，西爲葵丘之盟，東會于淮，桓公之威加於天下者，略遍矣。此伯者之極盛也，桓之心，直是欲耀其威於天下，以威夷狄[3]，以懼諸侯。召陵之盟，陳轅濤塗勸以"出於東方，觀兵東夷[4]"，而桓幾從其説。葵丘之會，宰孔語晋侯曰："東略之不知，西則否矣。"此二人者，其亦深探齊侯之心歟？

小白卒

或問：孔子稱齊桓"正而不譎"，何也？

曰：予嘗考論齊小白之事，未嘗不喟然嘆曰："伯圖之興，小白爲之首。伯之權重，小白爲之盛。小白未興之前，天下不知有王。小白既興之後，天下始知有伯。天下不知有王，君子以爲憂矣；天下始知有伯，君子又豈以爲喜乎？"夫小白，太公之後也。周公命太公也，固曰"五侯九伯，汝實征之"，是先王之所以命齊者，其意固在此矣。春秋之初，鄭莊公一時之雄，而石門之盟，齊序鄭上，蓋鄭莊雖姦雄，而齊固大國也。其後蒲之役，齊、衛二國以事胥命，蓋衛康叔之後，北州之侯，而齊太公之後，則東方之望國也。石門之盟，鄭不得以先齊；蒲之胥命，衛不足以望齊。是當時諸侯之所望，以爲伯者獨在於齊，而不在他國也，又明矣。然是時也，有相盟者矣，而未有合諸侯以同盟者。合諸侯以同盟者，自小白始。有相會者矣，而未有合諸侯以大會者。合諸侯以大會，自小白始。方其列國爭衡，侯度無統，亦誠有望於方伯連率之功，然而大合諸侯，糾率列國，同盟而有主盟，同會而有主會，其事則前此未有也，而小白創爲之，是以當時諸侯亦疑焉而未至。北杏之會，小白圖伯之始也，而宋、陳、蔡、邾僅以大夫至，則未純乎從齊也。迨夫盟柯之事，齊能結魯，而後信聞於諸侯；伐宋之役，單伯實會，而後威行於列國。於是鄄之會，鄭、衛至；再會于鄄，陳侯至；又會于幽，魯亦至。魯至則諸侯皆至矣。然猶没公而不書，則是魯猶以爲諱也。何者？舉天下而聽命於一邦，向未有是也，魯爲是疑焉，遲遲而不至；雖至而猶以爲諱也。至莊二十七年再盟于幽，則始授之以諸侯，而魯亦不之諱矣。自是而後，會于檉，盟于貫，會于陽穀，盟于首止、于甯母、于洮、于葵丘、于鹹、于牡丘、于淮，諸侯無一役而不從焉。召陵之役，諸侯之大夫一語不可，則其身見執，其國見伐。首止之盟，鄭伯逃歸，則新城之圍，伐鄭之師連年不捨，不至於乞盟不已。葵丘之盟，幾於改物。淮之會，其伯業既衰之時也，魯猶以滅項之故而見止焉。是則合天下而聽命於一邦者，未有如桓公之盛也。是故北杏之會，諸侯遲遲焉而未至；於葵丘之會，諸侯奔走而畢從。遲焉而未至者，是諸侯猶未敢以事周者而事齊也；奔走而畢從者，是諸侯不敢不以其事王者而事伯也。伯圖之盛，王迹之泯歟？

曰：然則諸侯之所以從小白者，其故何也？

曰：春秋之初，王綱浸弛，天下未有知尊周者，小白起，而倡爲尊周室之義。春秋之初，列國紛爭，諸侯未有寧處者，小白起，而執其安中國之權。春秋之初，夷狄[5]恣横，莊、閔之際，益以盛强，當時莫有能攘却之者，小白起，而振其攘夷狄[6]之功。鄭伯禦王而不恤，王人救衛而無功，此何義也？伐宋之役，實請於周而單伯會；首止之會，世子實在而王室安；洮之盟，王人雖微，序於諸侯之上；葵丘之會，周公實在，不與諸侯之盟。此義一明，而諸侯無敢不服矣。魯、齊、鄭會于時來而入許，齊、陳、鄭遇于垂以圖紀。此何景也？盟會同而諸侯無私盟，征伐共而列國無相伐，衛既亡而復存，杞幾危而復固，邢爲狄伐，則爲之城邢，鄭爲楚伐，則爲之救鄭，此權一執而諸侯無敢不聽矣。凡伯蒙伐，戎强于北；蔡師書敗，荆盛于南；狄人猖獗，淮夷侵侮，此何時也？序績召陵而荆帖矣，陳旅聶北而狄退矣，獻戎捷于魯而戎難弭矣，陳兵車于淮而淮夷畏矣。此功一振，而諸侯有所恃以爲安矣。故凡諸侯之所以奔走而畢從之者，以小白有是三者之事爾。故讀隱、桓之《春秋》，則見其天下之無王，而紛紛者莫之定也。讀莊、閔、僖之《春秋》，則見其天下之有伯，而擾擾者有所依也。是則伯圖之興，固天下之至幸也。然隱、桓之間，天下雖不知有王，而王之實猶存。何者？王之威令雖不行，而其權猶未有所移也。閔、僖之間，天下既知有伯，而王之實已泯，何者？移其所以事王者而事伯也，是則伯圖之盛，又非天下之至不幸歟？故嘗謂小白未興之時，是一時也；小白既興之後，是一時也；小白既卒之後，是一時也。王綱浸弛，莫提挈之，侯度無統，莫糾率之，戎狄[⑦]恣横，莫攘却之，此小白未興之時也五禁明，而王臣不下聘者六十年，盟會同而諸侯無私争者三十年，帖荆、退狄、弭戎、威夷，此小白既興之時也。天王出居，而官守不問；衛滅懿親，而義師無討；楚書"子"而主盟，狄書"人"而參盟，此小白既卒之時也。然小白一身亦三變焉。伐郳、侵宋，侯度未一；入蔡、侵鄭，戎疾未殄；滅遂、降鄣，履事未久；設施多舛，遇穀、盟扈，閱理未熟，檢防易肆，蓋小白圖伯之初也。貫澤而下葵丘以前，衣裳不歃血，兵車無大戰，夫子稱其"一匡"，孟子與其"爲盛"，在是數年，此小白定伯之日也。九國叛而萌震矜，管仲死而廢繩墨，城杞貶於城邢，救徐怠於救許，此小白成伯之後也。驗春秋大勢之三變，則小白爲有功；觀桓公一身之三變，則其功爲不遠，徐考顛末，而小白之事可得而知之矣。

宋、曹、衛、邾伐齊

或問：小白卒，而宋即伐齊，何也？

曰：讀此編者，自齊小白卒至葬齊桓公，當作一類看。桓公以十二月卒，而宋率諸侯以正月伐齊，蓋桓無嫡子，而世子之位不定也。桓之子六人，皆非正嫡,若以長,則無虧當立也。桓公舍其所當立,而屬孝公,於宋不可謂之正,又蔽於雍巫之言,而許立無虧,不可謂之明。身死之後,竪刁、易牙擅權,五公子争立,國内大亂,竪刁、易牙既因内寵以殺群吏,而立公子無虧,其名則立長也。宋襄又帥諸侯之師以伐齊,而納公子昭,其名則桓公之所屬也。二者之名,雜於疑似之間而無所定,此所以起國内之亂,而四鄰諸侯皆謀動其國家,而莫之恤乎!是故宋、曹、衛、邾伐齊,爲納公子昭也;師救齊,則救無虧也;宋師及齊師戰,爲納公子昭也;狄救齊,則救無虧也。一世子之位不定,而宋得借此名以伐喪,魯得借此名以敵宋,齊得借此名以敵宋師,狄得借此名以陵中國;桓公身死,至於九月而後得葬。凡皆桓公之爲也,比事而書,亦可以爲萬世之永戒矣。《春秋》於此編不書昭之當立與否,而但書其伐戰敗救之事,以見桓公方卒,而國内之亂如此,其義深矣。

曰:然則昭與無虧之事,孰正?

曰:以義,則無虧正。然桓公、管仲嘗屬孝公於宋襄公,以爲太子矣,此則桓公之罪也。胡氏曰:"不能制命,雖天王欲撫鄭伯以從楚,《春秋》猶以大義裁之而不與也。(見僖五年鄭伯逃歸不盟事。)桓公君臣乃欲以私愛,亂長幼之節,其可哉?"

狄人伐衛[8]

或問:狄書"人",何也?

曰:狄始書"人"也。荆人來聘,則荆書人;徐人取舒,則徐稱人;江、黄盟貫,則江、黄稱人,皆著其與中國接也。

宋公茲父卒[9]

或問[10]:宋襄公,其假仁義者歟?

曰:宋襄非能假仁義者也。襄之志,急於求諸侯而不度德;急於威列國而不量力。執滕子以冀諸侯之畏,盟曹南以要諸侯之從。少不如意,則圍曹以必諸侯之服。陳、蔡、楚、鄭盟于齊,則爲鹿上之盟,以求齊、楚,於是遂會于盂以合諸侯，而不虞楚人之執已也。自釋之後，猶不自反，急爲伐鄭之役，以致楚人之來。亟爲泓之戰以雪盂之耻，不知己之不足以敵楚也。予竊謂，盂之會顛倒特甚，蓋逐鹿攫金之見，有以蔽其明；泓之戰不自量度，蓋困獸猶鬥之忿，有以奪其智。若其所謂“不鼓不成列”之説，蓋亦輕易之心所由發耳，曾謂竊區區之名可以欺世乎？人謂宋襄假仁義而亡，予不敢以爲信然也。

天王出居于鄭

或問：書“天王出居”，何也？

曰：始叔帶有寵於惠后，后欲立之，齊桓合諸侯于首止，以定世子之位，而世子安。惠王崩，齊桓又率諸侯以謀王室，而襄王立。僖十一年子帶召戎攻京師，王以戎難故，討子帶。十二年子帶奔齊，十年而王復之，至是又召狄師以攻王，子帶之罪不可逃矣。然襄王之未立也，固非已之所可必，襄王之既立，天下獨非襄王之天下乎？其所以待子帶者，則失其道矣。舜之於象也，封之有庳，天子使吏治其國，而象不得以有爲於其國，富貴之爾，親愛之爾，此待之之意也。觀仲孫湫之言曰“王怒未怠，不十年，王弗召也”，則既非不宿怨、不藏怒之心。及既復之，必當處之有道而後可。使之得以通隗氏，起狄師，則又非不得以有爲於其國之義。處之者既失其道矣。鄭伯不王，而以狄伐鄭，富辰諫不聽；又德狄以其女爲后，諫又不聽；子帶以狄師攻王，王卿士將禦之，又弗聽，於是適鄭。由此言之，是亦王之自出而已矣。書曰“天王出居于鄭”，言非叔帶所能出之也，而王不能待叔帶之咎見矣。

晋侯夷吾卒

或問：《左氏》去年九月，晋惠公卒，懷公立。懷公，子圉也。今年春，秦伯納重耳，殺懷公于高梁，而經於今年冬始書“晋侯夷吾卒”，何也？

曰：《春秋》之所據者，魯史也。《左氏》之所據者，他書也。其年月固自不同。若果有懷公立而後秦納文公之事，則史所不書，聖人亦不得而書之矣。

戰于城濮，楚師敗績[11]

或問：《春秋》書齊桓之事，北杏之會，首出齊爵，固予齊以伯矣。然自北杏之後，凡有征伐，皆書曰人，未嘗書其爵，至召陵之役，然後書爵。晋文始見於經，一有征伐則書其爵，何也？

曰：齊桓之功，著於三十餘年之後；晋文之功，著於一旦之間。齊桓之楚，雖曰猾夏，敗蔡師，執蔡侯，又一伐蔡，三伐鄭，然蔡、鄭特近楚之國，未至偃然與中國並驅争先，故齊桓猶可以徐爲之謀。晋文之楚，則執中國盟主，而在會者不敢與争；戰于泓，而宋以先代之後，不能與之敵；魯至於如楚乞師，而戍穀逼齊；四國合兵以圍宋，而曹、衛亦受其節制。此夷狄[12]之極盛也，故晋文不得不速與之戰。召陵之盟，一得其屈完之盟而退師；城濮之役，不至於楚師敗績不已也。蓋桓公之所爲，將以服强楚之心；而晋文之舉事，所以挫强楚之氣也。二公所遇之敵不同，故其用計亦異，而立功之緩急亦如之，其爲有功於中國則一也。

然嘗思之，則有以見齊桓之正，而晋文之譎也。何也？召陵之師，規模既定，區處既當，則堂堂之陣，正正之旗，聲其罪而伐之，楚亦屈服，而不敢校此正也。晋文欲救宋，而侵曹、伐衛，此固兵計之所當然。及宋圍既解，而又懼楚之遽退師，於是爲之執曹伯以畀宋人。楚方愛曹而怒宋也，其肯遽退師乎？迨子玉使宛春告晋，以釋曹、衛，則又私許復曹、衛，而執其使者。楚怒於使者之見執也，能不請戰乎？及其將戰，則又辟楚三舍，名曰“報施”，而實則示怯，以誘子玉也。子玉剛而無禮，怒晋之頑，喜晋之怯，能不進戰乎？一致師之間，而其詭計如此，孔子斷以一言而謂之“譎”，豈不信哉？然則城濮之戰，《春秋》固予其功，而無取其道矣。

齊桓、晋文均伯之盛也。然齊桓圖楚之功，三十年而後有召陵之師，會諸侯之事亦三十餘年，屢會屢盟，而後有葵丘之盛。若文公，則侵曹、伐衛、勝楚、圍許、盟踐土、會于温、兩致天王、執曹伯、復曹伯、執衛侯、復衛侯，凡伯者之事，爲之略盡，而皆在於一年之内。故齊桓猶有近正之意，若晋文則太譎矣；齊桓猶有近厚之心，若晉文則太迫矣。

衛侯鄭自楚復歸于衛

或問：《穀梁》曰："自楚，楚有奉也。"信乎？

曰：案，是時楚經城濮之戰，膽喪氣沮，又殺其大夫得臣，是晉再勝而楚再敗也，又安能奉衛侯而使之反國乎？蓋爲叔武受盟而請於晉，以復衛侯，無可疑矣。案《春秋》書"自"之例，如"季孫意如至自晉"與"蔡季自陳歸于蔡"、"衛侯鄭自楚歸于衛"、"曹伯歸自京師"，蓋一例耳。蓋季孫意如昔在晉，而今歸魯；蔡季昔在陳，而今歸蔡；衛侯鄭昔在楚，而今歸衛；曹伯昔在京師，而今歸曹。其義甚明，何必費辭哉？然書"歸"之義，有書其所自者，有不書其所自者。書其所自者，著之也；不書其所自者，略之也。衛侯自楚歸于衛，著其自楚也，言歸自楚，則背華即夷[13]之罪可見矣。曹伯歸自京師，著其自京師也，言自京師，則晉侯執曹伯歸于京師之義得矣。衛侯鄭之再執也，亦歸自京師，而不言歸自京師者，晉文之執衛侯與晉厲之執有間矣。

衛殺其大夫元咺及公子瑕

或問：《左氏》："元咺歸于衛，立公子瑕。"則公子瑕嘗爲君矣，何以不書？

曰：《春秋》書公子瑕，不以成君之例書之，亦不以未成君之例書之，則非君也。假使元咺立瑕爲君，則當書云"衛殺其公子瑕及其大夫元咺"可也，今此先咺而後瑕，則是重在殺咺，而輕在殺瑕也。衛侯之出奔楚也，其會盟書"衛子"，則是武叔嘗在位也，故其歸也，書曰"衛侯鄭復歸于衛"。衛侯之被執也，書公子瑕無異辭，則是公子瑕未嘗在位也。故其歸也，但書曰"衛侯鄭歸于衛"，書"復"，則是失位也；書"歸"，則是未嘗失位也。由是觀之，則公子瑕未嘗立也。其殺而書"及"，則以咺之故，而延及於瑕爾。

天王使宰周公來聘

或問：王臣來聘之文，僖、文之前屢見，僖、文以下則間見焉。何也？

曰：王臣來聘者八：隱七年“凡伯”、九年“南季”，桓四年“宰渠伯糾”、五年“仍叔之子”、八年“家父”，莊二十三年“祭叔”，僖三十年“宰周公”，宣十年“王季子”。來聘凡八。桓王之聘於魯者五：自隱七年至桓八年家父之聘是也。在惠、襄、定之世，各一。自定以下，則王臣無下聘者矣。蓋桓王在位，不能自强，屢遣王臣下聘列國，此周室之所以衰也。定王而下則周室浸微，王臣之聘不足以爲列國之輕重，而王臣下聘之文，亦不復見於經，此周室之極衰也。始也，使凡伯、宰渠伯糾之屬，皆以畿内諸侯或大夫來。至於僖三十年之聘，書“宰周公”，則已尊矣。至於宣十年之聘，書“王季子”，則益尊矣。王室日衰，諸侯日横，顧如此哉！然自莊二十三年“祭叔來聘”之後，不書王臣下聘者，四十餘年。蓋齊桓之伯，尊王人，殊世子，不盟宰周公，其尊周之意明矣，故王臣無下聘之文。至僖三十年而“使宰周公來聘”者，蓋晋文之伯，兩致天王，盟王子，其抗周之迹著，故王臣行下聘之事於魯。如此，則於齊、晋也，可知矣。又至宣十年而後，書王季子之聘者，豈其間悉無王臣下聘之事哉？或恐如南季、家父之類，皆不見於經耳，必如王季子而後見於經也。觀此，則桓、文之優劣可見矣。

公子遂如京師，遂如晋

或問：大夫出竟，有可以安社稷、利國家者，專之可也。公子結媵婦，“遂及齊侯、宋公盟”，與其與齊、宋盟也；公子遂“遂如晋”，與其如晋也。或謂書“遂”，皆譏其專也。二説當孰從？

曰：不然。蓋《春秋》書“遂”，皆繼事之辭耳。若其事之得失，則存乎其事，如“祭公來，遂逆王后于紀”，書曰“來”，則非受命而來也；其“遂逆王后于紀”，則始以私禮來，而終逆王后以歸也。如“公子結媵陳人之婦”，則始受命以媵婦，而終以己意及齊、宋盟也。“公子遂如京師，遂如晋”，皆書曰“如”，則以二事出也，不可例以爲專也。

取濟西田

或問：案：《左氏》、《公羊》皆以爲“曹田”，而經不係之曹，何也？

曰：先儒以爲魯故田，是也。或謂此曹田也，而得之於晋，故不可係之晋，亦不可係之曹，故但曰“濟西田”耳。此説非也。郜大鼎，微物也，聖人必書其所自，曰“取郜大鼎于宋”，曷不可言“取曹濟西田于晋”乎？故僖三十一年“取濟西田”，不係之曹，則濟西田，魯故田也。成二年“取汶陽田”，不係之齊，則汶陽田亦吾故田也。汶、濟皆近魯之地也。然汶陽、濟西之田，則言“取”，鄆、讙、龜陰田，則言“歸”。言“取”，非其所欲也，非彼所欲，而我取之曰“取”；言“歸”，其所欲也，非我强之，而彼自歸曰“歸”。

夏四月，四卜郊，不從，乃免牲　猶三望

或問：書“郊”之義。

曰：案：《春秋》書“郊”凡九，僖三十一年（云云），宣二年[14]“春王正月，郊牛之口傷，改卜牛。牛死，乃不郊。猶三望”，成七年“春王正月，鼷鼠食郊牛角，改卜牛。鼷鼠又食其角，乃免牛。夏五月，不郊，猶三望”、十年“夏四月，五卜郊，不從，乃不郊”、十七年“九月辛丑，用郊”，襄七年“夏四月，三卜郊，不從，乃免牲”、十一年“夏四月，四卜郊，不從，乃不郊”，定十五年“春，鼷鼠食郊牛角，牛死，改卜牛。夏五月辛亥，郊”，哀元年“春，鼷鼠食郊牛角，改卜牛。夏四月辛巳，郊”。郊者三，不郊者六。蓋郊，天子之祭也，非魯之所當用也。魯自惠公請郊祭之禮於平王，魯之子孫緣是僭禮非一世矣。孔子謂言偃曰：“魯之郊禘，非禮也。周公其衰矣！”蓋譏其僭也。然自僖公以前，不書郊。至僖公而始書“郊用”，見惠公雖請郊祭之禮，而魯猶未以爲常也。至僖公而後欲用之，書“郊”者九，惟成十七年直書曰“用郊”，用見僖公雖欲用之而不果。至成公之十七年則直用之而已。惠公雖請之，而魯猶未以爲常者，是人心猶有疑也。卜而不從，則僖公亦可以已矣，然而猶三望焉。是意在於用惠公之請，而不顧其非禮也。僖公欲用之而不果，宣公欲用之而不果，成公始欲用之而不果者三，是魯禮猶未大失也。至於直曰“用郊”則不復言卜矣，是意在於用僭郊之禮，而不復審其可否也。自是而後，襄公雖不用之，而定哀則皆用之矣。始而有疑焉，中而不果焉，終而皆用焉。聖人備書其事，以見失禮之僭，其由來者漸矣。

或曰：史克之《頌》曰："皇皇后帝，皇祖后稷。"是僖公嘗用郊矣，而子以爲僖公不用郊，何也？

曰：吾以《春秋》考之而知其然。詩人之言，不過侈頌其后帝、后稷之歆享爾，非必實有是事也。況自惠公以來已有請郊之説，則詩人因是而侈言之，固無足怪。《春秋》固實録，詩人多侈談，豈相妨哉？郊、禘，皆魯之失禮也。然禘禮常用，而郊禮罕用。蓋禘禮主於文王，而郊禮則主於后稷。以諸侯而祀天子，蓋東周以來之失禮也。宋祖帝乙，鄭祖厲王，不特魯爲然。當時固不以此爲異事也。若郊天之事，則魯猶秉禮之國，故常遲疑而未敢遽用。由此觀之，則禘禮常用，而郊禮罕用，亦可知矣。然則所謂卜郊，何也？王者以冬至祭天於圓丘，蓋有常時矣。魯不敢盡同王者，故卜。謂卜郊者，卜其日也。所謂卜牛者，卜其牲也。牲亦牛也。或謂之免牲，或謂之免牛。卜而養之曰牛，養成而將用曰牲。曰免牲，則是不郊也，牲已可用而免之也，故不曰"不郊"，而但曰"免牲"。曰"免牛"而又曰"不郊"者，牛未可用而免之也，故既曰"免牛"，而又曰"不郊"。

《左氏》曰"啓蟄而郊"，謂建寅之月也。然案經，宣二年[15]"正月，郊牛之口傷"，成七年"正月，鼷鼠食郊牛角，乃免牛"，則是魯亦用建子月矣。僖三十一年、成十年、襄七年、哀元年皆書"四月"，則建卯之月也。成七年、定十五年皆書五月，則建辰之月也。此先儒所以有"歷卜三正而後用之"説。趙子曰："魯郊不以至之日，避王室也。卜用夏正，於耕之始也。"或恐魯之常郊，皆用夏正之孟春，蓋合於'啓蟄而郊'之説。而用於建子、建卯、建辰之月，則皆非時矣。若成十七年九月用郊，則又其非時之甚者。然聖人所書，非特以其非時書之，以事之變而書之也。非以其卜郊不從而書之，則以其郊牛傷食而書之。惟成十七年直書曰"用郊"，則猶前此之所未見也。用者，不宜用也。於郊則曰用郊，不宜郊而郊也。於禘則曰"禘于太廟，用致夫人"，不宜致而致也。至於卜郊不從而書，郊牛傷食而書，此則聖人著魯郊之非禮，而天道之果不僭也。夫一卜、再卜而不從，猶可曰時日之未協也。至於三卜、四卜、五卜而不從，則非時日之未協也。鼷鼠一食其角，猶可曰有司之不謹也，至於改卜牛，而鼠又食其角，則非有司之不謹也。書免牲、書不郊矣，而曰"猶三望"者，聖人之意若曰："不郊可也，免牲可也，而猶三望，何哉？"《春秋》書"猶"之義有二："猶朝于廟"，幸其猶朝于廟也；"猶三望"，謂其可已而不已也。然則聖人所書之旨亦可見矣。

劉氏曰："吾以謂使魯郊者，必非成王也。其殆平王以下乎？"陳君舉曰："諸侯之有郊、禘，東遷之僭禮也。故曰'秦襄公始列於諸侯，作西畤祠白帝，僭端見矣'。位在藩臣，而臚於郊祀，君子懼焉。則平王以前未有也。魯之郊、禘，惠公請之也。齊桓欲封禪，而晋欲郊鯀，皆僭禮也。然則《春秋》何以始見於僖公？向者莊公之觀齊社也，曹劌諫曰：'天子祀上帝，諸侯會之受命焉。諸侯祀先，公卿大夫佐之受命焉。'用見惠公，雖請之，而魯郊猶未率以爲常也。僖公始作《頌》，以郊爲夸焉，於是四卜不從，猶三望，故特書之，以其不勝譏，譏其甚焉者耳。"又曰："記禮者，以爲魯禮皆成王賜之以康周公。案：衛祝鮀之言曰：'周公相成王，以尹天下，於周爲睦。分魯以大路、大旂、夏后氏之璜，封父之繁弱，殷民六族，以昭周公之德。予之土田、陪敦，祝、宗、卜、史，備物典册，官司、彝器。'則成王命魯不過如此。隱公考仲子之宫，'問羽數於衆仲'，周公閲來聘，享有昌歜、白、黑、形鹽。周公以爲備物，辭不敢受。衛甯武子來聘，宴之，賦《湛露》及《彤弓》，武子不答賦，曰：'諸侯朝正於王，於是賦《湛露》，諸侯敵王所愾，而獻其功，於是乎賜之彤弓。陪臣其敢干大禮以自取戾！'假如《明堂位》之言得用郊、禘，兼四代服、器、官、祝鮀不應不及。況魯僭天子之禮久矣，則羽數何以始問於隱公？昌歜、形鹽以之享天子之上公，安用固辭《湛露》、《彤弓》？甯武子何以不答，且致譏焉？於以見魯僭未久，上自天子之宰，至於兄弟之國之卿，苟有識者，皆疑怪遜謝，而魯人並無一語及於成王之賜以自解，故郊禘之禮，當從劉恕。"太史公博極群書，定以爲"僭郊禮始於秦襄"，而恕亦該洽，倘自史角之事之外有傳記與明堂位合，則外紀豈獨遺佚乎？

晋侯重耳卒[16]

或謂：《左氏》載秦伯納晋文公，及殺懷公于高梁，其事甚詳，而春秋不書，或以爲不告也,然乎?

曰:否。徐邈曰:“諸侯有朝聘之禮,赴告之命,所以厚交好、通憂虞。若鄰國相望,而情志否隔,存亡禍福不以相關,則他國之史無由得書。魯政雖陵,典刑猶在,史策所録,不失常法,其文足證。仲尼修之,事仍本史,有可損而不能益也。”

或曰:重耳、小白之優劣,亦有可論乎?

曰:蓋嘗考論重耳之行事,而質諸小白之所爲,然後知聖人譎正之辨。小白三十餘年蓄威養晦,始得召陵之盟;重耳一駕,而城濮之功多於召陵。小白屢盟、屢會,遲回晚歲始會宰周公;重耳一年再致天王,而温之事敏于葵丘。小白終身與諸侯周旋,會鄄失魯,盟幽失衛,首止失蔡,葵丘失陳;重耳三會,則大侯小伯莫敢不至。其得諸侯,又盛乎小白也。然重耳之功多於小白,罪亦多於小白者也;事速於小白,而義尤壞於小白者也。小白殊會世子,不敢盟宰周公,所以尊王室;而重耳兩致天王,盟王子虎則悖矣。小白首止之會,爲定世子,洮之會,爲謀王室,而首止,衛地也,洮,曹地也,無逼尊之嫌;而重耳盟于翟泉,洛陽城内,地則逼矣。小白凡大盟會,未嘗使大夫預盟;而重耳翟泉之盟,使大夫主之,則大夫交政,自此始矣。小白之伯也,諸侯未服,不過伐其國,執其臣,未嘗執諸侯也;重耳則執曹伯,復曹伯,執衛侯,復衛侯,惟己所恣矣。小白寧不得鄭,不納子華之請,懼其奬臣抑君,不可以訓也;重耳爲元咺執衛侯,使元咺得以自恣,則三綱五常廢矣。小白得江、黄不用以伐楚,蓋但使之爲吾聲援耳,不借夷狄[17]之力也;重耳謂非致秦則不可與楚争,楚之抑而秦之興矣。小白之伯,王臣無下聘諸侯者;而重耳之伯,則宰周公下聘列國矣。小白之伯,伐戎三,救諸侯四,城國三,猶以中國諸侯爲念;重耳之伯,則狄侵齊而不救,衛遷帝丘而不之恤矣。大抵小白緩於圖事,重耳急於成功;小白猶志於尊周室,重耳乃敢於致天王;小白猶有救灾恤鄰之心,重耳惟以立威於己爲念。城濮之役,其所以折楚人之氣者,正欲以争諸侯耳,豈真有攘寇亂、安中國之誠心哉?然則聖人譎正之辨,可謂深切著明也矣。

晋人及姜戎敗秦師于殽

或問:《書序》:"秦穆公伐鄭,晋襄公帥師敗諸殽。"而經書:"晋人及姜戎敗秦于殽。"先儒謂"晋襄不稱爵而人之,所以貶晋;秦穆不稱爵而國之,所以外狄[18]",然乎?

曰:《春秋》有書"滅"而爵之者,如"楚子滅蕭"是也。若以爵爲褒,滅人之國,何善之可褒?有書"救"而"人"之"國"之者,如"齊人救邢"、"吴救陳"是也。若以"人"、"國"爲貶,恤人之患,何惡之可貶?大抵《春秋》據事爲褒貶之,實非以人、爵爲褒貶之例。晋襄父喪在殯,而結戎師以伐婚姻,又且厄人於險,晋之惡可知。秦穆客人之館而謀其主,利人之危而襲其國,越人之竟而不哀其喪,不虞其棄師也,秦之惡可知。書曰"晋人及姜戎敗秦師于殽",則晋人結戎狄,用詐戰,厄人於險[19]之罪著矣。先書"秦人入滑",繼書"敗秦師于殽",則秦人勞師襲遠,越竟棄師[20]之罪著矣。又書於"晋侯卒"之後,則秦人間晋之喪,而越其竟[21]晋人背殯出兵之罪,又皆[22]著矣。故子謂晋書人者,即先軫也,不必以爲晋襄公。敗秦師當從《左氏》,不必以爲狄秦[23]。若謂《書序》之言與《左傳》合,則襲鄭之役,《左傳》固以爲孟明,而非秦穆也。《書序》亦可憑邪?若謂敗秦于殽,當從《公羊》,則《穀梁》固亦書"秦師",不但《左氏》也。況書曰"秦師",不愈見其棄師邪?蓋後此"晋侯及秦師戰于彭衙",書曰"晋侯"則"晋人及姜戎敗秦師",但當爲先軫可也。況書曰"晋人",不愈見其背殯用兵邪?又不然,當從鄭僖書"伯"之例,義不愈見其罪邪[24]!故曰書"晋人及姜戎敗秦師于殽",而秦、晋之罪,兩無所逃矣。不必貶晋外秦而後見其惡也。

【校記】

① 會於淮:據原書目録,此篇前有《戰于韓》、《獲晋侯》兩篇。正文無,四庫本亦無。

② "或問"至"會淮",原書闕,此據四庫本補。

③ 夷狄:四庫本作"遐荒"。

④ 觀兵東夷:四庫本作"觀兵而歸"。《左傳・僖公四年》作"觀兵於東夷"。

⑤ 夷狄：四庫本作“荆楚”。

⑥ 攘夷狄：四庫本作“聲罪致討”。

⑦ 戎狄：四庫本作“荆楚”。

⑧ 狄人伐衛：原書目録無此篇。

⑨ 宋公兹父卒：原書目録此篇前有《西宫灾》、《伐邾取須句》兩篇，正文無。

⑩ “或問”至“假仁義者也”，原書闕。此據四庫本補。

⑪ 戰于城濮，楚師敗績：原書目録此篇前有《滅邢》、《侵曹伐衛》、《公子買戍衛》、《入曹執曹伯》四篇，正文闕。

⑫ 夷狄：四庫本作“荆楚”。

⑬ 背華即夷：四庫本作“北華即楚”。

⑭ 宣二年：四庫本作“宣三年”。宣公三年《春秋》經作“三年春王正月，郊牛之口傷”。

⑮ 宣二年：四庫本作“宣三年”。宣公三年《春秋》經作“三年春王正月，郊牛之口傷”。

⑯ 晋侯重耳卒：此篇四庫本序在本卷第一。

⑰ 夷狄：四庫本作“二國”。

⑱ 外狄：四庫本作“外秦”。

⑲ 結戎狄，用詐戰，厄人於險：四庫本無此十字。

⑳ 勞師襲遠，越竟棄師：四庫本無此八字。

㉑ 而越其竟：四庫本無此四字。

㉒ 皆：四庫本無“皆”字。

㉓ 狄：四庫本作“外”。

㉔ 又不然，當從鄭僖書“伯”之例，義不愈見其罪邪：四庫本無此十八字。

春秋或問卷第十三

文　　公

春王正月，公即位　元年

或問：書即位之説。

曰：案：《春秋》十二公，書即位者八。然隱以十一月薨，而桓以正月書即位。僖以十二月薨，而文以正月書即位。文以二月薨，而宣亦以明年正月即位。宣以十月薨，而成亦以正月即位。成以八月薨，而襄亦以正月即位。襄以六月薨，而昭亦以正月即位。定以五月薨，而哀亦以正月即位。惟定以六月即位。是知踰年而後即位者，禮之常也。踰時而即位者，事之非常也。

曰：然則嗣子定位於初喪，非乎？

曰：國君嗣世，定於初喪，必踰年而後改元，書即位者，緣終始之義。一年不二君，緣臣民之心不可曠年無君。即位者，告廟，臨群臣也。案《書》載舜、禹受終傳位之事。在舜則曰："月正元日，格于文祖。"在禹則曰："正月朔旦，受命于神宗，率百官若帝之初。"于文祖、神宗，則告廟也；率百官，則臨群臣也。此即位之禮也。案《春秋》，凡書在喪未踰年之君，皆稱"子"。僖九年書"宋子"，二十五年書"衛子"，定四年書"陳子"，此亦踰年而後改元即位之一驗也。考之《漢書》，則文帝以後七年六月崩，而景帝以六月即位；景帝以後三年正月崩，而武帝以正月即位；宣帝以黄龍元年十二月崩，元帝亦以是年是月即位。則是先君方崩，而今君隨即位也。獨其改元，則必待於踰年而後改者，亦一年不二君之義也。然此禮不特後世爲然也，蓋自康王而已然矣。案《周書》，成王以四月乙丑日崩,即以是日逆子釗于南門之外,延入翼室,恤宅宗;丁卯,作册命;癸酉,受册命。相去纔九日耳。其曰受同瑁、三祭、三咤,則告廟也;太保率西方諸侯入應門左,畢公率東方諸侯入應門右,則臨諸侯群臣也。豈古者君薨諒陰,三年聽於冢宰之禮,至是而始變邪?

公孫敖會晉侯于戚

或問:公孫敖之會晉侯也,非以大夫而會諸侯乎?

曰:然。案:春秋之初,蓋亦有以大夫而會諸侯者矣,然未有若公孫敖之專會也。外大夫有會公者矣,内没公而名大夫,則"及齊高傒盟于防"是也;内不没公而不名大夫,則"公及齊大夫盟于蔇"是也;或没公或不名大夫,皆有所諱也。内大夫有會盟諸侯者矣,"柔會宋公、陳侯、蔡叔盟于折",則柔猶不氏也;"公子結遂及齊侯、宋公盟",則猶有遂事,非專會也,若"公孫敖會晉侯于戚",則專會矣,以見禮樂之自大夫出也。春秋之初,蓋亦有以大夫而帥師者矣,然未有若晉陽處父之專伐也。内大夫帥師而不氏者,則"無駭帥師入極"、"溺會齊師伐衛"是也。内大夫帥師而氏者,"公子慶父帥師伐於餘丘"、"公孫兹帥師會侵陳"是也。而外大夫則未有帥師而出主名者,若晉處父,則帥師而出主名矣,以見征伐之自大夫出也。

蓋嘗思之,竊謂齊桓未伯之前,大夫間有預邦交之事者矣,而齊桓既伯之後,則無之。以大夫而交政於中國,自晉文公始。春秋之初,列國之大夫間有竊用兵之權者矣,而伯主之國則無之。以大夫而專征伐之權,自晉襄公始;以大夫交政於中國,其殆始於翟泉之盟乎?晉文號爲伯主,而使大夫盟王子虎,齊桓之伯無此法也。大夫自是交政於中國矣。晉文公之驟伯,咎犯、先軫諸臣人才衆多之力也。然在文公之時,其患未見,至襄公之時,則已見矣。晉文之入曹也,令無入僖負羈之宫,而魏犫敢於爇僖負羈氏,文公愛其材而不殺。即此一事,固已醞釀其臣負材恃功之端矣,然其患未見也。至於殽之役,襄公舍秦囚,則先軫不顧而唾;箕之役,先軫黜狼瞫而立續簡伯,則狼瞫怒,此其患已漸見矣;而襄公又舉其權以委之伐楚之役，而陽處父帥師始出主名矣。自是而後，中國諸侯凡大會盟、大征伐，皆以大夫主之，其極至於三桓專魯，六卿分晋，其所由來者漸矣。

劉敞曰："《春秋》自文公以來，多變文以示義。蓋當是時，諸侯失政，大夫擅權，盟會侵伐之事，始專於臣下。今考之經，元年'公孫敖會晋侯于戚'，此專會始也；二年'及晋陽處父盟'，此始專盟也。三年'叔孫得臣會晋人、宋人、陳人、衛人、鄭人伐沈'，此始專伐也；八年'公子遂會晋趙盾盟于衡雍'，此二大夫專盟也。'公子遂會雒戎盟于暴'，此始專會戎也。九年'公子遂會晋、宋、衛、許人救鄭'，此大夫專救也。十一年'叔彭生會晋郤缺于承筐'，此二大夫專會也。十二年'季孫行父帥師城諸及鄆'，此内臣始專城邑也。十八年'公子遂、叔孫得臣如齊'，此二大夫同如國也。夫自隱公以來，内臣嘗出會矣，未有獨會一國諸侯者。至此元年'敖會晋侯'，所以爲專會之始也。嘗有兩國盟矣，未有大夫自盟諸侯者，'公及處父盟'，所以爲專盟之始也。前此，隱元年'及宋人盟'、八年'公及莒人盟'、莊二十三年[①]'及高傒盟'，不過間見於經，未有如文公以後之盛也。嘗有大夫會伐矣，然必帥師，亦未有數國大夫會伐者，蓋帥師會伐，雖在於大夫，而命實出於諸侯。至此叔孫得臣不稱'帥師'，又會五國大夫，所以爲專伐之始也。嘗有大夫盟諸侯矣，未有二大夫自盟者。此年'遂'與'趙盾'，所以爲二大夫專盟之始也。嘗有公會戎盟矣，未有大夫盟戎者，此年遂盟雒戎，所以爲内臣盟戎之始也。嘗書大夫救矣，亦未有不言'帥師'者，此'遂會諸大夫救鄭'，不言'帥師'，所以爲大夫專救之始也。嘗有大夫與諸侯會矣，未有二大夫自會者，此'彭生、郤缺會于承筐'，所以爲二大夫專會之始也。嘗有城邑矣，未有大夫帥師自城者，此'行父城諸及鄆'，所以爲内臣城邑之始也。嘗有内臣如他國矣，未有二大夫同如者，此'遂與得臣如齊'，所以爲二大夫同如他國之始也。嗚呼！東遷之後，始也諸侯僭天子，今也大夫僭諸侯，則名分不正，王道之衰，至此甚矣。陵遲至於雞澤溴梁之盟，天下之政盡歸大夫，不復有諸侯，可勝嘆哉！"

秦人伐晋

或問：秦、晋之争，亦有可論者乎？

曰：案：《春秋》書秦、晋之争，自殽之役始。僖三十三年“晋人及姜戎敗秦師于殽”，文二年“晋侯及秦師戰于彭衙，秦師敗績。冬，晋人、宋人、陳人、鄭人伐秦，報彭衙”，三年“夏，秦人伐晋，取王官”，四年“晋侯伐秦，報王官”，四年[②]“晋人及秦人戰于令狐”，十年“秦伐晋，取北徵”，十二年“晋人、秦人戰于河曲”，宣三年[③]“秦師伐晋”，八年“晋師白狄伐秦”，十五年“秦人伐晋”。自僖之三十三年迄宣之十五年，三十餘年之間，尋戈復讎，無有虚歲。襄公已死，秦康不能釋晋之讎；穆公已卒，晋靈不肯置秦之怨。結怨連禍，曾無已時。勞民蠹國，靡有寧日。《春秋》皆詳而録之，所以示世戒也。

説者曰：殽之師，其曲在晋，故晋不稱子，而貶之曰“人”。彭衙之師，其甚在秦，故秦止稱師，而晋稱侯，秦既悔矣。晋二年不當伐秦，故以國卿而貶人之，晋不出矣。秦三年不當伐晋，故以秦伯而貶人之，四年晋侯伐秦，報王官之役，罪不在晋也，故爵晋侯。十年秦伐晋，取北徵，甚在秦也，故狄秦伯。以至令狐之役、河曲之戰，讎已易世，而戰無已時，故二國用兵，舉皆人之，其餘或稱人，或稱師，皆相敵耳。蓋自令狐之後，不復名其將帥者，一疾之也。

愚謂：晋稱侯，非褒之也；其稱人，非貶之也。君將稱君，大夫將稱人，《春秋》之常辭也。秦不稱伯，或稱師，或稱人，或稱國，亦非貶之也。《春秋》固狄秦也，非因事之曲直而後貶之也。

曰：然則襄十四年“叔孫豹會晋荀偃、齊人、宋人、衛北宫括、鄭公孫蠆、曹人、莒人、邾人、滕人、薛人、杞人、小邾人伐秦”，何以書大夫？

曰：秦、晋之師，非會伐不書大夫也，故大夫將書人，《春秋》之常辭也。大夫將書大夫，《春秋》之變文也。

曰：然則秦何以不稱伯？

曰：《春秋》之書秦，固嘗書人也，雖大夫將未嘗書大夫。用大衆則書師，其稱秦伯者二:"晋侯及秦伯戰于韓原"、"秦伯使術來聘"是已。

曰:秦無大夫也,則何以有君?

曰:"秦伯使術來聘",即"楚子使椒來聘"、"吴子使札來聘"之例也。術、椒、札書名,而秦伯、楚子、吴子稱使,玉帛之事故也,以其與我接也。晋侯及秦伯戰于韓原,獲晋侯,此楚子會盂、吴子會黄池之例也,是聖人之不得已也。齊桓之伯也,秦、晋不與,然晋固中國之侯,而秦僻處西戎者也,秦穆崛起而獲晋侯,聖人雖欲不目秦伯,不可得也。苟非獲晋侯之重,則從其常辭而書"秦人"、"秦師"而已。其書秦,則略辭也。吴、楚浸盛而書"子",秦伯崛起而書"伯",皆著其實而已。若其曲直之辨,則存乎其事而已。始書"秦人入滑",明秦人之犯中國也;繼書"晋人及姜戎敗秦師于殽",明晋之背喪用戎,以薄人於險也;二年書"晋侯及秦師戰于彭衙",用見秦之不悔而伐晋,晋之志戰而敵秦也;冬書"晋人、宋人、陳人、鄭人伐秦",用見晋人再勝,而猶用師也;三年書"秦人伐晋",用見秦人再敗而不知悔也;四年書"晋侯伐秦",用見彼此報復,結怨連兵之無已也。然自是而後,秦穆不復報晋,蓋知悔也。向也,殽函之役,秦伯向師而哭。作《秦誓》之書以自警,蓋其一經喪師之後,深懲力創,好惡向背從是一變,視夫前日所詆墓木拱者,固今之所謂膂力既愆之良士也,而庶幾有之。前日所喜過周超乘者,固今之所謂射御不違之勇夫也,而庶幾能不欲之截截巧辯能移人之辭者。固前日求之,惟恐其或少也;今乃以其徒實繁而厭之。方寸既改,群動皆移,充此心也,帝王何遠之有?惟其能懲創於師徒方喪之初,而不能堅定於瘡痍僅瘳[4]之日。未及數年,又興彭衙之師,蓋其積怨深憤,務欲得報而後已。本其僻處西陲,與戎狄雜居,好攻戰而事詐力,其俗然也。讀《車轔》、《駟鐵》、《小戎》諸詩,可以見矣。穆公雖號賢君,而習於其俗已久,其臣如孟明等,又冒戰不已,此所以頓忘前日自誓之言歟?彭衙之役不得志而去,未肯已也。至三年濟河焚舟,取王官,及郊,封殽尸而還,然後秦人之憾得逞矣。四年晋人圍邧、新城,以報王官之役,而秦不復報。此則秦穆之雄也。彼其蓄憾,特在於殽函一敗之耻,故自取王官、雪殽耻之後,而不復求以報晋,所以全其勝也。豈亦向時自誓之志,至是而稍驗歟? 至若令狐之戰,則秦、晋皆已易世矣。晋襄公卒,晋人使先蔑如秦逆公子雍,秦以師納之,既而晋人中悔,遂與秦師戰于令狐。晋不謝秦,秦納不正,皆罪也。十年秦伐晋,報令狐也。十二年晋、秦戰于河曲,不分首從,一概書人,秦、晋皆志乎戰也。是故秦穆、晋襄之讎自殽始,秦康、晋靈之讎自令狐始。殽之敗,所以兆彭衙之戰;令狐之戰,又所以兆河曲之戰也。自是而後,晋侵崇,以致秦師之伐;秦伐晋,以致晋人白狄之師;晋、狄伐秦,又以致秦桓公伐晋之役。更相報復,閲再世而未已也。聖人備書於策,皆所以示世戒也。

蓋嘗推原其故,皆出於僖三十年"晋人、秦人圍鄭"之一役。夫秦、晋本婚姻國也。晋惠公立,而韓原之戰見獲於秦。當是時,晋曲而秦直。秦許晋平,而歸惠公。惠公卒,又納文公,則秦爲有德於晋矣。文公圖伯中原,而城濮之戰、温之會、翟泉之盟、圍許之師,秦皆與焉。惟圍鄭之役,秦伯聽燭之武之説,而與之盟,戍鄭而去之,晋固已憾秦矣。文公卒,秦人聞晋之喪也,而謀鄭。晋人以其向者背晋戍鄭之憾也,然後要而敗之于殽。故爲晋之説,則曰我文公主伯,於秦尤親,盟伐同之,用固姻好。今君雖終,言猶在耳,而秦伯不哀吾喪,伐吾同姓,憑陵諸國,與晋争伯,蔑視我君,敗我盟好。則殽之戰,秦實致之也。爲秦之説,則曰驪姬起難,惠公出奔,吾首納惠公,定晋之嗣。惠公背好,交兵于韓,吾念穆姬之親,既獲而釋之。暨公不禄,又納重耳,是用主伯中原,大興晋國。今襄公忘我大德,修我小怨,遽興戰伐,覆我師旅。則殽之戰,實晋之罪也。秦、晋兩君,各挾私怨,由是累世之好,一旦棄背,而累世之讎,綿延不解。夫向也何其相親? 而今也何其相讎哉? 秦伯聽燭之武之言,而背晋以戍鄭,固已挾其恩以欺晋矣。又聞鄭之喪,而興襲鄭之謀,亦聞晋之喪,而敢越晋之竟,是又挾其恩以輕晋矣。以貪利之志,而動之以有挾之心,宜其取敗乎晋。吾是以見與人共事之難,也吾是以見報者倦矣,施者未厭之爲患也,吾是以見貪利而動者之必有害也。

逆婦姜于齊

或問: 逆不言公,何也?

曰：石氏曰："《春秋》書'婦姜'者三，於'至'書'婦'者二。有姑之辭也。宣元年'遂以夫人婦姜至自齊'、成十四年'僑如以夫人婦姜氏至自齊'是已。於'逆'書'婦'者一，惡成禮於齊也，此年'逆婦姜于齊'是已。諱不書'公'，又不書'至'，以譏公也。"

晋殺其大夫陽處父

或問：殺陽處父稱國，何也？

曰：《左氏》謂陽處父爲"侵官"。《公》、《穀》以襄公爲"漏言"。以愚觀之，皆未盡《春秋》所書之旨。凡殺，在上則稱君，在下則稱氏，在衆則稱人，在微者則稱盜。君與臣同殺，則稱國。故稱晋以殺，君臣同殺之辭也。晋侯蒐于夷，使狐射姑將中軍。置帥已定矣，陽處父至，而改蒐于董，易中軍，此豈但進言於君，以其人爲不勝任，然後其君以其言而易將哉？陽處父之强，久矣。盟魯侯以敵君，帥大師以伐楚，命帥已定，而必欲改蒐以易將，皆處父之强也。雖曰"聽其言而易將"者，出於襄公，而襄公之不能制處父，亦可知矣，而又况於漏言以啓禍乎？故夫自取見殺者，處父之罪也。使處父之見殺者，襄公之罪也。《左氏》曰："陽子、成季之屬也，故黨於趙氏。"此言未必無據，觀賈季之奔狄也，宣子使臾駢送其孥，則可知矣。宣子之使臾駢，是高帝使張耳攻陳餘之智也。臾駢之人，欲盡殺賈氏以報焉，所幸臾駢不從其言耳。然而宣子之所以使臾駢，固欲致之於死地。其所以待賈季者如此，則其黨於處父也亦可知矣。異時趙盾易嗣君，亂晋國，縱楚師，卒弑靈公，處父之故也。

閏月不告月

或問：不言告朔，而謂之"告月"，何也？

曰：或謂蓋閏月之告，不謂之朔，而止謂之月，以其無中氣也。或謂因月之虧盈，而置閏是主乎月而有閏也，故不書朔，而書月。愚謂告月，即告朔。謂之月者，以月之一周天而言之也。謂之朔者，以日月之合朔言之也。置閏，非人之私意也，以日月之行一合朔而一置月，則閏月之置，亦以其合朔置之也。閏月雖無中氣[5]，而有朔望，孰謂閏月而非朔乎？《公羊》以爲“天無是月[6]也”，誤矣。《穀梁》以爲“天子不以告朔，而喪事不數也”，亦誤矣。夫喪事之不數者，以年計，不以月計也。告朔，則以月計也。孰謂天子不以告朔乎？

晋人及秦人戰于令狐

或問：二傳之説，互有異同，何也？

曰：先儒皆謂秦、晋自殽之役，而二年有彭衙之戰，八月而晋人伐秦，三年而秦人伐晋，四年而晋人[7]伐秦，至此又有令狐之戰，皆結怨用兵償報不已耳。疑《左氏》載先蔑“逆公子雍”之事不足信。又疑先蔑既是逆公子雍，不應又爲下軍將，以禦送雍之師。而先蔑奔秦之事，當從《穀梁》“輟戰奔秦”之説。然案杜預注：《左氏》謂先蔑逆公子雍，前還晋，晋人始以逆雍出軍，卒然變計，立靈公以拒秦。如此則亦無惡於先蔑。既逆公子雍，而又爲下軍將也。要之此事未可知。今姑存《左氏》之説，或恐秦人以師納公子雍於晋，而晋人拒之。若先蔑，則黨公子雍者也。然秦、晋之争久矣，聖人書此，與河曲之戰亦不甚異。蓋有挾怨償報之意在乎其間，間晋之喪而來，則其納公子雍者，亦借此一事，以爲伐喪之舉耳。

先蔑奔秦

或問：奔不言“出”，何也？

曰：凡言奔而不言出者，從外奔也。“王子朝奔楚”、“公孫敖如京師，奔莒”、“歸父至笙，奔齊”。此《春秋》謹嚴之文，非褒貶之例也。“先蔑奔秦”不言出，亦此例。

公會諸侯　晋大夫盟于扈

或問：扈之會，不序諸侯，不名大夫，何也？

曰：據《左氏》，則云："公後至，故不書所會。"然經既書會、書盟矣，安得爲後會乎？愚案：此年"公會諸侯、晋大夫盟于扈"、十五年"諸侯盟于扈"、十七年"諸侯會于扈"，皆略之而不序。嘗摭其事實而考之，然後知《春秋》之所以不序諸侯者，蓋莫有主是盟之辭也。桓、文之盛，皆序齊、晋於諸侯之上，主伯之辭也。齊桓之未盛，與晋伯之不競也，則雖序齊、晋於諸侯之上，而必書曰"同盟"者，未純乎主伯之辭也。此年之盟，與是後一盟、一會，皆不序諸侯者，莫有主是盟之辭也，於是夷晋於列國矣。葵丘之盟，宰周公不與也，故但曰"諸侯盟于葵丘"。首止之盟，王世子不與也，故但曰"諸侯盟于首止"。若此年之盟，則非有所不與者也。新城之圍，嘗序諸侯，及其再有事，於救許則但書曰"諸侯遂救許"。夷儀之會，嘗序諸侯，及其盟于重丘，則但書曰"諸侯同盟于重丘"。若此年之盟，則又非一役而再有事也。然則但書諸侯而不序者，其爲莫有主是盟之辭明矣。

公孫敖如京師，不至而復　丙戌，奔莒

或問：書"復"之義。

曰：《春秋》之義，有書"還"，有書"復"者。"歸父還自晋，至笙。遂奔齊"，"還"者，自彼及此而未至國之辭也。"公子遂如齊，至黄乃復"，反其故所之辭也。"公子遂如齊"與"公孫敖如京師"一也，公子遂書曰"至黄乃復"，則已如齊而未至齊。遂之心本欲至齊，而以疾不能也。公孫敖書曰"不至而復"，則敖本無至周之意，雖受命而實不行也。廢君命，縱私欲，莫大於此。

宋人殺其大夫司馬，宋司城來奔

或問：殺大夫，以官舉，何也？

曰：石氏曰："《春秋》殺其大夫，及外大夫出奔，未有不以官舉者。此年'宋殺其大夫'及'來奔'，皆書以官，諸儒謂譏其僭，此得其一，未得其二也。古者，謂君爲元首，臣爲股肱，言其一體相待以成。未有股肱虧而其體胖也。宋國

之亂，前年欲去群公子而弗克，故穆襄之族，率國人以攻公，群大夫死之，書曰‘宋人殺其大夫’，蓋言死者，衆也。今年宋襄夫人因戴氏之族以作亂，公子卬死之，蕩意諸奔焉，書曰‘宋人殺其大夫司馬，宋司城來奔’，蓋言官者，殆盡也。卿佐、大夫，君之所倚以平者也。司馬、司城，國之所恃以安者也。大夫既殺，司城又奔，枝葉皆落，爪牙盡去，君孰與處哉？終之不免孟諸之禍，而武穆之族見逐，國人不靖者數世，國無官也。由此推之，豈特譏其僭哉？”

【校記】

① 莊二十三年：四庫本作“莊二十二年”。莊公二十二年《春秋》經作“及齊高傒盟於防”。

② 四年：四庫本作“七年”。文公七年《春秋》經作“晋人及秦人戰於令狐”。

③ 宣三年：四庫本作“宣二年”。宣公二年《春秋》經作“秦師伐晋”。

④ 廖：四庫本作“瘳”。

⑤ 雖無中氣：原書“雖無”有二闕文，此據四庫本補“中氣”二字 。

⑥ 是月：原書“是”下一闕文，此據四庫本補“月”字。

⑦ 晋人：四庫本作“晋侯”。文公四年《春秋》經作“晋侯伐秦”。

春秋或問卷第十四

文　公

夫人姜氏至自齊

或問：夫人之行，十有二皆不至，而此獨書“至”，何也？

曰：夫人與君，敵體者也。出必告行，反必告至，則書於策，告則書，不告則不書，此魯史之辭也。而夫子之修《春秋》，於君出則書“至”，於夫人出則不書“至”，降殺之等也。獨於此書“至”者，蓋有故也。是故録“紀叔姬之歸”者，爲歸于酅起也；録“夫人姜氏之至”者，爲歸于齊起也。是聖人之微意也。始書曰“夫人姜氏如齊”、“夫人姜氏至自齊”，卒書曰“子卒。夫人姜氏歸于齊”，然則出姜之不安於魯也，舊矣，文公私嬖敬嬴之罪著矣，異時襄仲殺惡及視之兆，已萌於此時矣。聖人詳録其往來，豈特爲其告至與不告至哉？

晋人殺其大夫先都，殺其大夫士縠及箕鄭父

或問：殺二大夫已上，不書“及”者，何也？

曰：其事同殺之，志均故也。成八年“晋殺其大夫趙同、趙括”、十七年“晋殺其大夫郤錡、郤犫、郤至”，哀四年“曹殺其大夫公孫姓、公孫霍[①]”是也。書曰“殺其大夫某及某”者，以某之故，而延及某也，若僖二十九年[②]“衛殺其大夫元咺及公子瑕”、文九年“晋人殺其大夫士縠及箕鄭父”、襄二十三年“陳殺其大夫慶虎及慶寅”是也。胡氏曰：“稱人以殺者，國亂無政，而衆人擅殺之辭也。何以知非討賊之辭？書‘殺其大夫’，則知之矣。當是時，晋靈初立，政在趙盾，四人之殺，皆非君意。”

九月地震

或問：書“地震”之義。

曰：任氏曰：“前此，踰百年未有書地震也，而自此至哀公書地震者五。地道以静爲體，以順爲正，安以承天者也。逆其常理而不得其節焉，則震，而不安其所承矣。於此足以見諸侯變而不承天子，大夫變而不承諸侯，夷狄[3]變而不承中國之象也。”

楚子使椒來聘

或問：書夷狄[4]來聘之義。

曰：《春秋》書夷狄[5]使人來聘四。此年及十二年“秦伯使術”，襄二十九年“吴子使札”、三十年“楚子使薳罷來聘”，皆非美其能聘也，所以著其强也。盂之會，楚稱子，是《春秋》之不得已也。自是而後皆稱人。至“使椒來聘”，則稱楚子，韓原之戰，秦稱伯，是《春秋》之不得已也。自是而後皆稱人。至“使術來聘”，則稱秦伯，鍾離之會、柤之會、向之會，皆書之曰“吴”，是聖人之外夷狄[6]也。至“使札來聘”，則稱吴子，蓋自是益以文物禮儀接中國矣，是使中國無以異也。椒、術、札不氏，猶“鄭伯使宛”之例爾。蓋向也書荆人，則未有君、大夫也；繼也書“子”、書“伯”、書“使”，則有君也；書名，則有大夫也，然猶不氏也，蓋至於薳罷，則書氏矣。是夷狄之[7]浸强也。

秦人來歸僖公、成風之襚

或問：秦人來歸襚，何也？

曰：成風薨在四年，葬在五年。今五年矣，而後秦人來歸襚，則其非禮也明矣。殆夷狄[8]之借此名，以交中國乎？

楚子、蔡侯次于厥貉

或問：楚子、蔡侯之次，何也？

曰：《春秋》伐而書次者，若齊率諸侯以伐楚，“次于陘”是也。救而書次者，如“齊師次于聶北，救邢”是也。師而書次者，如“師次于郎，以俟陳人、蔡人”是也。會伐而書次者，“仲孫蔑會齊崔杼、曹人、邾人、杞人次于鄫”是也。凡書“次”者，必有兵。楚子、蔡侯之次于厥貉，蓋亦兵次也明矣。然不書伐，不書師，則其兵之未加乎中國也。其書次，則有窺中國之志矣。案：《左傳》“陳侯、鄭伯會楚子于息。冬，遂及蔡侯，次于厥貉，將以伐宋。宋乃逆楚子，遂道以田孟諸”，若是，則陳、鄭當在次矣。又稱“厥貉之會，麇子逃歸”，則麇子亦在會矣。宋公逆楚子，而道之田，則宋公亦在厥貉之會矣。今經獨書“楚子、蔡侯”，而不及諸國，疑《左氏》之説恐非事實。蓋楚自城濮之後，不敢萌心以窺中國。襄公没，靈公幼，而後楚有伐鄭之舉、聘魯之事。然則楚子、蔡侯次于厥貉者，正其窺中國之始也。《春秋》獨書“蔡侯”，而不及他國，則可知矣。或謂次于厥貉，將以伐麇，恐亦不然。蓋次于厥貉，則蔡侯預焉；伐麇，則獨書“楚子”，然則其次厥貉也，非爲伐麇亦明矣。

叔孫得臣敗狄于鹹

或問：《左氏》以爲長狄，而劉敞以爲非，何也？

曰：《春秋》書戎，則曰山戎、姜戎、陸渾之戎，書狄，則曰赤狄、白狄。果長狄，《春秋》何不書哉？况書“敗狄于鹹”於“狄侵齊”之下，則其爲非長狄也[⑨]亦明矣。

郕伯來奔

或問：郕伯何以不名？

曰：諸侯失地則名，而衛侯出奔楚，不名，則衛侯未失國也。郕伯來奔不名，是亦未失國之例耳。《左氏》乃謂：“郕伯卒。郕人立君，太子以夫鍾與城邦來奔，公以諸侯逆之。”考之《經》而不合。劉敞曰：“意者郕伯卒，太子即位而不能自安，遂出奔。此乃真郕伯矣。以其即位日淺，或謂之太子，而《左氏》誤以爲太子出奔也。"《公羊》曰"失地之君也",亦非也。邢遷于夷儀,此自遷也。宋人遷宿,此亡國之文也。郕降于齊師,此亦自降也。齊人降鄣,此亦亡國之文也。此類分明,理無可疑。然則郕本未亡國也。

子叔姬卒

或問:《左氏》曰:"杞桓公來朝,且請絶叔姬而無絶婚。公許之。二月,叔姬卒,不言杞,絶也。書叔姬,言非女也。"信乎?

曰:劉敞言之矣。劉之言曰:"此事當在成公九年,而《左氏》誤置於此。陸淳已言之矣。"案:成九年,杞桓公來逆叔姬之喪,請之也。然則杞伯絶叔姬事,當在成八年之前,而經於成八年書"杞叔姬卒",於成九年春書"逆叔姬之喪以歸",若今年杞伯來朝,與子叔姬卒,初不相關,而《左氏》强合而言之,則誤矣。

滕子來朝

或問:文公之德政無足言,而曹伯來朝,杞伯來朝,郕伯來奔,滕子來朝,不一書於經,何也?

曰:魯固東方之望國也。當是時,伯國則晋也,望國則魯也。魯之威令不如晋之强,徒以周公伯禽之後,諸侯望而敬之。承筐之會,亦惟晋、魯二國之大夫與焉。秦術、楚椒之聘,亦汲汲於之魯。然則曲阜之地,非小弱也,周公伯禽之澤猶在也,聲明文物之舊猶故也。諸侯之敬魯,與夷狄[10]之望魯,亦不敢與他諸侯比也。使其君能自强於政,則其糾合諸侯,翼戴周室之權,不在晋而在魯矣。惟其怠惰廢弛,舉其國之柄而移於大夫之手,自是而後,浸微浸弱。然則誰之咎哉?

季孫行父帥師城諸及鄆

或問:帥師而城,何也?

曰：石氏曰："《春秋》書城邑二十四，而帥師而城者，皆有難也。哀二年[11]'季孫斯、叔孫州仇帥師城啓陽'，時蓋懼晋。此年之城，蓋備莒耳。役民而城，猶曰不可，帥師而城，得無勞乎？此詳録以示譏也。魯有二鄆：成四年'城鄆'，是鄆也，蓋近晋之邑也，故杜曰'以備晋也'。此年'城鄆'，蓋近莒之邑，故杜曰'莒、魯之所争者'。竊嘗推之前年，七年'徐伐莒'，莒人請盟于我，故'公孫敖如莒莅盟'，則莒之於我，未始有怨也。今城二邑，而懼莒之難者，以公孫敖之在焉故也。及者，先後之辭。及者，不宜及也。"

公會盟于新城

或問：兩會于幽，書"同"；自幽之後，不書"同"；新城之盟，復書"同"，何也？

曰：幽之會，齊桓伯業未盛之時，則其會、其盟也，同出於諸侯之欲，同於懼楚而爲此盟也，故書"同"。迨夫齊桓既盛之時，則合海内而聽命於一邦，則有以主是盟者矣，故不書"同"。齊桓既没之後，晋文起而繼之，諸侯附從之不暇，則亦有以主是盟者矣，故不書"同"。襄公既没，靈公尚幼，政在大夫，糾合諸侯之力怠矣；楚焰方張，諸侯同懼，於是汲汲焉爲新城之盟，而藉晋以爲主，非晋之能糾而合之也，故書"同"。是故桓、文未盛之時，是一時也；桓、文既盛之時，是一時也；晋伯已衰之後，是一時也。然則是盟也，其亦幸而諸侯能知汲汲於從晋，而爲此盟邪？其亦不幸而晋伯不競，然後諸侯相率以爲此盟邪？

公孫敖卒于齊　齊人歸公孫敖之喪

或問：公孫敖卒于齊，書之於策，何也？

曰：石氏曰："孔子曰：'政在大夫，五世矣'，蓋由文以來也。襄王崩，公孫敖如周弔，不至而復，遂從己氏奔莒。因重賂以求入，惠叔以爲請，許之。將來，卒于齊，齊人歸其喪。惠叔又請而受之，書曰'公孫敖卒于齊'，明年又書'齊人歸公孫敖之喪'，言魯人雖欲絶之，而不能也。陪臣執國命可見矣。"又曰："奔大夫卒，皆不書，如‘公子慶父出奔莒’、‘臧孫紇出奔齊’是也。内大夫卒于外，皆不至，如仲遂、公孫嬰齊、公孫敖，奔大夫也。其卒，當如公子慶父、臧孫紇，絶而不書。其書，以齊人歸其喪起也。其喪至，當如仲遂、公孫嬰齊，闕而不録。其録，以魯人受其喪故也。且禄去公室，三家之子孫漸盛强矣，敖雖廢命奔莒，而其子文伯、惠叔繼立於朝，襄仲又從其請，而復其生莒之二子。然則大夫之汰，可知矣。單伯，天子卿也；叔姬，魯女也，齊人以魯之故，皆執而辱之。然則齊人之狂，可見矣。夫以其子之汰，請其父之喪，雖欲勿許，其可得而禁乎？於以見大夫之專也。夫以齊之狂，歸我臣之喪，雖欲勿受，其可得而辭乎？於以見魯人之弱也。”

宋子哀來奔

或問：書“子哀”，何也？

曰：《左氏》以爲“高哀”，“不義宋公而出”。書字，“貴之也”。然既書“來奔”，則何可貴之有？孫氏以爲：“子，姓。哀，名。”亦非也。《春秋》書諸侯同姓之臣，未有更書“姓”者，惟黎氏以爲：“子哀，乃子同、子糾之例。”此義稍近。

曹伯來朝

或問：曹伯來朝，禮乎？

曰：十一年“曹伯來朝”，《左氏》以爲“始即位而來朝”，今年“曹伯來朝”，《左氏》以爲“諸侯五年再相朝，古之制也”。案《周官》：“六年，五服一朝。”謂諸侯朝天子也，豈謂諸侯相朝之禮也？且以春秋時考之：曹，小國也，既當朝魯，又當朝宋、衛，而楚、鄭、秦、陳、齊、蔡、滕，又皆當朝之。夫如是，奔走於道，朝，何時而已哉？

齊人來歸子叔姬

或問：内女來歸，何以書？

曰：《春秋》書内女"來歸"三：宣十六年"郯伯姬來歸"、成五年"杞叔姬來歸"，皆大歸也。石氏曰："郯人來歸伯姬，杞人來歸叔姬，而此獨曰'齊人來歸子叔姬'，何也？其曰'來歸'者，本無他惡，以不見禮而自請絶也。若子叔姬，則先書'被執'，次書'來歸'，非郯、杞之比矣。夫商人弑君而自立，又執天子之使，又虐其國君之母，天子不能討，諸侯不能伐。季孫行父再如晋，諸侯爲是盟于扈，皆無能爲而退，徒得單伯之至，子叔姬之歸而已，而興兵以侵魯者未已也。於以見晋伯之不競也，於以見諸侯有弑君者而莫之討也，於以見齊之横而魯之弱也。"

宋人弑其君杵臼

或問：書"弑"之例。

曰：《春秋》書"弑君"之例：有出其主名者，則其罪專在一人；若其不出主名而稱國、稱人，則其罪不專在一人矣。稱國以弑者，則其大臣、貴戚咸有罪焉，"莒弑其君庶其"、"晋弑其君州蒲"、"吴弑其君僚"、"薛弑其君比"是也。稱人以弑，則其國人咸有罪焉，"宋人弑其君杵臼"、"齊人弑其君商人"、"莒人弑其君密州"是也。何以言之？案傳：公子鮑禮於國人，國人利公子鮑之惠也，奉而欲立之。然後夫人使公田孟諸。公曰："不能其大夫至於君祖母以及國人，諸侯誰納我？"夫人乃使帥甸攻而殺之。是宋國之人皆欲弑之也。商人之既立也，執天子之使，執國君之母，又加兵於魯，肆爲不道而莫之禁，齊之國人亦必不安其所爲矣。傳載"邴歜、閻職謀弑懿公，納諸竹中。歸，舍爵而行"，然則齊人之惡商人，亦可知矣。是齊國之人皆欲弑之也。莒密州之見弑也，以莒子虐，國人攻而弑之，而展輿立。是莒國之人皆欲弑之也。此稱人以弑之義也。若夫"莒弑其君庶其"，則太子僕因國人以弑之也。"晋弑其君州蒲"，則欒書、中行偃之爲也。"吴弑其君僚"，則公子光、專諸之爲也。"薛弑其君比"，則亦其當國大臣之罪也。此稱國以弑之義也。

或曰：《春秋》弑君之罪，必出主名，則太子僕、公子光、晋欒書何以獨免？

曰：罪專在於一人者，出其一人之名可也；罪不專於一人者，則稱國以弑而已。

或曰：稱人之義，何以知其非賤者乎？

曰：吴子餘祭之弑，書之曰“閽”；蔡侯申之弑，書之曰“盜”，此賤者之名字不著之簡策也。苟其出於賤者，則當如書“閽”、書“盜”之例，而豈復稱人哉？

或曰：稱人以弑，君無道也，故不罪其人。

曰：夫春秋之世，諸侯見弑，豈其有道者哉？聖人書此義，以見爲君者不可以自肆於人上也，以見君臣之分，萬世之不容易者也。

公子遂、叔孫得臣如齊　冬十月，子卒

或問：二臣並稱，何也？

曰：胡氏曰：“使舉上介將，稱‘元帥’，此春秋立文之常體也。其有變文書‘介副’者，欲以起問者，見事情也。子赤，夫人之子，今卒於弑，不著其實，是爲國諱惡，無以傳信於將來，而《春秋》之大義隱矣。上書大夫並使，下書‘夫人歸于齊’，中書‘子卒’，則見禍亂邪謀發於奉使之日，而公子遂弑立其君之罪著矣。”

夫人姜氏歸于齊

或問：夫人歸于齊，何也？

曰：胡氏曰：“書‘夫人’，則知其正；書‘姜氏’，則知其非見絶於先君；書‘歸于齊’，則知其無罪，異於‘孫于邾’者。而魯國臣子殺嫡立庶，敬嬴、宣公不能事主君，存嫡母，其罪不書而並見矣。”

【校記】

① 曹殺其大夫公孫姓、公孫霍：四庫本作“蔡殺其大夫公孫姓、公孫霍”。哀公四年《春秋》經作“夏，蔡殺其大夫公孫姓、公孫霍”。

② 僖二十九年：四庫本作“僖三十年”。僖公三十年《春秋》經作“秋，衛殺其大夫元咺

及公子瑕”。

③ 夷狄：四庫本作“外裔”。

④ 夷狄：四庫本作“楚子”。

⑤ 夷狄：四庫本作“戎蠻”。

⑥ 之外夷狄：四庫本作“所以外之”。

⑦ 是夷狄之：四庫本作“蓋以著其”。

⑧ 夷狄：四庫本作“秦人”。

⑨ 也：四庫本無此“也”字。

⑩ 夷狄：四庫本作“外國”。

⑪ 哀二年：四庫本作“哀三年”。哀公三年《春秋》經作“季孫斯、叔孫州仇帥師城啓陽”。

春秋或問卷第十五

宣　公

遂以夫人婦姜至自齊[①]

或問：夫人婦姜至自齊，非喪娶乎？

曰：法有不待貶絶而惡自明者，此類是也。（文公之喪，未）期而[②]使公子遂如齊逆女，雖不譏喪（娶，罪惡自見矣）。公子翬，殺隱者也。公子遂，殺子赤者（也）。（桓公之立），（逆）女使翬。宣公之立，逆女使遂。斯二人（者），（在國以爲賊），（而）桓、宣以爲忠也，故終桓、宣之世，翬、遂皆異辭。王曰[③]："文十八年書公子遂、叔孫得（臣如齊），（而不）書其故。已而書'冬十月，子卒'，則遂及得（臣如齊之意）可見矣。宣元年書'季孫行父如齊'，而不書（其故）；（已而）書'公會齊侯于平州'，則行父如齊之意可（见矣）。（前年）書'夫人姜氏歸于齊'，以其子故也。既而，季（孙如齊，畏）夫人之有所訴也。宣公即位之初，公子遂（如齊逆女），亦齊之甥也，憂齊之有所討，故欲急婚於齊（也），《公》、《穀》謂譏喪娶，不知喪娶之不足罪也，可罪者喪（娶之故也）。"胡曰[④]："經書'行父如齊'，而（不言其故），傳謂'納賂以請會'。（經有不待）傳而著者，比事以觀斯得矣。下書'公會齊侯'，則知此會行父請之也。又書'齊人取濟西（田）'，（則知其）請，蓋以賂之也。雖微，傳其事著矣。"

晋放其大夫胥甲父于衛[⑤]

或問：書"放"之義。

曰：經書"放"三：此年[⑥]"（晋放其大夫）胥甲父于衛"，（昭八年）"執陳公子招，放之于越”[7]，哀三年“蔡人放獵于吴”[8]是也。於晋則稱國，於蔡則稱人。國以殺，稱人以殺例推之，則稱國者，與焉；稱人者，國亂無政，而衆人擅放之。案《左氏》：河曲之戰，臾駢欲薄秦於河内而不可，遂以失秦，晋人惡其不得志於秦，不用命者而放胥甲父，則其大夫謀而放之也。蔡遷于州來而殺公子駟，明年公預，以爲公子駟之黨，或者其然，豈以亂無政而其國大夫擅放之乎？春[9]專殺也，書“放大夫”亦惡專放也。大夫，天子而自命。以爲有罪，又不告於[10]，《春秋》惡之，折河曲之戰，撓臾駢之[11]，其不用命，則當以穿爲首，止治軍而獨放甲父，則以趙盾當國，穿佐下軍，桃園之兆見於此矣。

公會齊侯于平州

或問：公會齊侯于平州，何也？

曰：與齊會，而定公位也。弑君篡國者，已列於諸侯之會，故不復致討，故曹人以此請負芻于晋。夫篡殺之賊，毁滅天理，無所容於天地之間，身無存没，時無古今，其罪不得赦也。以列於會而不復討，是率中國爲戎狄，棄人類爲禽獸[12]。此仲尼所爲懼，《春秋》所以作也。

齊人取濟西田

或問：取濟西田之義。

曰：《春秋》書取田邑，有伐而書取者八：如隱四年“莒人伐杞，取牟婁”、十年“公敗宋師，取郜及防”，僖二十二年“公伐邾，取須句”、二十六年“公以楚師伐齊，取穀”、三十三年“公伐邾，取訾婁”，宣四年“公伐莒，取向”、九年“齊侯伐萊，取根牟”、十年“公孫歸父伐邾，取繹”，是用兵力以取之也。有直書取者：如僖三十一年“春，取濟西田”，我取之曹也。此年“齊人取濟西田”，齊取之我也。成二年“取汶陽田”，以鞌之戰而齊以歸我也。此則不用兵力而取之，易也。凡言取者，皆非其有之義，若“齊人取濟西田”，謂之非其有宜也，若“我取濟西田”、“取汶陽田”，皆言取，何哉？蓋嘗失之於彼矣，而今取之，是亦非其有而已矣。

楚子、鄭人侵陳，遂侵宋

或問：侵陳、侵宋，而書楚子，豈予楚以伯乎？

曰：《春秋》盟會而書楚子，自盂始；征伐而書楚子，自侵陳始。向也，“次厥貉”，嘗書楚子矣，然而未嘗加兵於中國也。繼而伐麇，亦書楚子矣，然而不過加兵於其與國也。至於侵陳，遂侵宋，則直加兵於中國矣。凡征伐而出爵者，皆伯之辭。侵蔡、伐楚，書齊侯，伯齊侯也。侵曹、伐衛，書晋侯，伯晋侯也。侵陳、侵宋，書楚子，伯楚子也。

曰：然則《春秋》固伯楚子乎？

曰：楚而能伯，《春秋》安得不伯之邪？然聖人之書此，則有幸之意焉，有傷之意焉。書曰“齊侯”、“晋侯”，喜中國之猶有伯也。書曰“楚子”，傷中國之無伯，而夷狄[13]得以執伯權也。美惡不嫌同辭，此之謂歟？然是時也，楚子侵陳，而趙盾亦帥師以救陳，又會四國之君以伐鄭，是晋猶有志於與楚争也。然晋師以救陳而起，而楚子侵宋，晋不能與争，其爲不競，亦可知矣。

宋華元及鄭公子歸生戰于大棘，宋師敗績，獲宋華元

或問：書“大夫帥師”，書“戰”，何也？

曰：《春秋》書“戰”，未有書大夫帥師而戰者。書“大夫帥師”，自此始。自是而後，戰皆書“大夫”，故宋華元，鄭公子歸生，晋荀林父，衛孫良夫，魯季孫行父、臧孫許、叔孫僑如、公孫嬰齊，晋趙鞅，鄭罕達，齊國書，凡皆大夫帥師而戰也。戰不書“大夫帥師”者，吴而已。大夫之强，可知矣。然《春秋》書戰三十四，惟晋趙鞅、鄭罕達戰于鐵，及此年大棘之戰，皆稱“帥師”者，其衆敵也。《春秋》書獲者七，惟齊國書及此年宋華元書“敗績”者，身見獲而師又敗也。大夫生死，皆言“獲”，鄭獲宋華元，生也；吴獲陳夏齧，吴獲齊國書，死也，蓋存之殺之，皆在既獲之後爾。

秦師伐晋

或問：秦師伐晋之義。

曰：晋文之伯，秦與有功；晋伯之衰，秦與有罪。城濮之戰，秦從晋以弱楚，是故晋伯而楚衰。自文十六年，秦黨楚以滅庸，而秦爲楚役，楚方陵駕中國，而秦復興師以伐晋，是故楚伯而晋衰。雖然，此非秦之罪也。晋文之欲與楚争也，必得秦而後敢戰，此固伯者之慮也。殽函之事，晋襄之度已淺，而先軫諸人見利乘便，未始有遠圖也。自是而後，更相報復，無有窮已。楚方窺伺中國，而兩虎方斗，何暇議及他事哉？楚莊之雄也，通秦以軋晋，而秦爲楚役矣。次于厥貉之後，楚方有陵駕中國之心；同盟新城之後，諸侯方有懼楚之志。蓋至於今，則鄭復背晋以從楚，黨楚以侵陳。晋方與楚争，則通秦以軋楚可也，否則置秦而勿問可也。而盾之族子曰穿，乃興侵崇之謀，盾非病狂，何故聽之？是起秦之争也。宋方敗於鄭，而晋復勞於秦，非自致之而誰邪？

晋人、宋人、衛人侵鄭

或問：晋之侵鄭，何也？

曰：新城之盟，鄭既從晋，是同於病楚也。未幾，而鄭乃從楚以侵宋，晋爲是率諸侯之師以伐鄭。又未幾，而鄭公子歸生戰于大棘以敗宋，晋又爲是，率諸侯之師以侵鄭。且一鄭也，昔何病楚，而今從之？昔何從晋，而今叛之哉？蓋自文十七年伐宋一役始。夫諸侯之從晋也，謂晋之有可依也，率諸侯以伐宋，將以討賊也。及其受賂，乃立公子鮑而還，是立賊也。鄭由是謂晋爲不足與，而從楚以侵宋，蓋有辭於宋也。晋乃庇宋以伐鄭，鄭復使公子歸生以伐宋，蓋其有辭於宋也。晋復黨宋以侵鄭，一動之非義，而與國叛之，敵國侮之，彼得以奉辭而我，疲於奔命，至一至再而未已也。然則伯主之舉動，詎可輕哉？

晋趙盾弑其君夷皋

或問：弑夷皋者，盾乎？穿乎？

曰：歐陽氏、胡氏已辨之矣。歐陽修曰："弑逆，大惡也。其爲罪也莫贖，其於人也不容，其在法也無赦。法施於人，雖小必謹，況舉大法，而加大惡乎？既輒加之，又輒赦之，則自侮其法，而人不畏《春秋》用法，不如是之輕易也。三子説《春秋》，書趙盾不討賊，故加之大惡，而以盾非實弑，則又復見乎經，以明盾之無罪，是輒加之，而輒赦之爾。以盾爲無弑心乎，其可輕以大惡加之？以盾不討賊，情可責而宜加之乎？則其後頑然未嘗討賊。既不改過以自贖，何爲遽赦，使同無罪之人？其於進退皆不可。此非《春秋》之意也。趙穿，弑君大惡也。盾不討賊，不能爲君復讎，而失刑於下。二者輕重，不較可知。就使盾爲可責，然穿焉得免也？今免首罪爲善人，使無辜者受大惡，此决知其必不然也。若曰盾不討賊，有幸弑之心，與自弑同，故寧舍穿而罪盾。此乃逆詐用情之吏矯激之爲爾。非孔子以王道治人之法也。孔子患舊史是非錯亂，而善惡不明，所以修《春秋》。就令舊史如此，其肯不正之乎？此可知其繆也。"

曰：然則夷皋孰弑？

曰：孔子所書，趙盾是也。胡氏曰："正卿，當國任事之臣也。國事莫酷於君見弑，不於其身而誰責乎？亡而越竟，謂去國而不還也，然後君臣之義絶。反而討賊，謂復讎而不釋也，然後臣子之義終。不然，是盾僞出而實與聞乎其故也。假令不與聞者，而縱賊不討，是有今將之心，而意欲穿之成乎？弑矣，惡莫憯於意。今以此罪盾，盾雖欲辭而不受，可乎？"

春，王正月，郊牛之口傷，改卜牛　牛死，乃不郊　猶三望

或問：不郊，禮乎？

曰："乃不郊"，爲牛之口傷，改卜牛，而牛又死也。不然，郊矣。胡氏曰："禮，爲天王服斬衰。周人告喪于魯，史策已書，而未葬也。祀帝于郊，夫豈其時哉？謂不以王事廢天事，禮乎！"

葬　匡　王

或問：葬，不書其人，何也？

曰：《春秋》書王崩而葬者四："葬桓王"、"葬匡王"則不書其人，"葬襄王"則叔孫得臣也，"葬景王"則叔鞅也。或謂桓王、匡王之葬，皆公親往，然以他文比而觀之，葬諸侯而使卿者，則備而書之，其他不書其人者，皆謂公親往可乎？

鄭公子歸生弑其君夷

或問：公子歸生何以蒙弑君之名？

曰：子公欲弑而不敢發，先以語子家，則子家必有以制其可否之勢。可否之勢在子家，而輕以徇人，其爲首惡，宜矣！胡氏曰："首謀弑逆者，公子宋也。懼譖而從之者，歸生也。而以歸生爲首惡，何也？曰：歸生與宋並爲大夫，乃貴戚之卿，同執國政，可以不從，一也。嘗統大師與宋人戰，獲其元帥。已得兵權，可以不從，二也。聞宋逆謀，登時而覺，先事誅之猶反手爾。夫據殺生之柄，仗大義以制人，使人聽已猶犬羊之伏於虎也。何畏於人，懼其見殺而從之也哉？計不出此，顧以畜老憚殺比方君父，歸生之心悖矣。故《春秋》以弑君之罪歸之。"

楚子伐鄭

或問：楚人加鄭，稱人者三，稱子者四，何也？

曰：稱子者，蓋其君自將也。不然，則稱人而已。

晋趙盾、衛孫免侵陳

或問：《公羊》曰："趙盾弑君，此其復見，何？親弑君者，趙穿也。"《公羊》之説，蓋謂弑君之賊，不復見於經；其復見於經者，以明盾之非弑也。然乎？

曰：此説誤矣。案《春秋》，弑君之賊不復見者，惟宋督、鄭歸生、齊崔杼、陳乞四子耳，其他如商人、世子般、宋萬、晋里克、衛甯喜，皆再見於經。又有以討賊而見於經者，州吁、無知是也。他國之臣，唯銜命來魯，及預會盟、侵伐則書，無事則不書。趙盾所以書者，以帥師侵陳也。若其事當書，豈以弑君之賊而不之書？若其事不當書，豈以其非弑君而强書之邪？況其身爲弑君之賊，而預國事，再見於經，適足以見其國之無臣子爾。豈謂其非弑君，而乃再見之哉？

衛侯使孫良夫來盟

或問：來盟稱使，何也？

曰：《春秋》書"來盟"五。桓十四年"鄭伯使弟語"、閔二年"齊高子"、文十五年"宋司馬華孫"、宣七年"衛孫良夫"、襄二十九年"杞子來盟"是也。而稱"使"者二。凡書"來盟"，自内録也；其稱"使"，則前定之辭也，蓋嘗有約言矣，而又使其大夫來盟，所以固之也。是冬會于黑壤而公從之，則可知矣。案《左氏》，則晉人止公，然則孫良夫之來盟，爲魯有疑心而未信乎？衛既來盟而復見止，以此知盟非《春秋》之所貴，明矣！

辛巳，有事于太廟，仲遂卒于垂
壬午，猶繹　萬入，去籥

或問：萬入，去籥，禮乎？

曰：仲遂之罪，宣公當追而正之也。不能正其罪，則是君臣之恩未絶也。知其不可繹而猶繹，則非矣。石氏曰："禮有重輕、先後、大小之不同。有國者當圖其稱也。以祭視繹，則祭爲重，而繹爲輕；以繹視卿佐之喪，則繹爲輕，而卿佐之喪爲重。昭十五年'有事於武宫。籥入，叔弓卒。去樂，卒事'，以大夫之卒，而去祭樂，是以所輕廢所重也。有事于太廟，仲遂卒于垂，壬午猶繹，以卿佐之喪而猶繹，是忽所重而行所輕也。宣公之行所輕，昭公之廢所重，《春秋》譏之一也。孔子書'有事于太廟'、'有事于武宫'，皆在二臣卒之前。至稱萬入、去籥、去樂、卒事，在叔弓、仲遂卒之後，明猶繹、去樂之爲不當也。"

晉侯黑臀卒于扈

或問：諸侯卒于内，不地。此其地，何也？

曰：於國都之外，則地之。衽金革而死，則書"卒于師"，如曹伯負芻。修玉帛之好而死，則書"卒于會"，如杞伯成。于竟外，則許男甯之"卒于楚"、吴子遏之"卒于巢"。于封内，則如鄭伯髠頑"卒于鄵"，宋公佐"卒于曲棘"。惟許男新臣卒于師，不地，蓋許男既與次陘之師，而其下文無異辭，則其爲卒于次陘之師，明矣。故雖不地，而其義自見。

衛侯鄭卒

或問：晋成公何以不葬？衛成公何以不葬？

曰：魯不會也。胡氏曰："衛成事晋甚謹，而魯宣公獨深向齊，衛欲爲晋致魯，故謀黑壤之會，而特使孫良夫來盟，以定之也。及會于黑壤，而晋人止公賂，然後免，是以扈之會皆前日諸侯，而魯獨不往，二國繼以喪赴，亦皆不會，此所謂無其事而闕其文也。"

陳殺其大夫洩冶

或問：洩冶諫而死，經書其名，何也？

曰：石氏曰："書國以殺大夫，皆殺無罪之辭。考稱國以殺之文，則洩冶之無罪可見矣。奚必待洩冶之不名哉？陳宣公君臣淫亂於朝，洩冶諫而死，《左氏》引《詩》而罪之。是非孔子之言也。後之儒者從而和之，有曰'慕匹夫之直死而無益'，有曰'居淫亂之邦，諫不能行'，從二者之言，是忠不可爲，而義不可守也。何以爲近臣哉？此《穀梁》之言近正也。大夫見殺，有罪、無罪皆書名。"

齊人歸我濟西田

或問：取不言我，而歸言我，何也？

曰：取不言我者，宣公以立之不正，而欲賂齊以求會，故不言我，以見内無惜之之意也。於其歸也，則公比年如齊，情好已篤，外有鄰國之禮，内有婚姻之故，魯亦欲得，而齊以歸之，是以言我，以見内有欲之之意也。師曰經凡言歸邑三：定十年"齊人來歸鄆、讙、龜陰田"、哀八年"齊人歸讙及闡"與"歸我濟西田"是也。然或言來，或不言來。言來者，非魯之所求而齊自歸之也。何者？夾谷之會，齊侯以無禮自屈，爲是歸田以謝過，非魯求之也。若夫濟西之田，則公連年朝齊，又與之爲婚姻，又助之以伐萊，故因是求之，而齊歸之也。讙之與闡亦猶是矣。其始也，以公入邾之故，而齊取之。既而歸邾子益，而與齊平，則因請其所取之邑，故齊以是歸之也。然則言來者，無所惜之辭也；不言來者，有所惜之辭也。無所惜，其所欲也；有所惜，則出於不得已矣。

楚人殺陳夏徵舒　楚子入陳　納公孫寧、儀行父于陳

或問：楚莊之殺陳夏徵舒，非伯討乎？

曰：胡氏曰："殺徵舒，討其賊，爲義；入陳取其國，爲貪。舜、跖之相去遠矣，其分乃在於善與利耳。楚莊以義討賊，勇於爲善，舜之徒也；以貪取國，急於爲利，跖之徒也。爲善爲惡，特在於一念須臾之間，而書法如此。故《春秋》傳心之要典，不可不察也。"

或曰：聖人大改過。楚雖縣陳，能聽申叔時之説，而復封陳，可謂能改過矣。猶書"入陳"以貶之，何也？

曰：楚莊意在滅陳，雖復封之，然嚮取一人焉以歸，謂之夏州，而又納其亂臣，是制人之上下，使不得其君臣之道也。晋人以幣如鄭，問駟乞之立，故子産對曰："若寡君之二三臣，而晋大夫專制其位，是晋之縣鄙也，何國之爲？"辭客幣而報其使，晋人舍之。他國非所當與也，而必欲納其亂臣，存亡興滅其若是乎？

楚子圍鄭　荀林父帥師及楚子戰于邲，晋師敗績

或問：邲之戰。

曰：此一戰也，中國夷狄[14]勝負之决也。前乎此也，晋與楚争陳，楚、鄭侵陳，則晋救之；陳即楚，則晋、衛侵之；陳及晋平，則楚伐之。扈之會，陳不至，則

晋荀林父伐之，陳猶未純乎從楚也。迨夏徵舒之弑其君也，晋之君臣曾不能爲陳謀之，陳於是從楚，爲辰陵之盟。晋方且會狄于攢函，而不謀諸侯之難；楚以夷狄[15]之雄，乃能執討賊之權，而縣陳、封陳在其掌握，於是陳爲楚有，而晋安得而有之？前乎此也，晋與楚争鄭，鄭從楚侵宋，則晋伐之；晋、宋又伐鄭，則鄭受命於楚以敵之。鄭即晋，則楚侵之，又伐之。黑壤之會、扈之會，鄭在晋宇下，則楚子再伐之。鄭不堪楚之屢伐也，於是從楚，以爲辰陵之盟。然其心，固曰與其來者可也，是其心猶未純乎從楚也，故又徼事於晋。楚子之圍鄭也，所以争鄭也。晋既不能有陳矣，則邲之一戰，是固勝楚得鄭，伯諸侯之一决也。自晋師之敗績，而楚得以伐宋，横行於中國，而莫之制矣。

案《左氏》，則是晋中軍未成列，而楚車馳卒奔以乘晋軍，是以晋師敗績耳。然以經文考之，則是成列而戰，可知也。案《左氏》，則邲之役，六卿並在，大夫、司馬皆具官，不欲劓民者，三帥也；違命濟師者，先穀也，而獨書林父，何也？

胡氏曰："古者仗鉞臨戎，專制閫外，雖君命有所不受，況其屬乎欒書！救鄭軍帥之欲戰者八人，武子遂還，衆不敢遏。偪陽之舉，匃、偃二將皆請班師，荀罃令曰：'七日不克，必爾乎取之。'遂下偪陽。林父既知無及於鄭，焉用之矣，諸帥又皆信然其策，先穀獨以中軍佐濟。若下令三軍無得妄動，案《軍法》而行辟，夫豈不可？既不能令，乃畏失屬，亡師之罪，而從韓獻子分惡之言，知難而冒進，是棄晋師於誰責乎？故此稱敗績，特以荀林父主之也。"

宋人及楚人平

或問：宋及楚平，何也？

曰：此一編也，可以見晋伯之不競，而楚之横行中國也，甚矣！向也，晋與楚争，陳其後也。陳有少西氏之亂，晋不能討，而楚討之，縣陳、封陳，在其掌握，而陳在楚宇下矣。向也，晋與楚争鄭；其後也，鄭有皇門之入，晋不能救，已而有邲之戰，而晋師敗績，而鄭又在楚宇下矣。向也，晋、宋、衛猶爲一黨，及宋師伐陳，而衛救之，則衛又貳於楚。向也，晋、楚之争，而中國之望，如魯國者猶未嘗即楚也；今則公孫歸父會楚子于宋，而魯又即於楚。當是時，中國伯主之後，則晋也先代之，後則宋也。二國皆大國也。鄭及楚平，則伐鄭者，晋與宋也。邲既敗，則同爲清丘之盟者，晋與宋也。清丘之盟，陳人不至，則爲之伐陳者，又宋也。今也，楚子圍宋者九月，宋之國人至於易子而食，析骸而爨矣。楚之圍宋者，亦軍弊食盡，而將去矣。而宋人告急之師，晋不能一出力以援之。一懲於邲之戰，而中國之氣索然矣。宋及楚平，豈其得已哉？書曰“宋人及楚人平”，以見中國之無伯也，以見夷狄[16]之恣横也，以見諸侯之有畏於楚，而莫之能救之者也。然則宋、楚之平，豈小故哉？

晋師滅赤狄潞氏，以潞子嬰兒歸

或問：晋師之滅赤狄也，非有志於攘夷狄[17]乎？

曰：夷狄屢侵中國[18]，晋景滅之，似也。然楚之圍宋，歷三時而不解，晋不能一引手以救之，而徒能加兵於狄。今年書“晋師滅赤狄潞氏，以潞子嬰兒歸”，明年書“晋人滅赤狄甲氏及留吁”。觀宋人之告急也，晋侯欲救之，而伯宗方以納污藏疾，匿瑕含垢自諉。及晋侯之欲伐狄也，諸大夫皆以爲不可，而伯宗乃曰：“後之人或者將敬奉德義以事神人，而申固其命，若之何待之？”嗚呼！是誠何心哉？其爲謀，不過欺善怕惡爾。不得志於楚，乃求得志於狄，晋侯以是賞桓子，又以是賞士伯，又使趙同獻俘于周。君臣之間，矜然德色，志得意滿矣，何暇謀及楚哉？聖人備書於策，而義自見矣。

王札子殺召伯、毛伯

或問：案《左氏》，“王孫蘇與召氏、毛氏争政，使王子捷殺召戴公及毛伯衛”，然乎？

曰：果如所傳，則經當書王孫蘇以首惡。此未必然。

公會晋侯、衛侯、曹伯、邾子同盟于斷道

或問：斷道之盟，魯與焉，何也？

曰：前乎是，魯專事齊。至此，魯始從晉。石氏曰："斷道之盟，《左氏》以爲'辭齊'，《穀梁》以爲'外楚'，今從《穀梁》義。何則？自宣公以來，凡晉會諸侯，齊未嘗不與也，衛嘗同盟矣。清丘之盟，辭曰'討貳'，而陳貳於楚，宋人伐之，衛乃救陳，晉以衛之救陳也，討焉，衛殺其大夫孔達以説於晉。然則斷道之盟，衛人在焉，故曰'同外楚也'。《左氏》見明年同衛世子臧伐齊，成二年有鞌之戰，而謂以此爲'辭齊'，亦不與'經'合矣。"

公弟叔肸卒

或問：書弟，何也？

曰：案《春秋》之義，諸侯之尊弟，兄不得以屬通其弟云者，以重書也。然有以弟而書字，有以弟而書名者，以其爲母弟之貴也。比之天子命大夫而書字，則叔肸、許叔、蔡叔之類是也。其已爲大夫者，則書名，衛縶、宋辰、齊年、鄭語之類是也。

【校記】

①"遂以夫人婦姜至自齊"：四庫本無此條。

②"期而"至"以爲忠也"：原文不可讀，疑脱。元程端學《春秋本義》卷十六引石氏曰："文公之喪，未期而使公子遂逆女，雖不譏喪娶，罪惡自見矣。公子翬，弒隱公者也；公子遂，殺子赤者也。桓公之立，逆女使翬；宣公之立，逆女使遂。斯二人者，在國以爲賊，而桓、宣以爲忠也。"此據以校補。

③"王曰"至"可罪者喪"：原文不可讀，疑脱。元程端學《春秋本義》卷十六引王曰："文十八年書'公子遂、叔孫得臣如齊'，而不書其故，已而十月，子卒，則遂及得臣如齊之意可見矣。此年書'季孫行父如齊'而不書其故，已而書'公會齊侯于平州'，則行父如齊之意可見矣。前年書'夫人姜氏歸於齊'，以其子故也。既而'季孫如齊'，畏夫人之有所訴也。宣公即位之初，公子遂如齊逆女，亦齊之甥也，憂齊之有所黨，故欲急婚於齊也。《公》、《穀》謂譏喪娶，不知喪娶之不足罪，可罪者，喪娶之故也。"此據以校補。

④"胡曰"至"傳其事著矣"：原文不可讀，疑脱。宋李明復《春秋集義》卷三十引胡安

國曰:"《經》書'行父如齊',而不言其故。謂'納賂以請會'者,《傳》也。《經》有不待《傳》而著者,比事以觀,斯得矣。下書'公會齊侯于平州',則知此'會',行父請之也。又書'齊人取濟西田',則知其請,蓋以賂也。雖微,傳其事著矣。"元程端學《春秋本義》卷十六引"胡氏曰"以下略同。此據以校補。

⑤ "晋放其大夫胥甲父于衛":四庫本無此條。

⑥ "此年"至"胥甲父于衛":原文不可讀,疑脱。"此年"當作"元年"。宣公元年《春秋》經作"晋放其大夫胥甲父于衛",此據補。

⑦ 執陳公子招,放之於越:事在昭公八年。原書脱,據昭公八年《春秋》經補"昭八年"。

⑧ 蔡人放獵于吴:哀公三年《春秋》經作"蔡人放其大夫公孫獵于吴"。

⑨ 春:"春"下疑有脱文。宋家鉉翁《春秋集傳詳説》卷七曰:"凡殺大夫,皆譏專殺也。葵丘之會曰:'無專殺大夫。'此周家盛時法制,而襄王舉之於會,以訓飭諸侯者也。諸侯與其卿大夫雖有君臣之分,皆王臣也,故其命上大夫,必請於王,有罪當殺,亦必稟命於王,不得專也。自東遷,諸侯既專命卿大夫,而復專殺之,無王也。凡書'殺大夫',有稱國以殺者,有稱人以殺者。稱國以殺者,十之八九大率皆譏專殺。"

⑩ 告於:"告於"下疑有脱文。

⑪ 撓輿騈之:"之"下疑有脱文。

⑫ 率中國爲戎狄,棄人類爲禽獸:四庫本作"導天下而爲無父、無君之歸"。

⑬ 夷狄:四庫本作"蠻荆"。

⑭ 中國夷狄:四庫本作"晋、楚列國"。

⑮ 夷狄:四庫本作"南服"。

⑯ 夷狄:四庫本作"蠻荆"。

⑰ 攘夷狄:四庫本作"安中國"。

⑱ 夷狄屢侵中國:四庫本作"赤狄屢肆侵暴"。

春秋或問卷第十六

成　　公

春二月，無冰　元年

或問：或謂開冰而後書"無"，信乎？

曰：《春秋》書"無冰"三：桓十四年春正月"無冰"，是年二月"無冰"，襄二十八年春"無冰"。無冰者，恒燠之罰也，而皆書之於春。或謂開冰而無，乃書"無冰"，與"大無麥禾"書之於歲終爲一例。然以鄙意觀之，"大無麥禾"書之一歲之終，可也。若"無冰"，則但當於鑿冰之時而無冰可鑿，則書之，非必待既開冰而後，知其無也。然則《春秋》以周正紀事，亦可知矣。

王師敗績于茅戎

或問：書"王師敗績于茅戎"，何也？

曰：程氏曰："王師於諸侯，不言敗諸侯，不可敵王也；於夷狄[①]不言戰，夷狄不能抗王也。不可敵、不能抗者，理也。其敵、其抗，王道之失也。"桓王伐鄭，兵敗身傷，而經不書敗，存君臣之義，立天下之防也。劉康公邀戎伐之，敗績于徐吾氏，而經不書戰，辨華夷[②]之分，立中國之防也。是皆聖人筆削，非魯史之舊文也。然筆於經者，雖以尊君父、外戎狄[③]爲義，而君父所以尊，戎狄所以服[④]，則有道矣。桓王不以討賊興師，而急於伐鄭；康公不以信厚持國，而輕於邀戎，是失其所以君天下，禦四夷[⑤]之道也。書"敗績于茅戎"，言自敗也，其自反亦至矣。

季孫行父、臧孫許、叔孫僑如、公孫嬰齊帥師會晉郤克、衛孫良夫、曹公子首及齊侯戰于鞌，齊師敗績　齊侯使國佐如師　及國佐盟于袁婁

或問：使舉上客，而文公之末年書"公子遂、叔孫得臣如齊"；將稱元帥，而成之二年，書四卿"帥師"會戰，何也？

曰：用以見大夫之爭强也於是。衛未有大夫將，書"孫良夫"。曹無大夫，書"公子首"。而賞鞌之功，晉於是有六卿[⑥]，韓厥、趙括、鞏朔、韓穿、荀騅、趙旃皆爲卿，征伐皆在大夫矣。案：此編與屈完來盟之義略同，然屈完之盟，書曰"屈完來盟于師"，則來盟者，屈完之意也。盟于召陵，因其來盟而與之盟也。齊侯使國佐如師，則國佐之來，請於四國也。及國佐盟于袁婁，則四國之欲也。曷爲以四國之欲言之？國佐如師，將以賂免，非服之也。晉大夫又不以德命，使齊人盡東其畝，而以蕭同叔子爲質，由是國子不可，請合餘燼，背城借一，揖而去之。郤克使魯、衛之使，以其辭爲之請，逮乎袁婁而與之盟，則汲汲欲盟者，晉也，故反以晉人主之。齊桓合九國之師以臨楚，屈完來盟于師，則退于召陵而與之盟，不敢以臨楚盟屈完也。晉郤克合四國之大夫以戰齊，齊侯使國佐如師，則進師于袁婁而與之盟，必欲以逼齊盟國佐也。齊桓爲有禮，而四國爲忿矣。

取汶陽田

或問：汶陽田，書"取"，何也？

曰：石氏曰："内取外邑，皆曰取，如取鄟、取邿、取根牟。外歸魯皆曰歸，如濟西、龜陰及讙、闡是也。汶陽田，魯地也。齊人以歸于我，當曰'歸'，今而曰'取'者，蓋因晉之力而取之，易也。歸者，其意也；取者[⑦]，我也，非其志也。於後齊復事晉，故八年使韓穿來言'歸之于齊'。然此年齊歸我田，書曰'取'，八年齊取我田，乃曰'歸'者，取之自晉，歸之自晉，以見魯國之命，制於晉而已。故雖我田也，而不得偃然有之，其猶寄耳。故齊歸我田，書曰'取'，猶若取之於

外也。齊取我田，書曰‘歸’，猶若齊之所有也。”胡氏曰：“取者，得非其有之稱。恃大國兵力，一戰勝齊，得其故壤，而不請於天王以正疆理，則取之不以其道，與得非其有奚異？然則宜奈何？考於建邦土地之圖，若在封域之中，則先王所錫先祖所受經界，世守不可亂也。不然，侵小得之，《春秋》固有興滅國、繼絶世之義，必有處也。魯在戰國時，地方五百里，而孟子語慎子曰：‘如有王者作，在所損乎？在所益乎？’經於復其故田而書‘取’，所損益可知矣。”

會盟于蜀[⑧]

或問：蜀之盟，不没公，何也？

曰：此與浮來之盟同。是會也，是盟也，蓋爲魯病矣。當是時，晋主夏盟者也。晋方與魯、衛、曹之師戰齊于鞌，而楚即帥鄭師以從事於魯、衛，遂侵于蜀。公會公子嬰齊，而同十一國之人以盟于蜀，豈魯之得已哉？晋之不能郤夷狄[⑨]以安中國，亦明矣。

曰：晋不能郤夷狄以安中國，而十一國之盟，皆稱人，何也？

曰：晋猶主夏盟也。蓋至於晋趙武、楚屈建合諸侯于宋而後，晋、楚之勢均，楚靈王求諸侯于晋，晋人許之，而後諸侯始皆從楚。此蜀之盟所以略之也。

晋侯使荀庚來聘　衛侯使孫良夫來聘
丙午，及荀庚盟　丁未，及孫良夫盟

或問：來聘而盟，何也？

曰：案經聘而遂盟者五：是年“荀庚、孫良夫”、十一年“晋侯使郤犨來聘，己丑，及郤犨盟”，襄七年“衛侯使孫林父來聘。壬戌，及孫林父盟”、十五年“宋公使向戌來聘。己亥，及向戌盟于劉”，此皆諸侯使大夫來聘，而魯要之使盟，明魯不當要盟，諸大夫不當自盟也。何以知之？桓十四年“鄭伯使其弟語來盟”、宣七年“衛侯使孫良夫來盟”，則是來盟者，其君使之也。今但曰“使來聘”，則是其君之所使者，來聘而已，非來盟也。魯之爲要盟，可知矣。

鄭伐許

或問：鄭伐許，説者以爲狄鄭[10]，然乎？

曰：案《春秋》，文十年秦伐晋、成三年鄭伐許、昭十二年晋伐鮮虞，先儒皆曰“狄之[11]”也。於秦伐晋，則曰：晋自令狐之戰，不出師者三年。秦不顧義，見利而動，又起此役。此夷狄[12]之道也。於鄭伐許，則曰：鄭襄背華即夷[13]，與楚比周，一歲而再伐許，故狄之[14]也。於晋伐鮮虞，則曰：楚靈不道，殄滅陳、蔡，晋爲盟主，既不能救，且僞會齊師，假道鮮虞，此夷狄之道[15]也。

或曰：自滅庸以後，秦爲楚役。自晋主諸夏之盟，舍秦，無加兵於晋者也。夏之變於夷[16]，秦人爲之也，於是狄秦[17]。楚之伯，鄭人爲之也。由齊桓以來，争鄭於楚，桓公卒，鄭始朝楚，諸夏之變於夷[18]，鄭爲亂階也，是故狄秦而後狄鄭[19]。《春秋》之狄秦[20]，以晋故也，狄鄭[21]亦以晋故也，則其狄晋[22]何？

晋之君卿無中國之志也。楚虔，弑君之賊也，而執齊慶封，放陳招，殺蔡侯般，假討賊之名，以盟諸夏。而晋連年有事於狄、鮮虞，雖吴入郢，於越入吴，晋猶圖鮮虞也。詳於狄事，而不詳於楚，則晋無中國之志也，於是狄晋。惟蘇氏以秦、鄭爲闕文，而晋伐鮮虞，則亦以爲狄之[23]。

以愚觀之，是皆深於求《春秋》者也。嘗竊以爲事有小大，辭有詳略。其書人、書氏、書爵者，詳辭也。其直書國者，略辭也。秦、晋之争，自令狐而後，其事微矣，故略之。晋伐鮮虞亦然。《春秋》固不可盡以闕文視之，而亦豈可字字而求其義乎？善乎！吕本中之言曰：“先儒往往以爲不稱人者，皆狄之，恐未必然。記事有遠近，有詳略，有小大，不可以一概論，褒貶之實則不在是焉。秦之伐晋，事小而地遠，故略之，特罪其諸侯自相侵伐，殺生自恣耳。如加人而中國之，則遂合於禮乎？”又曰：“事有小大，則記有詳略，史家常法。《春秋》特以是褒貶垂訓後世爾，所謂吾無隱乎爾也。晋伐鮮虞，罪在伐人之國。以天子在上，而諸侯放恣，擅行征討也。其事則微，故其書亦略。晋伐鮮虞，略辭也，其罪則自見矣。以晋伐鮮虞爲狄之，則荀吴帥師何以不狄之也？以此知詳略之異，非褒貶所繫。”

仲孫蔑、叔孫僑如帥師侵宋

或問：魯侵宋，何也？

曰：上三年嘗會宋、衛同伐鄭矣。次年宋使華元來聘，通嗣君矣。又次年魯使仲孫蔑報華元矣。是年冬鄭伯背楚，求成于晋，而魯、衛與宋又同盟于蟲牢矣。今而衛侵宋，魯又侵宋，何也？其諸受命於晋乎？其諸以諸侯謀復會而宋辭之乎？然是役也，二卿並書，何也？此與季孫行父、臧孫許、叔孫僑如、公孫嬰齊四卿並書之意同。當是時，大夫專擅，各自帥師，而公家微矣。是故侵宋之事小，而專權之患大。晋景公末年有二大盟會，前有斷道，後有蟲牢。稍能振伯業者，二會之力也。然蟲牢之盟，宋實與焉，謀復會而宋辭之，何哉？其豈非以伯主於行事之間非純出於禮義，有不當於人心者乎？如齊桓首止之盟，鄭伯逃歸，未純乎義之所致也。

宋公使公孫壽來納幣

或問：納幣，常事也，何以書？

曰：《春秋》書者三：莊二十二年冬“公如齊納幣”，《公》、《穀》云：“公親納幣也。”啖子云：“且居喪娶讎女也。”文二年“公子遂如齊納幣”，《公羊》云：“譏喪娶也。”趙子云：“又譏使公子納幣也。”成八年夏“宋公使公孫壽來納幣”，趙子曰：“婚禮不當使公孫。”胡氏曰：“禮不可略，亦不可過，惟其稱而已。略則輕大倫，過則溺私愛。宋公之請伯姬，魯侯之嫁其女，皆致其厚者也，而不知越禮踰制，豈所以重大婚之禮也哉？經悉書之，爲後法也。”

愚案：《春秋》書内女，惟於紀叔姬、宋共姬特致其詳。非無謂也。紀叔姬之歸于酅，宋共姬之待姆而卒，皆有賢德者也。是以魯人重之，魯史記之爲特詳。聖人因魯史而紀之，亦爲特詳。隱二年“紀裂繻來逆女，伯姬歸于紀”，七年“叔姬歸于紀”，莊四年“紀伯姬卒，齊侯葬紀伯姬”，十二年“紀叔姬歸于鄫”,莊二十九年“紀叔姬卒”、“葬紀叔姬”,書紀叔姬之詳如此。成八年“宋公使公孫壽來納幣,衛人來媵”,九年“伯姬歸于宋。夏,季孫行父如宋致女,晋人來媵”,十年“齊人來媵”,襄三十年五月“宋灾。宋伯姬卒。秋,叔弓如宋葬宋共姬”,書宋共姬之詳如此。意者,魯人以其賢,而書之於册,故仲尼得以從而述之爾。不然,史之所不載,仲尼亦安得而紀之乎?然仲尼所以紀之者,亦有故也。其書“公孫壽納幣”、“季孫行父如宋致女”,則譏其使卿也;書三國“來媵”,則譏其諸侯一娶不應有十二女也。蓋亦因其紀録之詳,而得以記其失禮爾。

天子使召伯來賜公命

或問:不書天王,而書天子,何也?

曰:《春秋》書“天王”者二十三,稱“王”者三,而稱“天子”者二。莊元年冬“王使榮叔來錫桓公命”,文元年[24]“王使榮叔歸含,且賵”、“王使召伯來會葬[25]”及此年[26]“賜命”是也。説者曰:“桓公弑君而王,不能討,及其死,而又使來錫命。成風以僖公妾母,用夫人禮,而王不責,反令榮叔歸含,且賵,又使召伯來會葬,故皆去‘天’以示貶焉。”又曰:“天王者,制治天下而主乎法者也。天子者,養天下而主乎恩者也。在《詩》,賞善罰惡之事多稱王,恩賜燕好之事多稱天子。桓公簒弑之賊,而來錫命,則不能行王法,故王去‘天’。成公之立八年矣,未嘗有勤王之績,而來錫命,則失於行私恩,故稱天子。”愚請有以折之。《春秋》書“來錫命”二:“王使榮叔來錫桓公命”、“天王使毛伯來錫公命”是也。“來賜命”者一,賜成公命是也。夫錫桓公命,固不能行法,錫文公命,獨爲得禮乎?賜成公命,固爲失恩,錫文公命,獨不爲失恩乎?使榮叔歸成風之含、賵,使召伯會成風之葬,固爲非禮,宰咺來歸仲子之賵,獨非妾母乎?王不去“天”何也?説者曰:“名冢宰所以貶也。”然則榮叔獨不可貶乎?豈歸仲子之賵,罪在冢宰,而不在天王乎?歸成風之含、賵,罪在天王,而不在榮叔乎?凡此,皆牴牾而難通者也。然則如何?杜預、孫明復皆以王者之通稱,過矣!或者傳寫誤歟?

啖助、吕本中之言云爾，吾從之。

衛侯之弟黑背帥師侵鄭

或問：諸侯之弟，兄不得以屬通，君臣之義也。來聘、來盟，書“弟”，則齊年、鄭語也。帥師書“弟”，則衛黑背也。奈何？

曰：説者或曰：“不書爵，命氏族者，未命也。未命，則一匹夫耳。齊侯使其弟年來聘，匹夫而代大夫之事也。鄭伯使其弟語來盟，匹夫而代諸侯之事也。衛侯之弟黑背侵鄭，匹夫而代諸侯之權也。師者，人之司命，而治亂安危之所繫寄之匹夫焉，亦已輕矣。”愚曰：此説非也。夫既命之盟、聘、帥師矣，焉有非大夫而可以任國事哉？其書“弟”者，蓋以見其私耳。仁人之於兄弟也，固親愛之而已矣。然其待之過厚，則亦非所以爲中。觀齊年之子無知，僖公愛之，衣服禮秩如嫡，卒之弑諸兒者，無知也。衛侯之弟，子叔黑背，生公孫剽。孫林父、甯殖出衛侯衎，而立剽，亦以其父有寵愛之私，故得立爾。然則齊年、鄭語、衛黑背，皆以弟書者，豈非其寵愛之私聞於鄰國，而史册書之，孔子因以記之乎？若夫陳侯之弟黄出奔楚，衛侯之弟鱄出奔晋，天王殺其弟佞夫，秦伯之弟鍼出奔晋，陳侯之弟招殺世子偃師，盗殺衛侯之兄縶，宋公之弟辰出奔陳，宋公之弟辰自陳入于蕭以叛，又自蕭來奔。凡此者，書之所以見其薄友愛之義爾。一則已厚，一則已薄，聖人並書於册，而兄弟之義著矣。

夏四月五卜郊

或問：卜郊之屢，何也？

曰：魯僭天子之事以卜郊。其言三卜者一，襄七年是也。四卜者二，僖三十一年、襄十一年是也。五卜者一，成十年是也。屢卜而不吉，則勿郊可也。

公會晋侯伐鄭

或問：經書“晋侯”，而《左氏》云“晋侯有疾。晋立太子州蒲以爲君，而會諸侯伐鄭”,信乎?

曰:信經是矣。

公會晋侯、衛侯于瑣澤

或問:瑣澤之會,何也?

曰:《左氏》云:“華元克合晋、楚之成”,“鄭伯如晋聽成,會于瑣澤,成故也”。劉敞云:“瑣澤之會,本以合楚、鄭也,今楚、鄭不至,魯、衛自盟,何邪?合晋、楚者,宋也,宋亦不與,又何邪?凡晋、楚爲平,則應大合諸侯以申成好,今三國會而已,又何邪?然則傳之言未足信也。”愚意瑣澤之會,爲伐秦起文耳。今年會于瑣澤,明年春使郤錡來乞師,而後五月暨諸侯伐秦。比事而觀之,可見矣。

公如京師

或問:公如京師,豈非得禮之正乎?

曰:經書朝于王所者,僖公也;如京師者,成公也。僖公朝王所,爲會晋耳;成公如京師,爲伐秦耳。非其尊周之本心也。僖公二十八年書曰:公會諸侯,盟于踐土。公朝于王所。此年書:公如京師。公自京師遂會諸侯伐秦。《春秋》所志,可謂微而顯矣。

叔孫僑如如齊逆女　僑如以夫人婦姜至自齊

或問:稱族,尊君命;舍族,尊夫人。信乎?

曰:非也。劉敞論之矣。一事而再見者,卒名之,此《春秋》之常也。非爲尊君命故舉氏,尊夫人故舍族也。石氏曰:“婦,有姑之辭。時穆姜存焉。與宣元年‘遂以夫人婦姜至自齊’之義同。”

晋侯執曹伯歸于京師

或問:“執”,稱晋侯,何也?

曰：《春秋》書"執"，多矣，皆書"人"，執諸侯亦書"人"，略辭也，亂辭也。惟此年晋侯之執曹伯書"晋侯"。傳曰"負芻殺太子而自立，晋侯執而歸于京師"，或者疑焉，以爲負芻之殺太子，經無明文，設有之，《春秋》何以不書？疑未得其實然。嘗以《春秋》書法考之，則他執諸侯皆稱"人"，其稱"侯"者，獨此一事耳，安得以爲非伯討乎？晋文之執衛侯，亦歸于京師也，然而猶稱人者，晋文之執衛侯，私意也。此年之"執曹伯"，伯討也。此所以異其文。傳之所言，與經意合，益足以爲證矣。

宋殺其大夫山

或問：山之不氏，何也？

曰：石氏曰："殺大夫，不氏，楚得臣與宋山而已。楚，蠻荒也，其略之不備，宜矣。此蕩澤之不氏，《左氏》則以爲背其族，何休則以爲譖華元，《發微》則以爲大夫之未命，皆未當也。蓋嘗疑其脱耳。又《左氏》載宋華元之奔與子山之殺，及魚石之出，首尾不實。學者更宜詳之。"

會吴于鍾離

或問：鍾離之會吴，何也？

曰：晋實始通吴也。向也，爲中國患者，楚而已。與中國盟會者，亦楚而已。未有吴也。自成七年吴伐郯，始見於經，於是有吴爲中國患矣。自成十五年會吴于鍾離，於是有吴與中國盟會矣。鍾離之會，猶以諸侯之大夫也。若曰不以中國之諸侯與之爲敵也。襄五年善道之會，猶大夫也；戚之會、柤之會，則諸侯實與爲會矣。雖然，以諸侯之大夫會吴，猶可也，又烏知大夫之自爲會可乎哉？案《春秋》，會而殊會者有二。會王世子于首止，是會世子也；會吴于鍾離，會吴于柤、于向，是會蠻荒也。説者曰："會世子于首止，尊王室，不敢與世子抗也。會吴于鍾離、于柤、于向，意在賤吴人，而罪諸侯不能與敵也。"

或曰：其言會吴，何？會吴子也。然以經考之，則戚之會，曷爲不外吴人？

又何以知吴之爲吴子?

曰:蘇氏曰:"吴子未嘗與中國會,晋爲之合諸侯而會之,特書曰'會吴于鍾離',以吴與會也。"愚案:此説爲通。蓋戚之會,乃諸侯會,而吴人來會,故序吴於諸侯之下。鍾離之會,乃吴未通中國,而晋欲會吴,故特以"會吴"爲文。

曰:然則曷爲不與首止之文同義?

曰:首止之文曰"公及晋侯會王世子于首止",若世子在此,而諸侯往會之,然尊世子也。"會吴"之文曰"叔孫僑如會晋士燮,會吴于鍾離",是其會晋士燮也,爲會吴爾。

雨木冰

或問:雨木冰之義。

曰:文公經説曰:"成十六年雨木冰,《穀梁》曰:'雨而木冰也。'注云:'介胄之象。'何休《公羊》注云:'木少陽,幼君也;冰陰凝,臣也。臣將脅君。'此乃五行家牽合之説,未可信。終未見上温下冷之意。"

公會尹子、單子、晋侯、宋公、衛侯、曹伯、齊人、邾人伐鄭

或問:或謂曹伯負芻弑君自立,晋侯執之歸于京師,次年曹伯歸自京師,已而尹子、單子會晋侯伐鄭,曹伯遂列于會,是王縱負芻以成曹亂。故是年不書王,言王之不王也。

曰:不然。是年不書王,脱文耳。

楚子、鄭伯伐宋　宋魚石復入于彭城

或問:伐宋以納魚石也,而不曰"納魚石",何也?

曰:納公孫寧、儀行父于陳,則"納之"者,楚子耳,非公孫寧、儀行父之能爲也。今曰"宋魚石復入于彭城",則納之者雖楚子,而復入則魚石也。其諸晋欒盈之儔乎?先儒曰:"以惡,曰'復入'。是故魚石不言自楚,欒盈不言自齊。"

【校記】

① 夷狄：四庫本作“外裔”，下“夷狄”同。

② 華夷：四庫本作“内外”。

③ 外戎狄：四庫本作“辨内外”。

④ 戎狄所以服：四庫本作“内外所以辨”。

⑤ 四夷：四庫本作“外侮”。

⑥ 六卿：四庫本作“六軍”。《左傳・成公三年》：“十二月甲戌，晋作六軍。韓厥、趙括、鞏朔、韓穿、荀騅、趙旃皆爲卿，賞鞌之功也。”

⑦ 取者：原書“取者”以下部分闕，此據四庫本補。

⑧ 會盟于蜀：原書本篇自“稱人，何也”以上部分闕，此據四庫本補。

⑨ 夷狄：四庫本作“强楚”。下“夷狄”同。

⑩ 狄鄭：四庫本作“外鄭”。

⑪ 狄之：四庫本作“外之”。

⑫ 夷狄：四庫本作“佳兵”。

⑬ 背華即夷：四庫本作“背盟棄信”。

⑭ 狄之：四庫本作“外之”。

⑮ 夷狄之道：四庫本作“狙詐之術”。

⑯ 夏之變於夷：四庫本作“使晋之失伯”。

⑰ 狄秦：四庫本作“外秦”。

⑱ 諸夏之變於夷：四庫本作“諸侯折而入楚”。

⑲ 狄秦而後狄鄭：四庫本作“外秦而後外鄭”。

⑳ 狄秦：四庫本作“外秦”。

㉑ 狄鄭：四庫本作“外鄭”。

㉒ 狄晋：四庫本作“外晋”。下“狄晋”同。

㉓ 狄之：四庫本作“外之”。下兩“狄之”同。

㉔ 文元年：四庫本作“文五年”。文公五年《春秋》經作“五年春王正月，王使榮叔歸含，且賵”。

㉕ 王使召伯來會葬：《春秋》無此句。文公元年《春秋》經載“元年春王正月，公即位。二月癸亥，日有食之。天王使叔服來會葬”，疑此當爲誤記。

㉖ 此年：當指文公元年。《春秋・文公元年》載：“天王使毛伯來錫公命。”

春秋或問卷第十七

襄　公

城虎牢

或問：陳君舉曰："向也曰虎牢，今也曰鄭虎牢[①]，何？不繫之鄭者，爲天下城之也。繫之鄭者，爲鄭戍之也。是故楚丘不繫之衛，緣陵不繫之杞，梁山、沙鹿不繫之晉，皆非一國之辭也。邾、鄫、郚繫之紀，彭城繫之宋，皆一國之辭也。"然乎？

曰：説亦巧矣。然案《春秋》，楚丘不言衛，緣陵不言杞，皆是衛、杞不能有之，而齊桓城之爾。然則城虎牢者，亦鄭不能有之爾。此必近楚之地，而鄭不能有之，是以諸侯城之。

莒人滅鄫

或問：《穀梁》曰："莒人滅鄫，非滅之也[②]，立異姓以莅祭祀，滅亡之道也。"《公羊》亦云："莒女有爲鄫夫人者，而立其出。"信乎？

曰：未可以爲信也。此直是莒人滅鄫耳。立異姓之事，未敢盡信。

季孫宿如晉

或問：《左氏》曰：晉人來討，曰："何故亡鄫？"爲魯當屬鄫故也。信乎？

曰：以經考之，則莒與鄫同預戚之會。莒之滅鄫，正晉之所當討於莒也，而反討於魯，何哉？恐未必然。

鄭伯卒于鄵

或問：鄭伯之名，何也？

曰：諸侯不生名。此其名之者，以其卒也，與"吴子遏伐楚，門于巢，卒"同，從省文也。諸侯卒於國都，不地。此其地者，以其不在國也。爲如會而卒也，故地，與"宋公佐卒于曲棘"同。未見諸侯而卒，與"許男卒于師"同。此諸侯之例。如此而説者，徒見其文之異，便有鄭伯見弑之説，誤矣。

同盟于戲

或問：戲之盟，鄭服乎？

曰：案《左氏》：同盟于戲，鄭與焉。然柯陵之盟，亦書於伐鄭之後，則鄭之服未可知。今以經考之，盟于柯陵之後，諸侯再伐鄭，則其未得志於鄭可知。盟于戲之後，楚子伐鄭，則其爲鄭服可知。十一年同盟于亳城北，亦鄭受盟也；會于蕭魚，亦鄭預會也，皆書於伐鄭之後，比事而觀，可見矣。

會于蕭魚

或問：蕭魚之會，非悼公之盛乎？

曰：此悼公之盛也，而君子亦有不滿焉。何以言之？甚矣！悼公再伯之難也。晋、楚所争者二：其一陳也，其一鄭也。悼公紹文、襄之烈，凡有盟會，諸侯鱻至。向也鄭從楚，至城虎牢而鄭始服；向也陳從楚，至盟雞澤而陳來會。自是，陳、鄭即中國矣，而楚之讎於陳、鄭者亦如之。是故再會于戚，爲戍陳也，而楚公子貞爲是伐陳，諸侯於是有救陳之師。又明年，而公子貞圍陳，諸侯於是有鄬之會。凡以争陳也。鄭侵蔡而獲燮，則楚伐鄭。鄭受盟于楚，則晋伐鄭。鄭同盟于戲，則楚伐鄭。鄭爲楚伐宋，則晋又伐鄭。諸侯戍鄭虎牢，則楚救之。鄭公孫舍之侵宋，則晋伐之。鄭同盟于亳城北，則楚師至。楚子、鄭伯伐宋，則晋師來。凡以争鄭也。然而陳卒從楚，而晋不能争；鄭卒從晋而楚不能争，何也？無他，鄭近晋而陳近楚也。觀范宣子之言曰："楚人討貳而立子囊，必改行而疾討陳。陳近於楚，民朝夕急，能無往乎？有陳，非吾事也；無之而後可。"吁！此晋之所以不能争陳歟？觀子展之謀曰："吾與宋爲惡，諸侯必至，吾從之盟。楚師至,吾又從之,則晋怒甚矣。晋能驟來,楚將不能。吾乃固與晋。”吁!此楚之所以不能争鄭歟?夫惟陳近於楚,而民朝夕急也,故其望於晋也緩。夫惟晋能驟來,而楚將不能也,故其從於晋也急。自鄬之會,陳侯逃歸,而中國之會盟不復有陳。自蕭魚之會,鄭伯實與,而楚之威令不能行於鄭者二十年,由此故也。

夫以悼公再伯之烈,其所可稱道者,不過蕭魚之會。而止以盟,則不能如屈完之來以服其心;以戰,則不能如城濮之師以讋其氣。然以荆楚方强,子囊爲政,而凛然有憚晋之心,雖或時帥師,徒以示不怯,而卒不敢以陵駕中國者,豈無故哉?觀子囊之言曰:“今吾不能與晋争。晋君類能而使之,舉不失選,官不易方。其卿孫於善,其大夫不失守,其士競於教,其庶人力於農穡,商工皂隸不知遷業,君明臣忠,上孫下競。當是時也,晋不可敵。”然則晋悼之所以能服楚者,固有道矣。

然嘗評悼公之伯,而獨於會吴之事深不滿焉。悼公之所以急於會吴者,固將以撓楚也。然吴猶楚也,急於爲撓楚之謀,而不知適以啓吴人之釁。楚患雖微,吴憂方大。異時駸駸强盛,以至於黄池之會,儼然爲兩伯以臨諸侯,而春秋終矣。是悼公之爲也,不亦可惜也哉!抑悼公之所以爲大失者,尤在於大夫之專也。雞澤之會,諸侯實在,而使大夫盟,甚至邢丘之會,大夫得以會諸侯,而向之會則直以大夫而已。以悼公之賢,而不能抑大夫之專,又從而張之,是將誰咎哉?至於鄫,嘗預會而聽莒人之滅鄫;莒、魯同盟,而不恤莒人之讎;魯進世子光於諸侯之上,而不知班序之亂,要皆未純乎王道者。無他,急於得陳,則不暇恤大夫之專盟。幸莒已服,則不暇恤鄫、魯之怨;喜齊世子之先至,則雖躋之諸侯之上不顧也。蓋其設心措慮全在制楚,而其他皆未之及,此所以不能如桓、文之盛歟!

劉夏逆王后于齊

或問:劉夏何以名?

曰：任氏曰："天子之公，當書公，如宰周公是也。卿當書伯，如召伯、毛伯是也。大夫當書字，如宰渠伯糾是也。惟士則書名，如宰咺之類是也。劉夏書名，士也。"

大　夫　盟

或問：書"大夫"盟，何也？

曰：胡氏曰："牡丘之會，諸侯既次于匡，則書曰'公孫敖帥師及諸侯之大夫救徐'。雞澤之會，諸侯既盟，而陳侯使袁僑如會，則書曰'叔孫豹及諸侯之大夫及陳袁僑盟'。今溴梁之會，諸侯皆在，是若欲使大夫盟者，則宜書'魯卿及諸侯之大夫盟'可也，而獨書'大夫'，何也？諸侯失政，大夫皆不臣也。上二年春正月'會于向'，十有四國之大夫也；夏四月'會伐秦'，十有三國之大夫也；冬'會于戚'，七國之大夫也。此三會，皆國之大事也，而使大夫專之，諸侯皆不與焉，是列國之君不自爲政，禮樂征伐已自大夫出矣。况悼公既没，晋平初立，無先公之明也，君若贅旒而大夫張，亦宜矣。夫豈一朝一夕之故哉？善惡積於至微，而不可掩；常情忽於未兆，而不預圖。荀偃怒，大夫盟，而晋靖公廢，趙籍、韓虔、魏斯爲諸侯之勢見矣。有國者，謹於禮而不敢忽，此《春秋》所以待後世之意也。"

邾庶其以漆閭丘來奔

或問：《左氏》"三叛人名"之説，信乎？

曰：《春秋》書"以地來奔"者三。今年"庶其"，昭五年"莒牟夷"、三十一年"邾黑肱"是也。人臣之奔，必適讎國。欒盈之奔也，必楚；秦鍼之奔也，必晋；而庶其之奔也，必魯。豈非以南鄙之怨歟？魯之於邾也，既執其君、取其田，又伐其國，而又納其叛人，甚矣！學《左氏》者曰：求名而亡，欲蓋而彰。齊豹書盗，求名而不得也。三叛人名，欲蓋而彰者也。有此二物，足以懲肆而去貪也。爲此言者，以爲學《左氏》，則可；以爲學《春秋》，則不可。

九月庚戌朔，日有食之　十月庚辰朔，日有食之

或問：九月食，而十月又食，何也？

曰：石氏曰："此年九月日食，十月日食，二十四年七月、八月日食，食之變，起於交也。有雖交而不食者，春秋二百四十二年，而食纔三十六也。有頻交而日食者，此年及二十四年，三年之内，連月而食者再也。諸儒以爲曆無此法，或傳寫之誤。然漢高之時，亦有頻食者，二年十月、十一月。天道至遠，不可得而知。後世執推步之術，案交會之度而求之，亦已難矣。"

豹及諸侯之大夫盟于宋

或問：宋之盟，非弭兵乎？

曰：否。宋之盟，是天下之大變也。晋、楚之争諸侯也，久矣。諸侯之從晋者楚伐，從楚者晋伐，天下亦多故矣。雖然，晋之爲中國盟主，則自若也。宋之會，名曰弭兵，而以晋、楚之從交相見，自是晋、楚夷矣。魯自僖公以來，雖貳於楚，而未嘗一迹其國。自盟宋之後，明年如楚，踰年乃至，《春秋》備書之，以見中國諸侯之事楚猶事晋矣。向也，不過陳、鄭、蔡從楚耳，無他近楚之國也；今也，魯、衛、宋均於事楚矣。自是，再會于虢，至申之會，而蠻夷[③]之君大合十一國之衆，而楚專主諸侯矣。故曰是天下之大變也。據《左氏》所載，則宋之盟，楚實先晋，而《春秋》書晋於楚之上者，所以存中國之體也。

或問：溴梁之盟，書曰"大夫盟"，言大夫之無諸侯也。宋之盟，書曰"諸侯之大夫"，不與大夫之無諸侯也。

曰：此其説失之鑿矣。案：溴梁之盟，中間無他事，先序諸侯於其上矣，故但曰"大夫盟"。宋之盟，中間有衛侯殺甯喜，弟鱄奔晋之事，故再舉諸侯之大夫，此書法也。

曰：雞澤之盟，亦中間無他事。而書"諸侯之大夫及袁僑盟"，何也？

曰：雞澤之盟，諸侯不與盟。若但曰"叔孫豹及大夫及袁僑盟"，則不辭矣。

故書曰“諸侯之大夫”，此自書法云爾，何必過爲之説哉！

十有二月乙亥朔，日有食之

或問：《左氏》再失閏之説，信乎？

曰：劉氏《權衡》曰：“《左氏》云：於是‘辰在申，司歷過也，再失閏矣’，明年春‘無冰’。杜氏曰：‘頓置兩閏，以應大正，故正月建子，得以無冰，爲災。’皆不然也。曆家之術，求閏餘易，求交朔難。今司曆能正交朔，反不能置閏乎？此非人情也。閏有常準，率三十二月必一逢之，如傳所言，再失閏者，則司曆廢閏，殆七十月彌五年矣，亦非人情也。頓置兩閏，詭聽駭俗，亦非人情也，且必若所云，其亂天時多矣，《春秋》何以不譏乎？故曰未然。”

十二月甲寅，天王崩　乙未，楚子昭卒

或問：杜預謂“十二月無乙未”，信乎？

曰：吕本中曰：“甲寅、乙未，相距四十二日，明閏月之驗，然不書閏月者，承前月而受其餘日，故書閏月之日，係前月之下，史策常體，又有定例，故不必每月發傳。此范甯之説也。然杜預以十二月無乙未日，誤矣。蓋預專據《左氏》説經，二十七年‘十一月，乙亥朔，日有食之’，左氏以爲‘辰在申，司曆過也，再失閏矣’。二十八年‘春無冰’，杜預以爲‘前年再失閏，頓置兩閏，故此年正月得以無冰，爲災而書’。而孔穎達《正義》又以爲‘甲寅、乙未，不得同月’。是皆不知閏月之日，係於前月之下，史策常體之法也。”

天王殺其弟佞夫

或問：天王亦不得專殺乎？

曰：吕本中曰：“言殺其弟，無親親之恩也。”孫明復曰：“《春秋》之義，天子得專殺，故二百四十二年，無天子殺大夫之文。此年‘殺其弟佞夫’，以爲天王不能容一母弟，不可不見也。”某竊以爲，明復此言，未爲知《春秋》者也。夫所

謂諸侯無專殺大夫者,必稟命於天子也。天子無所稟命,有罪則與衆殺之,非謂殺生自恣,悉由己出,而謂之專殺也。《春秋》偶無天王殺大夫之事耳,或史官脱略,孔子無從取書也。如使實殺無罪,見之簡册,聖人豈肯不書,以爲世戒之理?而以爲天子可以專殺大夫,而遂不書也?使後世暴君有作殺生自恣,無所忌憚,由明復此言也。予故以爲,明復此言,未爲知《春秋》。

葬蔡景公

或問:君弒而賊不討,則不書葬。蔡景公書葬,何也?

曰:吕本中已言之矣。吕曰:"許止、蔡般,皆以子弑父、臣弑君,罪惡之極也,而二君皆書葬,則是'君弑而賊不討,不書葬'者,本無是説也。而爲之説者,又必曲爲之義,以信其説。使聖人之意不明,亦聖門之罪人也。"

【校記】

① 鄭虎牢:四庫本作"城虎牢",襄公二年《春秋》經作"冬,仲孫蔑會晋荀罃、齊崔杼、宋華元、衛孫林父、曹人、邾人、滕人、薛人、小邾人于戚,遂城虎牢"。引文見宋陳傅良(即陳君舉)《春秋後傳》卷九,字作"鄭虎牢"。陳氏所言爲解讀襄公十年"戍鄭虎牢",吕大圭駁其説,以明此"城虎牢"之義。故四庫本此文作"城虎牢"者,誤。

② 非滅之也:《穀梁傳・襄公六年》作"非滅也","滅"下無"之"字。

③ 蠻夷:四庫本作"蠻荆"。

春秋或問卷第十八

昭　　公

莒去疾自齊入于莒　莒展輿出奔吴　元年

或問：經書小白係齊，則糾不書；子忽係之鄭，則突不稱國，明無二君也。而莒之去疾、展輿皆係之莒，或謂貴賤均，而後得以争。信乎？

曰：此説非也。假使其貴賤均，亦當有當立者，不可以貴賤均爲辭。意者去疾係莒，則是去疾長而展輿少也，去疾當立明矣。然自密州既弒之後，去疾即奔齊，而莒人固已立展輿矣。則其係展輿以莒也，亦宜。入于莒，難辭也。展輿雖已立爲君，而未踰年，則猶未成乎君，故不稱君，而但曰"莒展輿"耳。然則聖人所書莒事，蓋兩下争國之辭也。

楚子麇卒

或問：楚子麇卒，非弒乎？

曰：吕本中曰："經書'楚子麇卒'，而《左氏》以爲公子圍弒之。至誅慶封，則《左氏》、《穀梁》又載慶封稱圍弒君之語，後世緣楚王汰侈，遂以爲實。甚矣！三傳之爲經害也。趙盾弒其君，曰'非盾也，穿也'；許止弒其君，曰'不嘗藥也'；鄭伯髠頑如會，未見諸侯而卒，而曰'子駟弒之也'。凡若此類，皆誣僞失實，重爲經害，使聖人之旨不明，害之大者也。陸淳以爲《穀梁》所稱'季孫行父秃，晋郤克眇，衛孫良夫跛，曹公子首僂，同時而聘于齊。齊侯使秃者御秃者，眇者御眇者，跛者御跛者，僂者御僂者'，以此語爲街談巷議之説。又以垂隴之會，鄭公子賦詩，《左氏》委曲誣辭，爲多此類是也。淳之論，蓋有未盡。大抵

《公》、《穀》之論，多街談巷議之説，而《左氏》之説，多委曲誣辭也。其可信，蓋鮮矣。學者欲由是而求聖人之意，則惑之甚也。”

公如晋，至河，乃復

或問：公如晋，乃復，何也？

曰：經書“公如晋，至河，乃復”者六：此年及十二年“公如晋，至河，乃復”、十三年“公如晋，至河，乃復”、二十一年“公如晋，至河，乃復”、二十三年“公如晋，至河，有疾，乃復”，定三年“公如晋，至河，乃復”。惟二十三年書“有疾”，則其餘“乃復”者，皆晋人辭之也。《春秋》之世，以小國事大國，無歲不聘，無役不從，靡敢寧居如此。然經書“如晋而復”者六，而昭公居其五，則亦足以見昭公之舉動，不以禮而自取困辱可知。然則爲國者，亦謹於禮而已矣。

暨齊平

或問：“暨”與“及”之辨。

曰：案：定公十年經書“及齊平”，而此年書“暨齊平”。先儒謂：“及”，我欲之；“暨”，不得已也。愚曰：不然。“及”，固我及彼之辭，而“暨”之爲言，又有强之其意。何以言之？是時，魯方結婚於吴，外附强楚，倚吴、楚以爲重，是以强齊人而與之平，齊亦不得已而從之，與“宋公之弟辰暨石彄出奔”義同。至於定公十年“及齊平”，則我及彼之辭也。杜預以此爲“齊與燕平”，誤矣。上文書“暨齊平”，下文書“叔孫婼如齊莅盟”，此其驗也，亦猶定十一年冬“及鄭平，叔還如鄭莅盟”爾(定十一年)，奈何以爲燕、齊平乎？

葬陳哀公

或問：葬陳哀公，我往會乎？

曰：黎氏曰：“書‘葬陳哀公’，非謂我往會而書。時陳已滅矣，國爲楚師入據，魯豈於其葬而使人往會之？蓋楚師入陳時，其君在殯，因取而葬之。與莊四年

‘齊侯葬紀伯姬’同。彼目齊侯者，蓋上文無‘齊侯滅紀’之文，故下必云爾。今已書‘楚師滅陳’，則下云‘執公子招’、‘殺陳孔奂’、‘葬陳哀公’，皆蒙上文爾。”

楚子虔誘蔡侯般，殺之于申

或問：楚子虔，何以名？

曰：諸侯不生名。非失國也，非争國也，則不名。而楚子虔、衛侯燬名，此學者所以深求其説而不得也。或曰：衛侯使禮至仕邢，既而伐之，禮至從國子巡城，掖而殺之於外，是懷詐以滅人也。蔡般弑君父而立，楚靈王不能聲其罪而討，乃包藏禍心，甘言重幣，以誘而殺之，遂滅其國。此二者，皆聖人之所甚惡也，是以特名之。爲此説亦近似矣。

愚嘗思之，竊謂聖人之作《春秋》，不以名字爲褒貶也。諸侯不生名，卒則名，失國則名，争國則名，見滅則名，皆所以别也，初非有褒貶於其間也。後世之儒，以名字爲褒貶，而後聖人之意愈不可見矣。自其以名字爲褒貶也，至於質之經，而不合，則必曲爲之説以通之，故治《春秋》者，多失之鑿。且如“衛侯燬滅邢”，漢儒有“滅同姓則名”之説。然以經考之，則諸侯之滅同姓者多矣，何以皆不名，而獨名衛侯邪？至於楚子虔，則滅同姓之名又不通矣。謂其誘而殺之，故名之邪？則楚子之誘戎蠻子，亦誘之也，又何以不名？説者又曰：以夷狄誘夷狄[①]，猶可也，以夷狄[②]誘中國，不可也。此言近矣。然觀聖人所書，以誘稱之，固所以著楚子之罪矣，又豈以中國夷狄[③]而有異乎？然則衛侯燬、楚子虔之所以名，皆衍字耳。先儒或謂“衛侯燬滅邢”之下，有“衛侯燬卒”，恐因此而訛，遂以“滅邢”之上亦加“燬”字，此言是也。愚謂楚子虔亦恐後儒於“蔡侯般”之上，見其不應名般而不名虔，故加一“虔”字。不知蔡侯般之所以名，非以罪般也，此與胡子髡、沈子逞、徐子章羽[④]、沈子嘉、胡子豹、蔡世子有、潞子嬰兒同一例耳。

齊高偃帥師納北燕伯于陽

或問：納者，不宜納也。信乎？

曰:《春秋》書納者六,皆用師以納之。莊九年"公伐齊,納糾[5]",伐而納之也。僖二十五年"楚人圍陳,納頓子于頓",圍而納之也。文十四年"晋人納捷菑于邾",則趙盾帥師以納之也。其書晋人者,以其弗克,納而略之也。宣十一年"楚子入陳,納公孫寧、儀行父于陳",則以楚君之重、楚師之衆,而納之也。昭十二年春"齊高偃帥師納北燕伯于陽"。哀二年"晋趙鞅帥師納衛世子蒯聵于戚",則以帥師而納之也。凡言"納"者,内弗受而强致之辭。此蓋内無有爲之助,而自外用勢力以納之耳。説者曰:"納者,不宜納也。"此言過矣。以北燕伯觀之,書之曰"北燕伯",則是燕之君也,與"入于夷儀"同,豈有不宜納者邪?諸侯之入其國,有書"入"者,有書"歸"者,有書"納"者。歸,易辭也;入,難辭也;納者,内莫爲助之辭也。

有星孛于大辰

或問:星孛于大辰,亦有應乎?

曰:胡氏曰:"大辰,心也。心爲明堂,天子之象。其前星,太子;後星,庶子。孛星加心,象天子嫡庶將分争也。後五年,景王崩,王室亂,劉子、單子立王猛,尹氏、召伯立子朝。歷數載而後,定至哀十三年,有星孛于東方,不言宿名者,不加宿也。當是時,吴人僭亂憑陵,上國日敝於兵,暴骨如莽,其戾氣所感,固將鍾吴而降之罰也,故氛祲所指,在於東方,假手越人,吴國遂滅。天之示人顯矣,史之有占明矣。"愚案:《左氏》載梓慎、鄭裨竈之言,則曰"宋、衛、陳、鄭將同日火",而明年其言果驗。何休注《公羊》則謂"孛彗者,埽。故置新之象"。是後,周分爲二,天下兩主,較之胡氏之言,則又有異。故知説《春秋》而以某事驗、某應者,皆失之泥也。吕本中曰:"日月星辰之謫見於天,雪霜風雨之不時,以爲民害,皆政事之失,當有以取之也。故君觀其變以思戒,察其祥以改行,則灾害可息,而無危亡之禍。其漠然不以爲意,則禍及之非不幸也。聖人詳書以爲世戒,爲人君者,觀《春秋》所書,其可不致懼乎?斯言當矣。"

葬許悼公

或問：許悼公何以書葬？

曰：石氏曰："《穀梁傳》例弒君而賊不討者，不書葬。其書葬者，皆意有所見也。如蔡景公以爲不忍使失民於其子，陳靈公則以爲外之討賊，蔡昭則以爲盜名不見於經，許悼則以爲不使止爲殺父。此傳例也，通于經則不可。"黎氏曰："被弒之君，多不書葬者，或彼國方有事變，雖葬，我畏其亂，無使往會之。豈有賊未討，則不書葬邪？此二傳妄爲之説也。且蔡世子般弒其君固，何般未討而固亦書葬邪？予觀許悼公弒而書葬者，非他，蓋變生於内而不及國。又般止欲没其弒逆之迹，具禮葬其父，我有使往，故書葬焉。歐陽公論'止爲弒'，得其旨矣。"

盜殺衛侯之兄縶

或問：《左氏》"求名不得"之説，信乎？

曰：爲《左氏》之説者曰："或求名而不得，或欲蓋而名彰。齊豹爲衛司寇，作而不義，其書爲'盜'；邾庶其、莒牟夷、邾黑肱以土地出，求食而已，不求其名，賤而必書。此二物者，所以懲肆而去貪也。"夫齊豹書"盜"，則曰"求名而亡"，三叛人名，則曰"欲蓋而彰"。一則以書名爲欲蓋而彰，一則以不書名爲求名而亡，如是用法誰能曉之？余以爲此非《春秋》之旨也。案《春秋》書"盜"五：襄十年"盜殺鄭公子騑、公子發、公孫輒"，昭二十年秋"盜殺衛侯之兄縶"，定八年"盜竊寶玉大弓"，哀四年"盜殺蔡侯申"、十三年"盜殺陳夏區夫"是也。凡書"盜"者，微者之名字不著於經也。陸淳以爲《春秋》"非上卿不書名"。陳傅良云："此齊豹也，曷爲以賤辭書之？奪之書寇，則非大夫也。"理或然也。

大蒐于昌間

或問：大蒐，禮乎？

曰：胡氏曰："昭公之時，凡三書'蒐'。或以非其時，或以非其地，而大意在權臣專行，公不與焉。三綱，軍政之本。古者，春蒐、夏苗、秋獮、冬狩，皆於農隙以講事，而所主者，明貴賤，辨等列，順少長，習威儀，則皆納民於軌物，而非馳射擊刺之末矣。是故觀於有莘，少長有禮，知可用也，而文公遂伯；臨於洛陽，袒而發喪，爲義帝也，而漢祖遂王。今魯國，其君則設兩觀，乘大輅；其臣則八佾舞於庭，旅泰山，以《雍》徹；其宰則據大都，執國命，而軍政之本亡矣，何以蒐爲？此《春秋》所書，爲後戒之意也。"

蔡侯東國卒于楚

或問：蔡侯朱，《穀梁》以爲蔡侯東，何也？

曰：前書"蔡侯朱出奔楚"，而此書"蔡侯東國卒于楚"，《穀梁》以"朱"爲"東"。愚謂：《穀梁》所書，疑是又脱一"國"字耳。何者？"朱"無"歸"、"入"、"卒"、"葬"之文，而"東國"無"出奔"之事，疑只是一事。

公孫于齊

或問："公孫于齊"之義。

曰：胡氏曰："昭公以君伐臣，曷爲不勝乎？魯自東門遂殺嫡立庶，魯君於是乎失政，禄去公室，政在季氏，於此君也四公矣。作三軍，盡征其一，舍中軍，兼有其二，民賦入於其家半矣。受命救台也，遂入鄆；帥師取卞也，不以聞。軍政在其手，專矣。行父片言而東門氏逐，南蒯一動而公子憖奔。魯之群臣，亦無敢忠於公室而獻謀者。所謂'屯難'之時也，在《易・屯》之'六五[⑥]'曰：'屯其膏，小，正吉[⑦]；大，正凶[⑧]。'《象》曰：'屯其膏，施未光也。'昭公不明乎消息盈虚之理，正身率德，擇任忠賢，待時循致，不忍一朝之忿，求逞其私欲，而以群小謀之，其及也宜矣。"石氏曰："天下有道，則禮樂征伐自天子出；天下無道，則禮樂征伐自諸侯出。自諸侯出，蓋十世希不失矣；自大夫出，五世希不失矣。"又曰："禄之去公室，五世矣。政逮於大夫，四世矣。自周東遷，天子始失政，而諸侯專。專自魯隱始，自隱至昭，凡十世矣。自東門襄仲殺惡及視，魯國始失政而大夫專。專自宣公始，由宣至定凡五世矣。自季文子、武子秉魯，以至平子，又四世矣。此宣公之末年，歸父欲去三桓，張公室，而未能也。自是以來，魯君世從其失，季氏世修其勤，史墨所謂民不知君，何以得國，而欒祁、子家駒亦謂魯君失民，季氏得衆之久也。政在季氏已四世矣，魯君喪政已四公矣，而區區稠父而欲同諸大夫去之，不亦妄乎？此宜其所以見逐也。”

會于適歷

或問：季孫意如會晉荀躒，而晉無討焉，何也？

曰：余觀意如逐君，昭公在外，始依於齊，而齊不果納，再依於晉，而晉不果受，卒之客死於外，未嘗不嘆世道之薄，而亂臣賊子之無所懼也。夫以臣逐君，意如之罪易見也。昭公奔訴二國，其意亦可矜也。苟有人心者，孰不憤意如之爲而戚昭公？而況齊、晉乎？齊，大國也，鄟陵之會，四國同之伐季氏以納昭公，何不可之有？而所以不克納公者，則以梁丘據之受賂也。晉，盟主也，扈之會，六國同之伐季氏以納昭公，尤易爲力，而所以不克納者，則以士鞅之取貨也。自其爲義之心，不勝其貪利之心，而後其爲義者，始不勇矣。此齊、晉納公之謀，所以姑爲之名，而卒之悠緩，而卒不克歟？嗚呼！世道之薄，有自來矣。魯桓，弒隱者也，以許田賂鄭，而會于垂；公子馮，弒與夷者也，以郜大鼎賂魯，而平其亂；宣公弒君自立，則賂齊以濟西之田，而安其位；崔杼弒其君光，則賂晉侯以宗器樂器，及其大夫、軍將皆有賂，而退其師。凡若此類，不勝衆矣。況夫以齊侯有納公之志，而又有毋受魯貨之命，盟主爲諸侯之會，而宋、衛皆有利納公之心，此豈非其好義之心哉？然自申豐之計一行，而齊君有惑志；季孫之貨一至，而小國以難辭。三軍在途，諸侯在會，是區區者乃能劫而奪之，衄而止之，此亂臣賊子所以接踵於後世歟？雖然，非徒以其貨利之行而已也。觀晉侯欲以師納公，而士鞅使人私於意如，則其互爲唇齒，相爲囊槖久矣。當是時，晉之六卿猶意如也，晉君亦昭公也，其肯並心一意以誅其臣，而納其君哉？宜晉侯之不得以行其志也。

【校記】

① 夷狄誘夷狄：四庫本作“荆蠻誘戎蠻”。

② 夷狄：四庫本作“荆蠻”。

③ 中國夷狄：四庫本作“内外之分”。

④ 徐子章羽：四庫本作“徐子章禹”。

⑤ 納糾：莊公九年《春秋》經作“納子糾”。

⑥ 六五：《易·屯》作“九五”。

⑦ 正吉：四庫本作“貞吉”。《易·屯》作“小，貞吉”。

⑧ 正凶：四庫本作“貞凶”。《易·屯》作“大，貞凶”。

春秋或問卷第十九

定　　公

不書正　元年

或問：定公何以不書正月？

曰：定公不書正，先儒以爲昭不得正其終，定不得正其始，理固如此。然以予觀之，正者，天子之正朔也。天子頒之諸侯，諸侯受而頒之於其國，故於人君即位之始，皆書王正月，以見其受正於天子也。今定不書正月，似非正終、正始之義，蓋是年昭公已薨，而定公未立。在禮，先君既終而嗣君繼世，不可以一年而二君，故以先君之末年猶繫之先君，至明年而後繫新君之元年，此書法也。昭以十二月薨，則今年之春不得以繫之先君之末年矣；而定公又以六月而後即位，故今年春不得如他君之例，而繫以王正月，以比常年書王三月云爾[①]。觀聖人所書"六月癸亥，公之喪至自乾侯"，所謂公者，昭公也。"戊辰，公即位"，所謂公者，定公也。則是定公未即位之前，猶是昭公之魯；定公既即位，然後追書今年春，皆爲定公元年耳。此一年而二君也[②]。至於公即位之例，先儒或以爲繼弑君不言即位[③]。其或繼弑君而言即位，則曰如其意[④]也。此殊不可曉，皆强爲之辭耳。觀定公六月即位之例，則知諸君之所以書即位者，行即位之禮也。其不書即位者，不行即位之禮爾。尚何疑乎？

會于召陵侵楚

或問：召陵之會，卒無成功，何也？

曰：余觀召陵之會，未嘗不嘆晋之可以復伯而失其機也。夫蔡、陳、鄭、許、沈、頓、胡,蓋服役於楚者也,而皆與於會,則蓋病楚而歸晋也。晋自平丘以來,不能合諸侯者二十四年矣。今而上致劉子,下合十七國之君以爲此會,齊桓之師不如是之盛也。然而齊桓之師書曰"伐楚,盟于召陵",晋定之會書曰"會于召陵,侵楚"。侵,淺事也。伐,重事也。晋合十七國之君以會于召陵,徒能侵楚而已,是不足與有爲也。晋自是無復宗諸侯之望矣。

案傳,則楚子常以裘馬而失二國之君,晋亦以荀寅求貨之故而辭蔡侯。世衰道微,是區區者乃能軒輊列國之諸侯,而致晋、楚之失伯者,皆是物也。嗚呼!可勝嘆哉?可勝嘆哉?故自是以後,前乎此,自齊桓以來,無特相盟者,而盟于鹹、于沙,則特相盟矣。無參會者,而安甫之會則參會矣。前此,晋未嘗伐與國也,而晋士鞅帥師侵鄭、侵衛,又伐衛,則伐與國,無伯主之體矣。及其極也,荆蠻横行於中國而莫之制矣。故嘗考論《春秋》二百四十二年之事,以爲北杏以前是一時也,北杏以後是一時也;召陵以前是一時也,召陵以後是一時也。北杏以前,諸侯無伯,故有特相盟者,有參盟、參會者,有相攻伐者;北杏以後,則異是矣。召陵以後,諸侯亦無伯,故亦有特相盟者,有參盟、參會者,有相攻伐者;召陵以前,則異是矣。天下之有伯,非美事也;天下之無伯,非細故也。夫伯者,王之反也。有伯則無王矣。名曰尊周,而實奪其權。北杏以前,天下未知有伯也,而猶知有王;北杏以後,天下惟知有伯矣。此豈美事哉?雖然,有伯者在焉,則諸侯猶有所附,中國猶得以安,夷狄[5]猶知所畏,是猶幸其有伯也。伯衰而諸侯散,伯衰而中國擾,伯衰而夷狄[6]横,天下益不寧矣。是故晋侯、吴子會于黄池,而春秋終焉。

齊人歸田　墮費,墮郈

或問:或謂《左氏》、《穀梁》所載夾谷之會孔子之辭,皆街談巷議之説,以爲知聖人也,淺其説,然乎?

曰:以愚觀之,《左氏》所載似未可不信。揚子《法言》曰:"齊人章章,歸其侵疆。"蓋自漢儒相傳,皆有是説,似未可非之。要之,聖人舉事,自是與常人别，所謂“綏之斯來，動之斯和”也。夾谷一會，而侵疆遽歸，豈謂其一言之間遂足以致此哉？意其動容周旋之間，有以深警其心矣，則夫齊人之來歸田，宜也。墮三都之事，東坡蘇氏爲之論曰：“季氏親逐昭公，客死於外，從公者皆不敢入，孔子安能以是墮其名都，而出其藏甲也哉？考於《春秋》，方是時，三桓雖若不説，然終莫能違孔子。蘇氏曰：此孔子之所以聖也。孔子以羈旅之臣，得政期月，而能以治世之禮，律亡國之臣，墮名都，出藏甲，而三桓不疑其害己。此必有不言而信，不怒而威者矣。夫孔子之聖，見於行事，至此爲無疑也。”愚謂審如蘇氏之説，則是孔子爲政，能拂人情之所難而爲之。要之，聖人舉事，雖即諸天理之安，而亦未嘗不順人情之欲。夫使孔子拂三桓之欲，而强欲墮其都邑，此不待智者而知其不克也。

曰：然則費、郈之所以墮者，何也？

曰：三家之城其邑者，將以自利也。而家臣據其邑以叛，亦豈三家之利哉？南蒯叛，侯犯叛，公山不狃叛，叛者相踵，豈惟魯國惡之，三家亦惡之矣。孔子順天理而言之，而適有以動乎三家之心，故其墮郈、墮費者，二家之自墮也，於仲尼何與焉？乃若成邑不墮，而至於圍，則孟孫之不欲墮耳。夫二家聞夫子之言而墮其邑者，是其天理之動也。孟氏聞公斂處父之言而不肯墮者，是其人欲之蔽也。天理之動不足以勝其人欲之蔽，然後不肯墮耳。然使孔子得志以行乎魯國，則將有不待兵革而自墮者，如魯之不終用孔子何？胡氏以爲圍成之後，然後孔子攝相事，理或然也。或謂：《史記》所載，未必得其實。孔子爲政，當在歸田、墮郈之時，而圍成不克，則是女樂既歸之後。此説未必然，姑記之，以俟知者。

晋趙鞅入于晋陽以叛　晋趙鞅歸于晋

或問：趙鞅書歸，何也？

曰：案先儒之説云：“出稱叛，入稱歸。叛者，逆辭。歸者，順辭。”則知鞅之叛，非叛也，以地正國也，所以逐君側之惡人也。鞅取晋陽之甲，以逐君側之惡人，而不免以叛書者，所以爲後世人臣不請命於君，而擅用兵者之防也。至其入國，則書歸，以見鞅之非逆也。

或者又曰：《春秋》以法治人，而以情恕之。先書“叛”，叛，惡辭，所以誅鞅也。後書“歸”，歸，善辭，所以赦鞅也。鞅之出入于晋陽，將以禦荀寅、士吉射之伐耳，其心本非叛君也。然邑，君之邑也，臣烏得而有之？故書“叛”以伸王法。及其歸國，則是鞅知悔，而反逆爲順，復於爲善也，故書“歸”以厚人情。

先儒之爲此論，不過惑於書“歸”之一語耳。夫使以地正國而可，則是人主可得而脅。人臣擅興無罪而以兵諫者，真愛其君也，使後世賊臣稱兵向闕，以誅君側爲名，而實欲脅君取國者，則此説啓之也。《春秋》王法也，當誅則誅，當赦則赦，烏有既誅而又赦之之理？若使既誅而又赦之，則是非不白，善惡不明，而王法不行於天下矣，況《春秋》乎？愚故曰：歸，易辭也。亂臣以叛去，而其歸也，無異於善復者。以是爲晋國之無政刑也。

【校記】

① 常年書王三月云爾：“常年”前闕二字，四庫本前有“以比”。元程端學《春秋或問》卷十前有“但如”，作“但如常年書王三月爾”。“但如”亦“以比”之意。

② 此一年而二君也：四庫本“此”下有“則所謂”三字。元程端學《春秋或問》卷十作“此所謂不可一年而二君也”。

③ 以爲繼弒君不言即位：原書“以”下闕二字，此據四庫本補。《公羊傳》、《穀梁傳》皆作“繼弒君不言即位”。

④ 如其意：原書“如其”下闕一字，此據四庫本補“意”字。《公羊傳·桓公元年》正作“如其意”。

⑤ 夷狄：四庫本作“强暴”。

⑥ 夷狄：四庫本作“吴楚”。

春秋或問卷第二十

哀　公

晋趙鞅帥師納衛世子蒯聵于戚　二年

或問：蒯聵何以稱世子？

曰：《左氏》序蒯聵之事，曰：蒯聵欲殺夫人，夫人啼而走。劉原父以爲安有此事？蓋蒯聵聞野人之歌，其心慚焉，則以謂夫人，夫人惡其斥己淫，則啼而走，言“太子將殺予”以誣之。靈公惑於南子，所言必聽。彼不耻召宋朝，固亦不難於逐蒯聵矣。此其真也，不當如《左氏》所記。又，蒯聵出，乃奔宋。宋，南子家也。蒯聵負殺母之名，而又走入其家，豈真有此事哉？愚以《春秋》考之，則知劉敞之言爲得。若使蒯聵欲殺夫人，則是以子而欲殺母也。以子而殺其母，則父子之義絶矣。出奔不復，乃理之宜。及其納于戚，聖人不應以衛世子書之。聖人書之以爲衛世子，則是蒯聵世子之位未絶也。蒯聵世子之位未絶，則知其必無欲殺母之事，明矣。

案：《春秋》書“世子”者三，鄭忽、蔡有、衛蒯聵，三者所書一同。突雖立而忽之位終未絶也；楚雖滅其父，而有之位終未絶也；輒雖立，而蒯聵之位終未絶也。觀聖人所書之旨，則蒯聵之名不可掩矣。

齊陳乞弑其君荼

或問：案《左氏》，則陽生使朱毛弑荼，而經以陳乞主之，何也？

曰：當以經爲正。蓋陽生之入，荼之弑，皆陳乞之爲也。乞不弑荼而立陽生者，豈其廢不正而立正哉？此固篡齊之兆耳。陽生特一亡公子耳，何與焉？

用 田 賦

或問：用田賦之説。

曰：《春秋》書變古者三，"初税畝"、"作丘甲"、"用田賦"是也。先儒言"初税畝"，謂公田十一之外，履其餘畝而税之也。如是，則是公田之助，既十取一矣，又於其餘田而十取一也，是爲十取二。愚謂：初税畝乃是初變古法也，恐未應遽至此。所謂"初税畝"，只是廢助法而用税法耳。宣公之三十六年書"饑"，七年書"大旱"，十年"大水"而復"大饑"，十三年"螽"，十五年"復螽"，水旱凶荒相繼不絶，則公田之入薄矣，於是廢助法，而用税法則歲取十一以爲常。所謂凶年糞其田而不足，必取盈者是也。此譏變法之始也，故書"初"。"作丘甲"之説，先儒或以爲古者四丘爲甸，甸出甲士三人，是一甸而出一乘車也。今丘，十六井也，而同爲甲，是丘賦一乘也。若然，則頓增四倍之賦，於理亦未宜然。故夫丘甲，只是每丘而出一甲士耳。至於"用田賦"之説，先儒或謂宣公税畝，始什二而税，今又什二而斂其財。曰"用田賦"者，言用田以爲財賦之率也。果如是，則四倍於古矣，亦恐非也。或謂以丘賦一乘爲未足，故又以田賦之。田賦之者，家一人以爲兵也。然九夫爲井，四井爲邑，四邑爲丘，四丘爲甸，古者甸出革車一乘，則是五百七十六夫而出七十五人也。今又不足而以田賦，則是凡受田者，皆出一人以爲兵，比之於古，則已七倍矣，亦恐加兵不至如是之甚。賈逵以爲，使一井之間出一丘之賦，則是多於常賦十六倍，於理亦不宜然。

案：《左氏》，季孫欲以田賦，使冉有訪諸仲尼，仲尼曰："君子之行也，度於禮，施取其厚，事舉其中，斂從其薄。如是則丘亦足矣。若不度於禮，貪冒無厭，則以田賦，又將不足。"愚謂丘賦者，即丘十六井出戎馬一匹、牛三頭，是賦之常法也。所謂以田賦者，蓋於丘賦之外，又計田而出賦也。田出税，丘出賦，初税畝則無寬弛之法，税且重矣。作丘甲則有益兵之擾，賦又重矣。今曰"用田賦"，則是丘既出賦，而田又出賦也。田出税矣，今又出賦，所謂取二也。然賦有二：有軍賦，有財賦。四丘爲甸，甸出革車一乘，此軍賦也。《周禮》九賦之法，此財賦也。二者皆賦於民，故均謂之賦。所謂用田賦者，恐是計田而出財賦耳，孔子謂計丘而出軍賦矣，則又不應計田而出財賦也。要之重賦爾。

螽

或問：冬十二月螽，左氏失閏之説，信乎？

曰：案《左氏》載仲尼之言曰："火伏而後蟄者畢，今火猶西流，司曆過也。"以是爲失閏之故。然觀今年書十二月螽，明年九月螽，又十二月螽，恐不專爲失閏，然則何以書？紀灾也。

公會晉侯及吴子于黄池

或問：《春秋》書吴事，但書曰"吴"而已，而書"吴子"者三，何也？

曰：其來聘，則以吴子使而書之也，以其與我接也。戰于柏舉，則以蔡侯、以吴子而書之也，書"吴子"，則吴、楚敵也。會于黄池，則以晉侯會吴子而書之也，書"吴子"，則吴、晉敵也。凡皆著其强也。或以爲吴能辭尊稱，居卑稱，則誤矣。

抑愚讀"公會晉侯及吴子"之言而有感焉。《春秋》之作託之魯者，以魯有可以至道之資故也。齊桓首倡伯業，而魯之君獨遲遲而不會，豈非其趨向之近正邪？當時之善覘人國者，不曰"魯秉周禮，未可動也"，則曰"周禮盡在魯矣"，是魯之君臣猶知有典禮也。中國之有伯，雖王道之不幸也，而猶世道之一幸也。不幸而有楚，而猶幸而有晉，又不幸而有吴焉。楚，夷①也；吴，亦夷也，愈夷②而愈爲中國患。此正中國之諸侯之所宜同心勠力以附伯主，而庶幾其足以息夷狄③之焰，以爲中國之防可也。晉既不足以宗諸侯，而開門延盜，以來被髪文身之吴於中國者，乃在於周公之子孫、禮義之望國。會之伐齊，而使之逞其志於中國者，魯也。會于黄池，而使之偃然與晉伯爲敵者，亦魯也。不惟依吴以爲國，而又導之至以陵中國之諸侯，聖人望魯之意，至是絶矣，是故《春秋》於是終焉。斯義也，先儒偶未之及，故發明之，以俟知者。

【校記】

① 夷：四庫本作“蠻”。下“夷”字同。

② 夷：四庫本作“降”。

③ 夷狄：四庫本作“强暴”。

春秋或問跋

傳《春秋》者幾百家，其説大抵以褒貶賞罰爲主。蓋三傳倡之，而諸儒和之也。惟朱文公以爲不然。今其載於門人之所紀録者，略見一二，獨恨未及成書耳，廣文吕先生加惠潮士，諸士有以《春秋》請問者，先生出《五論》示之，咸駭未聞，因並求全稿。先生又出《集傳》、《或問》二書，蓋本文公之説而發明之。有《五論》以開其端，有《集説》以詳其義，又有《或問》以極其辨難之指歸，而《春秋》之旨明白矣。噫！夫子之心，至文公而明；文公之論，至先生而備。先生亦有功於世教矣。夢申預聞指教，不敢私秘，與朋友謀而鋟諸梓，庶幾廣其傳云。

時寶祐甲寅正陽之月，門人元公書院堂長何夢申敬跋。

春秋五論

論　一

《春秋》之作，何爲乎？

曰：《春秋》者，扶天理而遏人欲之書也。

《春秋》，魯史爾。聖人從而修之。則其所謂扶天理而遏人欲者，何在？

曰：惟皇上帝，降衷于下民，若有恒性，而綏猷之責，則后實任之。堯、舜、禹、湯、文、武，達而在上，所以植立人極，維持世道，使太極之體常運而不息，天地生生之理常發達而不少壅者，爲其能明天理，以正人心也。周轍東，王政息，政教失，風俗壞，修道之教不立，而天命之性、率性之道，幾若與之俱泯泯昧昧而不存者。君臣之道不明也，上下之分不辨也，夷夏之辨未明也，長幼之序未正也，義利之無別也，真僞之溷淆也，諸侯僭天子，大夫僭諸侯，而世莫知其非也。臣弑君，子弑父，强并弱，下簒上，而世莫知其亂也。其所施爲，盡反王制，而失人道之正，而世莫知其不然也。孔子雖聖，不得位，則綏猷修道之責，誰實尸之？然而不忍絶也，於是以其明天理，正人心之責而自任焉。六經之書，皆所以垂世教也，而《春秋》一書，尤爲深切。故曰："我欲託之空言，不如載之行事之深切著明也。"魯史之所書，聖人亦書之，其事未嘗與魯史異也，而其義則異矣。魯史所書，其於君臣之義；魯史所書，其於上下之分或未辨也[①]，而吾聖人則一正之。以君臣之義[②]、上下之分、夷夏[③]之辨有未明者，吾明之；長幼之序有未正者，吾正之；義利之無别也，吾别之；真僞之溷淆也，吾明之。其大要則主於扶天理於將萌，遏人欲於方熾而已。此正人心之道也。故曰："禹抑洪水而天下平，周公兼夷狄[④]、驅猛獸而百姓寧，孔子成《春秋》而亂臣賊子懼。"

孔子成《春秋》，不過空言爾，而其功配於抑洪水、膺戎狄[⑤]，則豈非以其正人心之功，尤大於放龍蛇、驅虎豹之功乎？故曰："《春秋》，天子之事也。"何者？人性之動，始於惻隱而終於是非。惻隱發於吾心，而是非公乎天下。世之盛也，天理素明，人心素正，則天下之人以是非爲榮辱。世之衰也，天理不明，人心不正，則天下之人以榮辱爲是非。世之所謂亂臣賊子恣睢跌蕩，縱人欲以滅天理者，豈其悉無是非之心哉？故雖肆意所爲，莫之或制，而其心實未嘗不知其非，而惡夫人之議已。此其一髮未亡之天理，不足以勝其浸淫日滋之人欲，是以迷而不復，爲而不厭，而其所謂自知其非者，終自若也，則其心未嘗不欲紊亂天下之是非，以託己於莫我議之地。既上幸無明君，爲之正王法以定其罪，而又幸世教不明，人心不正，習熟見聞以爲當然，曾莫有議其非者，則爲亂臣賊子者，又何其幸之又幸邪？是故唐虞三代之上，天理素明，人心素正，是非善惡之論素定，則人之爲不善者，有不待刑罰加之，刀鋸臨之，而自然若無所託足於天地間者。世衰道微，天理不明，人心不正，是非善惡之論幾於倒置，然後亂臣賊子始得以自容於天地之間，而不特在於禮樂征伐之無所出而已也。孔子之作《春秋》也，要亦明是非之理，以詔天下與來世而已。是非者，人心之公理，而聖人因而明之，則固自有犁然當乎人心者。彼亂臣賊子聞之，固將不懼於身，而懼於心，不懼於明，而懼於暗，不懼於刀鋸斧鉞之臨，而懼於倏然自省之頃，不懼於人欲浸淫日滋之際，而懼於天理一髮未亡之時。此其扶天理，遏人欲之功，顧不大矣乎？孟子斷然以爲有一治之效，蓋具有見乎此矣。使先王之紀綱法度既已蕩然不存，天子之禮樂征伐既已不能自制，其所恃以僅不泯者，獨有人心是非之公理耳。而又顛倒錯亂，貿貿不明，則三極果何恃以立？人道果何恃而存乎？此固《春秋》一書所以有功於萬世也。

自世儒不明乎孟子之説，遂以《春秋》之作，乃聖人賞善罰惡之書。而所謂天子之事者，謂其能制賞罰之權而已。夫謂天子之事止於制賞罰之權，而綏猷修道之責乃不暇問，則是劉漢以後之天子，而非唐虞三代之天子矣。爲是説者，不惟不知《春秋》，抑亦不知所謂天子之事也。彼徒見夫《春秋》一書，或書名，或書字，或書人，或書爵，或不書氏，或書氏，於是爲之説曰：其書字、書爵、書氏者，褒之也；其書名、書人、不書氏者，貶之也。褒之，故予之；貶之，故奪之。予之，所以代天子之賞；奪之，所以代天子之罰。賞罰之權，天王不能自執，而聖人執之？所謂章有德，討有罪者，聖人固以自任也。《春秋》，魯史也。夫子，匹夫。以魯國而欲以僭天王之權，以匹夫而欲以操天王之柄，借曰道之所在，獨不曰位之所不可得乎？夫子本惡天下諸侯之僭天子，大夫之僭諸侯，下之僭上，卑之僭尊，爲是作《春秋》以正名分，而已[7]自蹈之，將何以律天下？聖人宜不如是也。蓋是非者，人心之公，不以有位、無位而皆得以言，故夫子得以因魯史以明是非。賞罰者，天王之柄，非得其位則不敢專也，故夫子不得不假魯史以寓賞罰。是非，道也。賞罰，位也。夫子者，道之所在，而豈位之所在乎？

或曰：夫子之爲是也，非以私諸已也。夫子以魯有可以變而至道之質，是以託諸魯，以律天下之君大夫。其賞之也，非曰吾賞之也，魯賞之也；其罰之也，非曰吾罰之也，魯罰之也。魯，周公之後，而聖人之祚嗣也。賞罰之權，天子不能以自執，推而予之於魯；魯亦不能以自有，推而本之於周。周之典禮，周公之爲也。以周公之後而行周公之典禮，而律天下之君大夫，或者其庶幾乎？此聖人之意也。且夫夫子，匹夫也，固不得以擅天王之賞罰。魯，諸侯之國也，獨可以擅天王之賞罰乎？魯不可以擅天王賞罰之權，而夫子乃因推而予之，則是夫子爲其實，而魯獨受其名，夫子不敢以自僭，而乃使魯僭之，聖人尤不如是也。

大抵學者之失，往往[8]在於尊聖人太過，而不明乎義理之當然，於是過爲之論，意欲尊夫子，而實背之。或謂兼三代之制，其意以爲夏時、商輅、周冕、韶樂，聖人之所以告顔淵者，不見諸用，而寓其説於《春秋》，此皆一切繆妄之論。其大要，皆主於以禮樂賞罰之權，爲聖人自私之具爾。夫四代禮樂，孔子之所以告顔淵者，亦謂其得志行道則當如是爾。豈有無其位而修當時之史，乃遽正之以四代禮樂之制乎？夫子，魯人也；故所修者，魯史。其時，周也；故所用者，時王之制。此則聖人之大法也。謂其於修《春秋》之時，而竊禮樂賞罰之權以自任，變時王之法，兼三代之制，不幾於誣聖人乎？學者，學不知道，妄相傳襲，其爲傷教害義，於是爲甚。後之觀《春秋》者，必知夫子未嘗以禮樂賞罰之權自任，而後可以破諸儒之説。諸儒之説既破，而後吾夫子所以修《春秋》之旨，與夫孟子所謂“天子之事”者，皆可以得而知之矣。

論　二

六經之不明，諸儒穿鑿害之也，而《春秋》爲尤甚。《春秋》穿鑿之患，其原起於三傳，而後之諸儒又從而羽翼之，横生意見，巧出義理。有一事，而或以爲褒，或以爲貶，彼此互相矛盾者矣；有事同，而前以爲褒，後以爲貶，前後自相牴牾者矣。紛紛聚訟，而聖人之意益以不明。然其大端，不過有二：一曰“以日月爲褒貶”之説，二曰“以名稱、爵號爲褒貶”之説。彼徒見夫盟，一也，而有日者，有不日者。奔，宜書日也，而或書時。入，宜書日也，而或書月。若是其不同也，於是有“以日月爲褒貶”之説。又見夫國君，一也，而或書子，或書侯，或書伯。夷狄[⑨]一也，而或書州，或書國，或書人，或一人而前氏後名。又若是其異也，於是有“以名稱、爵號爲褒貶”之説。

愚請有以折之：

蔑之盟不日，則曰“其盟渝之”也；柯之盟不日，則曰“信之”也。將以“渝之”者爲是乎？“信之”者爲是乎？桓之盟不日，而葵丘之盟則日之。或曰“危之”也，或曰“美之”也。將以“危之”者爲是乎？“美之”者爲是乎？

公子益師卒不日，《左氏》曰“公不與小斂也”，然公孫敖卒于外，而公在内；叔孫婼卒于内，而公在外。公不與小斂也明矣，又何以書日乎？《公羊》曰公子益師“遠也”，然公子彄亦遠矣，又何以書日乎？《穀梁》曰“不日，惡也”，然公子牙、季孫意如亦惡矣，又何以書日乎？

葬必書月日，而有不書月日者，則曰：“不及時而日，渴葬也；不及時而不日，慢葬也；過時而日，隱之也；過時而不日，謂之不能葬也；當時而不日，正也；當時而日，危不得葬也。”然過時而日，直指齊桓公而言。當是時，公子争，國危之，隱也，可也；衛穆公、宋文公無齊桓之賢，無争國之患，過時而日，有何可隱之乎？宋穆公之日葬，又有何危乎？

凡此者,皆疑誤而難通者也。孰謂《春秋》必“以日月爲褒貶”乎?

至於來歸仲子之賵,而宰書名,則曰“貶之”也。使榮叔歸成風之含、賵,而王不書天,亦曰“貶之”也,豈歸仲子之賵,罪在冢宰,而不在天王乎?歸成風之含、賵,咎在天王,而不在榮叔乎?《春秋》書“王”,本以正名分,而夫子乃自貶王而去其天,則將以是爲正名分,可乎?

穀伯、鄧侯稱名,説者曰:“朝弒逆之人,故貶之。”滕子、杞侯獨非朝弒逆之人乎?滕、薛來朝稱侯,説者曰:“滕、薛,微國也。以其先朝隱公,故褒之。”朝隱有何可褒而褒之乎?若以隱爲始受命之君,則尤繆妄之甚者也。或曰:“滕本侯爵也,朝弒逆之人,貶而稱子。”朝桓可貶也,終春秋之世不復稱侯,豈皆以朝桓之故而貶之乎?或曰:“爲時王所黜也。”夫使時王而能升黜諸侯之爵,則是禮樂賞罰之權,天王能自執矣,安得爲春秋之世乎?

先書荆,繼書楚,已而書楚子,説者曰:“進夷狄也。”夫中國而夷狄,則夷狄之可也。夷狄而中國,則亦中國之乎?[10]聖人作經,本以辨夷夏[11]之分,而顧乃進夷狄[12]而退中國乎?

若此之類,不可以一二數,要有疑誤而難通者也。孰謂《春秋》以名稱、爵號爲褒貶乎?

大抵《春秋》以事係日,以日係月,以月係時。事成於日者,書日;事成於月者,書月;事成於時者,書時。故凡朝覲、蒐狩、城築、作毀,凡如此者,皆以時成者也。會、遇、平、如、來至、侵、伐、圍、取、救、次、遷、成、襲、奔、叛、執、放、水旱、雨雹、冰雪、彗孛、螽螟,凡如此者,或以月成,或以日成也。崩、薨、卒、弒、葬、郊廟之祭、盟、狩、敗、入、滅、獲、日食、星變、山崩、地震、水災,凡如此者,皆以日成也。其或宜月而不月,宜日而不日者,皆史失之也。假如某事當書月,而魯史但書其時,某事當書日,而魯史但書其月,聖人安得虛增甲子乎?是《春秋》不以日月爲例也。

《春秋》據事直書,而善惡自見。名稱、爵號從其名稱、爵號,而是非、善惡則係乎其文,非書名者皆貶,而書字者皆褒也。假令某與某在所褒,而舊史但著其名，某與某在所貶，而舊史只著其字，則聖人將奔走列國以求其名與字，而後著之於經乎？是《春秋》不以名稱、爵號爲褒貶也。

若夫因其所書月日之前後，而知其是非；因其名稱、爵號之異同，而知其事實，則固有之矣，非聖人因以是爲褒貶也。有如莊三十一年春"築臺于郎"、夏"築臺于薛"、秋"築臺于秦"，三十二年春"城小穀"，則有以見纔閱三時而大工屢興也。宣十五年"秋，螽。冬，蝝生"，則有以見連歷二時而灾害荐作也。莊八年春"師次于郎。夏，師及齊師圍郕。秋，師還"，則有以見閱三時而勞兵于外也。若此之類，蓋於書時見之。桓二年秋七月"杞侯來朝"，"九月入杞"，則有以見來朝方閱一月，而遽興兵以入之也。昭七年三月"公如楚。九月，公至自楚"，則有以見其朝夷狄之國，閱七月之久，而勞於行也。僖二年"冬十月，不雨"，三年春"王正月，不雨"、"夏四月，不雨"、"六月，雨"，則有以見其閱九月而後雨也。若此之類，蓋於書月見之。"癸酉，大雨，震雹[13]"，"庚辰，大雨雪"，則有以見八日之間而再見天變也。"辛未，取郜"，"辛巳，取防"，則有以見旬日之間而取其二邑。"壬申，御廪灾"，"乙亥，嘗"，則有以見其嘗於灾餘之爲不敬。"己丑，葬敬嬴"，"庚寅，而克葬"，則有以見明日乃葬之爲無備。"丙午，及荀庚盟"，"丁未，及孫良夫盟"，則有以見魯人之先晋而後衛。"己未，同盟于雞澤"，"戊寅，及陳袁僑盟"，則有以見晋人之先盟諸侯，而後盟大夫。若此之類，蓋於書日見之。然以是謂聖人以日月之書不書寓褒貶，則誤矣。

若夫名稱、爵號之異同，則有以事之大小，而其辭因之以詳略者，亦有前日而後月者，有蒙上文而殺其辭者，固難以一例盡。而時變之升降，世道之盛衰，亦有因之以見者。

楚，一也，始書"荆"，再書"楚"，已而書"楚子"；吴，一也，始書"吴"，再書"人"，已而書"吴子"，于以見夷狄[14]之浸盛矣。

魯翬柔、鄭宛詹，始也大夫猶不氏，于後則大夫無有不氏者。鄭段、陳陀、衛州吁，始也皆名之，于後則雖弑君之賊亦有書氏者，于以見大夫之浸强矣。

始也曹、莒無大夫，于後則曹、莒皆有大夫，于以見小國之大夫，皆爲政矣。

始也吴、楚君大夫皆書人，于後則吴楚之臣亦書名，于以見夷狄[15]之大夫皆往來於中國矣。

諸侯在喪稱子，有書子而預會、預伐者，于以見居喪而會伐之爲非禮也。

杞，公爵也，而書伯；滕，侯爵也，而書子，于以見其不用周爵，而以國之大小爲强弱也。

會于曹，蔡先衛；伐鄭，則衛先蔡，于以見當時諸侯皆以目前之利害，而不復用周班也。

幽之盟，男先伯；淮之會，男先侯；戚之會，子先伯；蕭魚之會，世子長於小國之君，于以見伯者爲政，皆以私意爲輕重，而無復禮文也。

垂隴之盟，内之，則公孫敖會諸侯；召陵侵楚之師，外之，則齊國夏會伯主，于以見大夫敵於諸侯，而莫知其非也。

凡此者，莫非名稱從其名稱，爵號從其爵號，而是非、善惡乃因之，而見之初非聖人特以是爲褒貶也。學者必欲於名稱、爵號之間而求聖人褒貶之意，則窒礙而不通矣。於其不通也，而强爲之説，則務爲新巧，何所不至？甚非聖人明白正大之心爾。學者之觀《春秋》，必先破《春秋》“以日月爲例”之説，與夫“以名稱、爵號爲褒貶”之説，而後《春秋》之旨可得而論矣。

論　三

或曰：子謂《春秋》不以日月、名稱、爵號爲褒貶，則信然矣。若是，則《春秋》所書，皆據舊史爾，所謂門人高弟不能贊一辭者，其義安在？

曰：有《春秋》之達例，有聖人之特筆。有日則書日，有月則書月，名稱從其名稱，爵號從其爵號，與夫盟則書盟，會則書會，卒則書卒，葬則書葬，戰則書戰，伐則書伐，弑則書弑，殺則書殺，一因其事實而吾無加損焉，此達例也。其或史之所無，而筆之以示義；史之所有，而削之以示戒者，此特筆也。元年春正月，此史之舊文也，加王焉，是聖人筆之也。中國之諸侯有葬吴、楚君者矣，而吴、楚之君不書葬，是聖人削之也。晋侯召王，見於傳者之所載，而聖人書之曰“狩”，所以存天下之防。甯殖出其君，名在諸侯之策，而聖人書之曰“衛侯出奔”，所以示人君之戒。不但曰“仲子”，而曰“惠公仲子”；不但曰“成風”，而曰“僖公成風”；不曰“陳黄”，而曰“陳侯之弟黄”；不曰“衛縶”，而曰“衛侯之兄縶”。陽虎，陪臣，書之曰“盜”。吴、楚僭號，書之曰“子”。糾不書“齊”，而小白書“齊”。突不書“鄭”，而忽書“鄭”。立晋而書“衛人”，立王子朝而書“尹氏”。凡此者，皆聖人之特筆也。

故曰：“其事則齊桓、晋文，其文則史，其義則丘竊取之矣。”蓋用達例而無加損者，聖人之公心。有特筆以明其是非者，聖人之精義。達例所書，非必聖人而後能，雖門人高弟預之可也。精義所在，豈門人高弟所能措其辭哉？非聖人則不能與於此。學者之觀《春秋》，必知孰爲《春秋》之達例，孰爲聖人之特筆，而後可觀《春秋》矣。

抑愚嘗深惟《春秋》之義，竊以爲其大旨有三：一曰明分義，二曰正名實，三曰著幾微。

所謂明分義者，何也？每月書正，以明正朔之所自出。王人雖微，必序於諸侯之上，皆所以序君臣。内齊而外楚，内晋而外吴。始書荆，而後書楚；始書吴，而後書子，皆所以别夷夏[16]。書陳黄、衛縶，所以明兄弟之義；書晋申生、許止，所以明父子之恩；曹羈、鄭忽，長幼之序也；成風、仲子，嫡庶之别也。凡此之類，皆所以明分義。

所謂正名實者，何也？傳稱隱爲攝，而聖人書之曰“公”，則非攝矣。傳稱“許止不嘗藥”，而聖人書之曰“弑”，則非不嘗藥矣。卓之立，未踰年，而聖人正其名曰“君”，則里克之罪不能逃。夷皋之弑，既歸獄於趙穿，而聖人書之曰“盾”，則趙盾之情不能掩。齊無知、陳佗，踰年之君也，而書之曰“殺”，正討賊之名也。陽虎，陪臣也，而書之曰“盜”，正賤者之罪也。凡此之類，皆所以正名實。

所謂著幾微者，何也？鄭伯使宛來歸祊，而聖人書之曰“入”，入者，内弗受之辭也。天王狩於河陽，壬申，公朝于王所，明因狩而後朝也。公自京師遂會諸侯伐秦,明因會伐而如京師也。公子結媵婦,遂及齊侯、宋公盟,著公子結之專也。公會齊侯、鄭伯于中丘,翬帥師會齊人、鄭人伐宋,著公子翬之擅也。葵丘之會,宰周公與焉,已而書曰"戊辰,諸侯盟于葵丘",明宰周公之不與盟也。溴梁之會,諸侯咸在,已而書曰"戊寅,大夫盟",明大夫之自盟也。凡此之類,皆所以著幾微。

其他書法,蓋亦不一而足。然其大旨亦不出於三者之外矣。聖人之筆如化工,隨物賦形,洪纖高下,各得其所,生生之意,常流行於其間,雖其所紀事實不出於魯史之舊,而其精神風采則異矣。學者之觀《春秋》,要必知有《春秋》之達例,則日月、名稱如後世諸學之穿鑿者,必不同也。要必知有聖人之特筆,則夫分義之間、名實之辨、幾微之際,有關於理義之大者,不可不深察也。若曰《春秋》但約魯史之文,使其文簡事核而已,則夫人皆能之矣,何以爲《春秋》?

論　　四

讀《春秋》者,先明大義,其次觀世變。所謂世變者,何也?春秋之始,是世道之一變也;春秋之終,是世道之一變也。劉知幾乃云:"孔子述史,始於《堯典》,終於獲麟。"蓋《書》之終,春秋之始。孔子述《書》至"文侯之命"而終者,文侯之命,平王之始年也。隱公之初,平王之末年也。平王之始,不共戴天之讎未報,而其命文侯之辭曰:"汝多修,扞我于艱",患已弭矣。用"賚爾秬鬯一卣",功已報矣。其"歸視爾師,寧爾邦",國無復事矣。即此一編而觀之,已無興復之望,然而聖人猶不忍絶也。蓋遲之四十九年,而無復一毫振起之意,聖人於是絶望矣。由是而上,則爲西周,由是而下,則爲春秋。此獨非世道一變之會乎?此春秋之所以始也。

入春秋而夷狄[17]横,然猶時有勝負也。蓋至於獲麟之前歲,而吴以被髮文身之俗,偃然與晋侯爲兩伯矣。入春秋而大夫强,然猶未至於竊位也。蓋至於獲麟之歲,而齊陳常弑其君,齊自是爲田氏矣。在魯則自季孫逐君之後,魯國之政,盡在三家,而魯君如贅旒矣。在晋則自趙鞅入絳之後,晋國之政,盡在六卿,而趙籍、韓虔、魏斯爲諸侯之漸已具矣。向也，夷狄[18]之交於中國者，其大莫如楚；而今也，以望國東方之魯，而奔走於偏方下國之越，以求自安矣。向也，諸侯猶有伯；而今也，伯主不競，而諸侯之争城、争地者，日以擾擾，而無一息寧矣。故自獲麟之前，其世變爲春秋；自獲麟之後，其世變爲戰國。此又非世道一變之會乎？是春秋之所終也。

然不特此也。合《春秋》一經觀之，則有所謂隱、桓、莊、閔之春秋，有所謂僖、文、宣、成之春秋，有所謂襄、昭、定、哀之春秋。伯主未盛之時，莊之十三年而會于北杏，二十七年而同盟于幽，於是合天下而聽命於一邦矣。合天下而聽命於一邦，古無有也。僖之元年而齊遷邢，三年城衛，四年伐楚，五年會世子，九年盟葵丘，而安中夏攘夷狄[19]之權，皆在伯主矣。伯主之未興，諸侯無所統也，而天下猶知有王。故隱、桓之春秋，各書王。伯主之既興，諸侯有所統也，而天下始不知有王。故僖文以後之春秋，其書王者極寡。伯主之興，固世道之一幸，而王迹之熄，獨非世道之衰邪？僖之十七年而小白卒，小白卒而楚始横，中國無伯者十餘年。二十八年而有城濮之戰，於是中國之伯，昔之在齊桓者，今轉而歸晋文矣。晋襄繼之，猶能嗣文之業，靈、成、景、厲不足以繼。悼公再伯，而得鄭駕楚，尚庶幾焉。自是而後，晋伯不競。蓋至於襄之廿七年而宋之會，晋、楚之從交相見[20]，昭之元年而虢之會，再讀舊書，於是晋、楚夷矣。四年而楚靈大會于申，實用齊桓召陵之典。晋蓋不預中國之事者十年。平丘之盟，雖曰再主夏盟，而晋之會諸侯由是止。鄢陵以後，參盟見矣。參盟見，而後諸侯無主盟者矣。

天下之有伯，非美事也；天下之無伯，非細故也。天下之無伯，而春秋終焉。故觀隱、桓、莊、閔之春秋，固已傷王迹之熄；觀襄、昭、定、哀之春秋，尤以傷伯業之衰。此特其大者耳。其他如"荆人來聘"，夷狄[21]之臣始未有名字也，于後則名氏著於經矣。"無駭、挾卒"，諸侯之大夫始未有書氏也，于後則有生而名氏著矣。始也諸侯盟諸侯，于後則大夫盟諸侯矣。始也諸侯自相盟，于後則大夫自相盟矣。始也諸侯僭天子，于後則大夫僭諸侯矣。始也大夫竊諸侯之柄，于後則陪臣據大夫之邑矣。會《春秋》一經觀之，大抵愈趨愈下，愈久愈薄。溯之而上，則文、武、成、康之盛，可以接堯、舜之傳；沿之而下，則七雄分裂之極，不至於秦不止。後之作編年、通鑑者，託始於韓、趙、魏之爲諸侯，其亦所以繼春秋之後歟？學《春秋》者，既能先明大義，以究理之精，又能次觀世變，以研事之實，則《春秋》一經亦思過半矣。

論　五

學《春秋》者，舍三傳無所考，而士之有志者，類欲盡束三傳，獨抱遺經，豈非以其互相牴牾，更相矛盾，而不一其説乎？

竊嘗思之，《左氏》熟於事，而《公》、《穀》深於理。蓋《左氏》曾見國史，故雖熟於事，而理不明。《公》、《穀》出於經生所傳，故雖深於理，而事多繆。二者合而觀之，可也。然《左氏》雖曰“備事”，而其間有不得其事之實。《公》、《穀》雖曰“言理”，而其間有害於理之正者，不可不知也。

蓋《左氏》每述一事，必究其事之所由，深於情僞，熟於世故，往往論其成敗，而不論其是非，習於時世之所趨，而不明乎大義之所在。“周、鄭交質”，而曰“信不由中，質無益也”。論“宋宣公立穆公”，而曰“可謂知人矣”。“鬻拳强諫楚子，臨之以兵”，而謂“鬻拳爲愛君”。趙盾“亡不越境，返不討賊”，而曰“惜也，越境乃免”。此其皆不明理之故。而其叙事失實者尤多。有如楚自得志漢東，駸駸荐食上國；齊桓出而攘之，晋文再攘之，其功偉矣，此孟子所謂彼善於此者。然其所以攘楚者，豈能驟舉而攘之哉？必先翦其手足，破其黨與，而後攘之易耳。是故桓公將攘楚，必先有事于蔡；晋文將攘楚，必先有事于曹、衛。此事實也。而《左氏》不達其故，於侵蔡，則曰“爲蔡姬故”；於侵曹伐衛，則曰“爲觀浴與塊故”。此其病在於推尋事由，毛舉細故，而二公攘夷安夏之烈，皆晦而不彰。其他紀年，往往類此。然則《左氏》之紀事，固不可廢，而未可盡以爲據也。宗《左氏》者，以爲丘明受經於仲尼，所謂好惡與聖人同者。然《左氏》大旨多與經戾，安得以爲好惡與聖人同乎？觀孔子所謂“左丘明耻之，丘亦耻之”，乃“竊比老彭”之意，則其人當在孔子之前，而左氏傳《春秋》，其事終於智伯，乃在孔子之後。説者以爲與聖人同者爲左丘明，而傳《春秋》者爲左氏，蓋有證矣。或以爲六國時人，或以爲楚左史倚相之後。蓋以所載“虞不臘”等語，蓋秦人以十二月爲臘月，而《左氏》所述楚事極詳，蓋有無經之傳，而未有無“傳”之“經”，亦一證也。

若夫公、穀二氏，固非親受經者，其所述事多是採之傳聞，又不曾見國史，故其事多謬誤，略其事而觀其理，則其間固有精到者，而其害於理者，亦甚衆。此尤致知者之所宜知而深辨之也。

《公羊》論隱、桓之貴賤，而曰：“子以母貴，母以子貴”，夫謂“子以母貴”可也，謂“母以子貴”，可乎？推此言也，所以長後世妾母陵僭之禍者，皆此言基之也。《穀梁》論世子蒯聵之事，則曰“信父而辭王父，則是不尊王父也。其弗受以尊王父也”，夫“尊王父”，可也，不受王父[22]命，可乎？推此言也，所以啓後世父子争奪之禍者，未必不以此言藉口也。“晋趙鞅入於晋陽以叛”，“趙鞅歸于晋”，《公》、《穀》皆曰：“其言歸，何？以地正國也。”後之臣子有據邑以叛，而以逐君側之小人爲辭者矣。公子結媵婦，遂盟，《公羊》曰：“大夫受命不受辭。出境有可以安社稷利國家，則專之可也。”後之人臣，有事異域而以安社稷、利國家自諉者矣。祭仲執而鄭忽出，其罪在祭仲也，而《公羊》則以爲“合於反經之權”，後世蓋有廢置其君如弈棋者矣。

聖人作經，本以明其理也，自傳者學不知道，妄爲之説，而是非易位，義利無别。其極於下之僭上，卑之陵尊，父子相夷，兄弟爲讎，爲大臣而稱兵以向闕，出境外而矯制以行事，國家易姓，而爲其大臣者反以盛德自居，而無所愧。君如武帝，臣如雋不疑，皆以《春秋》定國，論而不知其非也。此其爲害甚者，不由於叙事失實之過哉？故嘗以爲三傳要皆失實，而失之多者，莫如《公羊》。何、范、杜三家各自爲説，而説之繆者，莫如何休。

《公羊》之失，既已略舉其二，而何休之繆爲尤甚。元年春王正月，《公羊》不過曰“君之始年爾”，何休則曰：“《春秋》紀新王受命於魯。”滕侯卒不日，不過曰“滕,微國而侯,不嫌也”,而休則曰:“《春秋》王魯,託隱公以爲始。”黜周王魯,《公羊》未有明文也,而休乃唱之,其誣聖人也甚矣。《公羊》曰:“母弟稱弟,母兄稱兄”,此其言已有失矣,而休又從爲之説曰:“春秋變周之文,從商之質,質家親親,明當親厚於群公子也。”使後世有親厚於同母弟也,而薄於父之枝葉者,未必不由斯言啓之。《公羊》曰:“立子以長不以賢,立子以貴不以長”,此言固有據也,而何休乃爲之説曰:“嫡子有孫而死,質家親親,先立弟;文家尊尊,先立孫”;使後世有惑於質文之異,而嫡庶互争者,未必非斯語禍之。其釋會戎之文,則曰:“王者不治夷狄[23]。録戎來者勿拒,去者勿追也。”《春秋》之作,本以正夫夷夏[24]之分,乃謂之不治夷狄[25],可乎? 其釋“天王使來歸賵”之義,則曰:“王者,據土與諸侯分職,俱南面而治。有不純臣之義。”《春秋》之作,本以正君臣之分,乃謂“有不純臣之義”,可乎? 隱二年[26]“春二月,己巳,日有食之”。《公羊》不過曰“記異也”,而何休則曰:“是後,衛州吁弑其君,諸侯初僭。”桓元年“秋大水”;《公羊》不過曰“記灾也”,而休則曰:“先是,桓篡隱,與專易朝宿之地,陰逆與怨氣所致。”而凡地震、山崩、星雹、雨雪、螽螟、彗孛之類,莫不推尋其致變之由,考驗其爲異之應,其不合者,必强爲之説。《春秋》紀灾異,初不説其應,曾若是之瑣碎磔裂乎? 若此之類,不一而足,凡皆休之妄也。

愚觀三子之釋傳,惟范甯差少過,其於《穀梁》之義,有未安者,輒曰:“甯未詳,蓋譏之也。”而何休則曲爲之説,適以增《公羊》之過耳。故曰:范甯,《穀梁》之忠臣;何休,《公羊》之罪人也。

【校記】

① “魯史所書,其於君臣之義;魯史所書,其於上下之分或未辨也”:四庫本作“魯史所書,其於君臣之義、上下之分或未辨也”。於義爲順。

② 君臣之義:四庫本有此四字,於義爲順,此據補。

③ 夷夏:四庫本作“内外”。

④ 兼夷狄:引文見《孟子·滕文公下》,字作“兼夷狄”。四庫本改作“懲荆舒”。

⑤ 抑洪水、膺戎狄:四庫本作“大禹及周公”。

⑥ 則：此“則”字據四庫本補。

⑦ 已：四庫本作“已”，是，當據改。

⑧ 往往：經解本作“往 =”此據四庫本改。

⑨ 夷狄：四庫本作“外裔”。

⑩ “進夷狄”至“中國之乎”：四庫本作“漸進之也。夫楚本鬻熊之後，《春秋》以其僭王肆暴，而遂黜之。且既列南荒”。

⑪ 夷夏：四庫本作“内外”。

⑫ 夷狄：四庫本作“楚”。

⑬ 震雹：四庫本作“震電”。隱公九年《春秋》經作“三月癸酉，大雨，震電”。《公羊傳・隱公九年》同。《或問》卷一“春王正月”條亦作“震電”，是。

⑭ 夷狄：四庫本作“吴楚”。

⑮ 夷狄：四庫本作“荆蠻”。

⑯ 夷夏：四庫本作“内外”。

⑰ 夷狄：四庫本作“楚始”。

⑱ 夷狄：四庫本作“南蠻”。

⑲ 夷狄：四庫本作“强暴”。

⑳ 後交相見：四庫本作“從交相見”。《或問》卷十七“豹及諸侯之大夫盟于宋”云：“宋之會，名曰弭兵，而以晋、楚之從交相見，自是晋、楚夷矣。”與此文略同，字亦作“從交相見”。《左傳・襄公二十七年》：“子木謂向戌：‘請晋、楚之從交相見也。’”杜預注：“使諸侯從晋楚者，更相朝見。”

㉑ 夷狄：四庫本作“荆蠻”。

㉒ 王父：四庫本作“其父”。此句，元程端學《春秋本義・春秋綱領》作“夫尊王父可也，不受父命可乎?”明卓爾康《春秋辯義》卷首三與程氏同，明唐順之《稗編》卷十三引吕大圭《論三傳所長所短》亦作“夫尊王父可也，不受父命可乎?”，故“王父”當據四庫本作“其父”。

㉓ 王者不治夷狄：四庫本作“王者所不治也”。

㉔ 夷夏：四庫本作“内外”。

㉕ 不治夷狄：四庫本作“王者不治”。

㉖ 隱二年：四庫本作“隱三年”。隱公三年《春秋》經作“三年春王二月，己巳，日有食之”。

附　録

提　要

臣等謹按:《春秋或問》二十卷,附《春秋五論》一卷,宋吕大圭撰。

大圭,字圭叔,號樸卿,南安人。淳祐七年進士,官至朝散大夫,行尚書吏部員外郎,兼國子編修實録檢討官,崇政殿説書,出知興化軍。嘗撰《春秋集傳》,今已散佚。此《或問》二十卷,即申明《集傳》之意也。大旨於三傳之中,多主《左氏》、《穀梁》,而深排《公羊》,於何休《解詁》斥之尤力。考三傳之中事迹,莫備於《左氏》,義理莫精于《穀梁》,惟《公羊》雜出衆師,時多偏駁。何休《解詁》,牽合讖緯,穿鑿尤多。大圭所論,於三家得失,實屬不誣。視諸家之棄,傳從經固迥然有别。所著《五論》,一曰《論夫子作春秋》,二曰《辨日月褒貶之例》,三曰《特筆》,四曰《論三傳所長所短》,五曰《世變》。程端學嘗稱:"《五論》明白正大,而所引《春秋》事,時與經意不合。"今考《或問》之中,與經意亦頗有出入。大概長於持論,而短於考實。然大圭後於德祐初由興化遷知漳州,未行而元兵至,沿海都制置蒲壽庚舉城降,大圭抗節遇害。其立身本末,皎然千古,可謂深知《春秋》之義。其書所謂明分義、正名實、著幾微爲聖人之特筆者,侃侃推論,大義凛然,足以維綱常而衛名教,又不能以章句之學錙銖繩之矣。

乾隆四十四年八月恭校上。

總纂官臣紀昀、臣陸錫熊、臣孫士毅,總校官臣陸費墀。

校點後記

《春秋或問》及《春秋五論》爲古代《春秋》學研究的重要著作之一。著者吕大圭，字圭叔，南宋南安縣（今福建省泉州南安市）人。以其所居在縣之樸兜鄉大豐山下，學者因號爲“樸鄉先生”。南宋理宗趙昀淳祐七年（一二四七年）進士，官至朝散大夫，行尚書吏部員外郎，兼國子編修、實録檢討官，崇政殿説書，出知興化軍。南宋恭帝德祐初（一二七五年），由興化遷知漳州，未行，而元兵至，沿海都制置蒲壽庚舉泉州城降，追捕吕大圭，令署降表。吕大圭抗節逃海島上，後爲蒲壽庚追殺，時年四十九歲。宋丘葵嘗贊曰：“泉南名賢，紫陽高弟。造詣既深，踐履復至。致身事君，捨生取義。所學所守，於公奚愧！”（清李清馥《閩中理學淵源考》卷三十三）

吕大圭少嗜學，師事於鄉先生潛軒王昭，王昭師陳北溪陳淳，陳淳師朱文公朱熹。盡屏詞章，專務理學，淵源之來，時人稱之爲温陵截派。其所著《春秋》類著作有《春秋集傳》（已散佚）、《春秋或問》、《春秋五論》三種。清李清馥《閩中理學淵源考》卷三十三云：“《集傳》、《或問》二書蓋本文公之説而發明之。有《五論》以開其端，有《集説》以詳其義，又有《或問》以極其辨難之指歸，而《春秋》之旨昭白矣。”吕大圭一生著述頗豐，元兵進攻漳州時，嘗以平生所著書泥封一室，後城陷，其泥封之室盡毁，所著書遂散佚，獨《易經集解》、《春秋或問》二十卷、《春秋五論》一卷、《論語孟子集解》、《學易管見》以傳在學者而得存，然《管見》諸書皆不可見，今存者僅《春秋或問》及所附《春秋五論》而已。

《春秋或問》及《春秋五論》爲吕大圭經意之作，論述閎肆而嚴正，剖析透徹而入理。以爲“三傳要皆失實，而失之多者，莫如《公羊》。何、范、杜三家各自爲説，而説之繆者，莫如何休”，故於《春秋》三傳之中，“多主《左氏》、《穀梁》，而深排《公羊》，于何休《解詁》斥之尤力”（《四庫全書提要》），爲得《春秋》之大旨者也。清朱彝尊《經義考》卷一百九十一引袁桷曰:"《春秋》家,劉歆尊《左氏》,杜預説行,《公》、《穀》廢不講。啖、趙出,聖人之旨微見。劉敞、葉夢得、吕大圭,其最有功者也。"然正如程端學所言:"《五論》明白正大,而所引《春秋》事,時與經意不合。"是其失也。

本書整理所用底本爲清康熙十九年(一六八〇年)徐乾學所輯刻《通志堂經解》本,以四庫全書本、中華書局《十三經注疏》本之《尚書》、《易經》、《春秋》經及《左傳》、《公羊傳》、《穀梁傳》等書相參校。並就其語義不清或脱誤者,與宋劉敞《劉氏春秋傳》,宋孫覺《孫氏春秋經解》,宋蘇轍《蘇氏春秋集解》,宋吕本中《吕氏春秋集解》,宋陸象山《象山集》,元程端學《程氏春秋或問》、《三傳辨疑》,元汪克寬《春秋胡傳附録纂疏》諸書比對審訂。對於原書中的錯誤,除明顯筆誤徑行改正外,皆一一出校記以辨之;據上述諸本而有所增補者,則加括弧以明之。《經解》本原書目録或無正文,此次校點,目録按正文條目順序排列。正文及所附《春秋五論》全按《經解》本順序排列。

本書由泉州師範學院趙宗乙教授負責點校,並得到了莆田學院王連弟教授、泉州師院陳燕玲副教授、黄薇博士、吕曉玲博士的幫助,在此表示感謝。

編　者

二〇一七年二月

圖書在版編目(CIP)數據

春秋或問/(宋)吕大圭著;趙宗乙點校. —北京:商務印書館,2017

(泉州文庫)

ISBN 978-7-100-15309-6

Ⅰ. ①春… Ⅱ. ①吕… ②趙… Ⅲ. ①中國歷史—春秋時代—編年體 ②《春秋》—研究 Ⅳ. ①K225.04

中國版本圖書館CIP數據核字(2017)第223025號

責任編輯 閻海文

特約審讀 金良年

春秋或問

(宋)吕大圭 著

商 務 印 書 館 出 版

(北京王府井大街36號 郵政編碼100710)

商 務 印 書 館 發 行

山東鴻君傑文化發展有限公司印刷

ISBN 978-7-100-15309-6

2017年12月第1版 開本705×960 1/16

2017年12月第1次印刷 印張15.75 插頁2

定價:80.00元